Thomas Mann Jahrbuch Band 33

THOMAS MANN
Jahrbuch

Band 33 2020

Begründet von
Eckhard Heftrich und Hans Wysling

Herausgegeben von
Katrin Bedenig und Hans Wißkirchen

KLOSTERMANN

Herausgegeben in Verbindung mit der Deutschen Thomas Mann-Gesellschaft,
Sitz Lübeck e. V. und der Thomas Mann Gesellschaft Zürich
Redaktion und Register: Catalina Gajardo und Marco Neuhaus

Gedruckt auf EOS Werkdruck von Salzer,
alterungsbeständig ∞ und PEFC-zertifiziert ♺
Satz: Marion Juhas, Frankfurt am Main
Druck: Hubert & Co., Göttingen
Printed in Germany
ISSN 0935-6983
ISBN 978-3-465-01359-4

Inhalt

Abhandlungen

Dritte Thomas Mann Lecture der ETH Zürich vom 27. November 2019

Anhang

Vorwort

2019 widmete die Thomas Mann Gesellschaft Zürich ihre Jahrestagung aus aktuellem Grund dem *Zauberberg*. Das Schauspielhaus Zürich brachte in diesem Jahr das Stück »Die grosse Gereiztheit« nach Motiven des *Zauberbergs* unter der Regie von Karin Henkel zur Aufführung. Die Dramaturgin Viola Hasselberg gab bei der Jahrestagung Einblick in die Entstehung dieses Stücks. Das von Ursula Amrein moderierte Gespräch fand in regem Austausch mit dem Publikum statt, liegt aber nicht als Text vor und wird im Jahrbuch deshalb nicht abgebildet. Der bei der Jahrestagung gehaltene Vortrag ist hingegen im vorliegenden Band enthalten und stellt den *Zauberberg* als Epochenroman vor, der die Welt aus einer Doppelperspektive vor und nach »dem grossen Kriege« beleuchtet.

Die Deutsche Thomas Mann-Gesellschaft nahm bei ihrer Herbsttagung 2019 das Verhältnis Thomas und Heinrich Manns zum Kino und das filmische Nachleben ihres Werks in den Blick. Vom jungen Medium Film ging insbesondere für Thomas Mann eine ambivalente Faszination zwischen ersehnter Lebensnähe und verachtetem Illusionismus aus. Noch in den 1920er Jahren konnten beide Brüder die erste Verfilmung ihrer Werke miterleben. Die eigentliche Filmkarriere der Manns setzte erst nach ihrem Tod ein, als im Kontext des kultur-, diskurs- und mentalitätsgeschichtlichen Wandels der deutschen Gesellschaft in BRD und DDR zahlreiche neue Verfilmungen entstanden. Sämtliche Vorträge der Tagung vom 20. bis 22. September in Lübeck sind in diesem Band wiedergegeben.

Die Reihe der Thomas Mann Lectures der ETH Zürich bildet wiederum eine eigene Rubrik des Jahrbuchs. Hier ist die Dritte Lecture von Rüdiger Görner, London, wiedergeben. Sie stellt Thomas Mann nicht nur zum aktuellen Medium seiner Zeit, dem Tonfilm, in Beziehung, sondern wirft einen überraschenden Blick auf visuelle Medien in der Novelle *Okkulte Erlebnisse*.

Darüber hinaus eröffnen vier Abhandlungen zusätzliche Themenfelder: Anhand vorerst noch in Privatbesitz befindlicher Briefe Jenö Lányis wird auf Exil und Familiensituation Monika Manns eingegangen. Die amerikanische Journalistin Dorothy Thompson steht in ihrer Zusammenarbeit mit Thomas Mann im Zentrum eines weiteren Beitrags. Der Erzählung *Das Gesetz* widmet sich eine Einzeluntersuchung in Relation zur Bachofen-Rezeption des Autors. Schließlich gibt die vierte Abhandlung Einblick in Thomas Manns Arbeitsweise und Leseverhalten.

Als Abrundung folgen wie immer die Auswahlbibliografie sowie die Mitteilungen der Deutschen Thomas Mann-Gesellschaft und der Thomas Mann Gesellschaft Zürich.

Die Herausgeber

Claudio Steiger

Historisches »Traumgedicht vom Menschen«[1].
Der Zauberberg als Zeitroman *sui generis*

I. Zeitroman in vierfacher Hinsicht

Verschlungen sind die Wege der Geschichte. Anfang Mai 1939 hält Thomas Mann vor amerikanischen Studenten eine *Einführung in den Zauberberg*.[2] Im renommierten Princeton hat der Autor eine Gastprofessur erhalten. Der Ort an der Ostküste ist nach der Abreise aus Küsnacht im Herbst 1938 zur ersten Exilstation der Manns in Amerika geworden. Bei seiner »Lecture« zum *Magic Mountain* blickt der Schriftsteller zurück auf seinen bis dato wichtigsten Roman, erschienen 15 Jahre zuvor – und er tut dies in bewegter Zeit, am Himmel dräuen die dunklen Wolken des Krieges, einer neuen »Fieberbrunst«,[3] in die diesmal Deutschland allein die Welt verstricken will. Ist dies alles noch die Epoche des *Zauberbergs*? Oder schreibt man bereits eine andere Zeitrechnung?

Wie so oft zeigt sich die Schwierigkeit klarer historischer Grenzziehung. Sicher jedoch ist: Der Text, dem Manns Bemerkungen gelten, war selbst in bewegter Periode entstanden. Konzipiert im Sommer 1912 nach dem Besuch bei Frau Katia in der Davoser Kur, niedergelegt im Weltkrieg 1915, wiederaufgenommen 1919, erscheint der *Zauberberg* im November 1924. In seine lange Entstehungsphase fällt mithin jene »Leben und Bewußtsein tief zerklüftende[ ] Wende und Grenze« (wie es im Roman selbst heißt; 5.1, 9) des Kriegsausbruches von 1914 – und fallen Manns Ausschweifungen der *Gedanken im Kriege* (1914) und der *Betrachtungen eines Unpolitischen*.[4] Verschlungene Wege sind es,

---

[1] *Einführung in den »Zauberberg«. Für Studenten der Universität Princeton* XI, 602–617, hier: 617. Im engeren Sinn bezieht sich das Zitat auf Hans Castorps Erkenntnis im Schneetraum: »Da habe ich einen Reim gemacht, ein Traumgedicht vom Menschen. Ich will dran denken. Ich will gut sein. Ich will dem Tode keine Herrschaft einräumen über meine Gedanken! Denn darin besteht die Güte und Menschenliebe [...].« (5.1, 748)

[2] Wie Anm. 1. Beim Treffen mit den Studenten sprach Mann teilweise frei (vgl. Tb, 3.5.1939) und schloss das Manuskript offenbar erst in den folgenden Tagen ab. (Vgl. Tb, 5.5./10.5.1939)

[3] Vgl. die Kriegsbeschreibung am Ende von *Der Zauberberg*; 5.1, 1085.

[4] In diese Reifungsphase – dazu lassen sich auch die Jahre zählen, in denen Mann nicht unmittelbar am *Zauberberg* geschrieben hat – fallen also weltanschaulich so disparate Produkte des Autors wie einerseits etwa die nationalistischen *Gedanken im Kriege* (1914) und das »Rückzugsgefecht großen Stils« (Ess III, 55) gegen die Demokratie, die *Betrachtungen eines Unpolitischen* (1918), andererseits aber auch die berühmte Rede *Von deutscher Republik* (1922), die gut drei Jahre nach dem Beginn der Weimarer Republik als performative Rede-Handlung öffentlich Manns demokratische ›Wende‹ besiegelte. *Ob* es eine Wende war, darüber ist in der Mann-Forschung über

die den Schriftsteller seit 1919 zum vernachlässigten Manuskript zurückführen und ihn später von deutscher Republik und Humanität träumen lassen; da ist er schon fast fünfzig. Und dann, 1939, steht ein ganzer Atlantik zwischen Thomas Mann und den Schweizer Bergen. Das hat er sich 1912 in Davos nicht träumen lassen, dass er einmal als Exilant und in »tief notwendigem Protest«[5] gegen Deutschland amerikanischen Studenten über seine Literatur erzählen würde.

Im *Zauberberg* schwindelt es Hans Castorp manchmal vor der Zeit. Es ist ein »Schwindel in des Wortes schwankender Doppelbedeutung von Taumel und Betrug, das wirbelige Nicht-mehr-unterscheiden von ›Noch‹ und ›Wieder‹, deren Vermischung und Verwischung das zeitlose Immer und Ewig ergibt.« (5.1, 822) Dann fallen im Sanatorium »Berghof« Gestern und Heute zur scheinbar »ausdehnungslose[n] Gegenwart« (ebd., 280), zur gefühlten Zeitlosigkeit zusammen. Mag sein, dass es Thomas Mann ein bisschen wie seinem Helden Castorp geht, als er im Mai 1939 vor den Princetoner Studenten steht. Wo er ist, ist Deutschland. Aber ist er nicht im Geiste auch noch in Europa? Und erzählte nicht schon *Der Zauberberg* von einer unheimlichen Vorkriegsphase? Lebt man noch im ›Noch‹? Oder schon im ›Wieder‹?

Wie auch immer Thomas Mann persönlich gefühlt haben mag (das Tagebuch gibt spärlich-aufschlussreiche Kunde über »verwirrte Tage«[6]): Auffällig ist, wie der Autor nun 1939 noch einmal das im Roman gestaltete *Problem der Zeit* in den Mittelpunkt rückt. Er charakterisiert seinen Roman wie folgt:

[Der Zauberberg] ist ein Zeitroman im doppelten Sinn: einmal historisch, indem er das innere Bild einer Epoche, der europäischen Vorkriegszeit zu entwerfen versucht, dann aber, weil die reine Zeit sein Gegenstand ist, den er nicht nur als die Erfahrung seines Helden, sondern auch in und durch sich selbst behandelt. (*Einführung in den »Zauberberg«*; XI, 611)

Thomas Mann spricht dezidiert vom *Zeitroman* und signalisiert zugleich (»im doppelten Sinn«), dass er einen bereits geläufigen Terminus weiterdenkt. Was aber definiert gewöhnlich der Begriff des Zeitromans? Bezeichnet wird damit

---

Jahrzehnte diskutiert worden. Die Ergebnisse können hier nicht nachgezeichnet werden. Thomas Mann selbst sah in seiner Rede *Von deutscher Republik* (1922) übrigens zunächst keine Wende, indem er eine Unterscheidung von ›Meinung‹ und ›Sinn‹ einführte. Eine »Sinnesänderung« läge nicht vor; er habe »vielleicht [s]eine Gedanken geändert«, doch nur, da es gelte, »einen bleibenden Sinn in veränderter Zeit zu behaupten«. (15.1, 583) Vgl. zur Argumentationslogik konzis Hans Wißkirchen: Sein und Meinen. Zur stabilisierenden Funktion eines Gegensatzpaares in den Jahren 1922 und 1933, in: Michael Ansel/Hans-Edwin Friedrich/Gerhard Lauer (Hg.): Die Erfindung des Schriftstellers Thomas Mann, Berlin/New York: de Gruyter 2009, S. 299–315.

5 Thomas Mann: Ein Briefwechsel (1937), BrII, 10.
6 Vgl. Tb, 2./3.5.1939: »Verwirrte Tage, Herstellung der Magic Mountain lecture zunächst wenigstens per Diktat nicht möglich, heute Vormittag schriftlicher Anlauf.«

seit dem 19. Jahrhundert ein Roman, der aktuelle Ereignisse und Tendenzen verhandelt. Die Gattung entsteht aus dem historischen Roman, indem Autor*innen solche Gesellschaftspanoramen näher an die Gegenwart heranführen. Entgegen dem historischen Roman lebt hier der Verfasser, die Verfasserin in derselben Epoche wie der Gegenstand – und ebenso die (Erst-)Leserschaft. Im gelungenen Werk erkennt diese die Konturen eigener Lebenswelt, die sozialen Probleme und politischen Fragen ihrer Gegenwart wieder. Dabei ist klar: Aus Zeitromanen werden irgendwann historische Romane.[7]

Nun hat der Zeit- oder auch Gesellschaftsroman, dem aus naheliegenden Gründen meist ein zeit*kritischer* Geist eignet, sowohl in Frankreich (man denke an Balzac, Flaubert, Zola) als auch Deutschland (von Guzkow und Freytag bis hin zu Fontane) im 19. Jahrhundert schon seine bedeutenden Vertreter gehabt. Thomas Mann muss sich daran nicht messen, denn der *Zauberberg* ist ein Zeitroman *sui generis* (wie etwa auch Musils *Mann ohne Eigenschaften*). Und zwar erstens, weil er nicht nur die historische Gegenwart, sondern auch die Zeit ›selbst‹ thematisiert (als Zeitlichkeit, Wesen und Rätsel der Zeit). Und zweitens, weil sein Epochenbild in einer rasanten Umbruchzeit um ›1914‹ ad hoc zum Reflex einer gerade stattfindenden historischen Zäsur wurde (ich komme darauf zurück). Im Übrigen aber lassen sich schon in Manns eigener Charakterisierung des Zeitromanes im »doppelten Sinn« bei genauem Hinsehen nicht zwei, sondern *vier* ›Zeit-Dimensionen‹ erkennen.

1. »Das innere Bild einer Epoche«

Hier geht es um die direkte historische Zeitgenossenschaft des Werkes selbst: die im *Zauberberg* wohl trotz allem wichtigste Ebene. Sie steht in diesem Beitrag im Fokus – wobei sich die Frage stellen wird, ob sich der Roman als »innere[s] Bild einer Epoche« wirklich nur auf die Zeit *vor 1914* bezieht. Dann wäre er aber für die Zeitgenossen nach Erscheinen Mitte der 20er Jahre im Grunde

---

[7] Vgl. Gerhard F. Probst: Gattungsbegriff und Rezeptionsästhetik, in: Colloquia Germanica, H. 10, N. 1 (1976/77), S. 1–14, hier: S. 4: »Das zeitliche Verhältnis Kommunikat-Empfänger eines jeden auktorial oder von der Sendeinstanz her bestimmten ›Zeitromans‹ ist zunächst [...] das der Kontemporaneität, beim historischen Roman ist es das der Vorzeitigkeit oder zeitlichen Differenz. Sobald der ›Zeitroman‹ jedoch veröffentlicht worden ist und sein eigenes ›historisches‹ Dasein begonnen hat, nähert sich seine Kommunikat-Empfänger-Relation in ihrem zeitlichen Charakter der des historischen Romans an, d. h. beim ›Zeitroman‹ geht die Kontemporaneität der Kommunikat-Empfänger-Relation nach und nach in eine Vorzeitigkeit oder zeitliche Differenz über, der ›Zeitroman‹ wird zum ›Geschichtsroman‹.«Wenn es nun aber stimmt, dass für Thomas Mann selbst und die meisten seiner Zeitgenossen der Erste Weltkrieg als fundamentale Zäsur erlebt wurde, so gilt damit auch: Der Zauberberg ist also schon bei seinem Erscheinen 1924 – zehn Jahre nach Kriegsbeginn – bereits eine Mischung aus Zeitroman und historischem Roman.

schon ein historischer Roman gewesen.[8] Für diese Mischform aus Zeitroman und historischem Roman, die Manns *Zauberberg* bietet, könnte auch der Begriff des Epochenromans verwendet werden, den Thomas Mann selbst, wenn er von dem »inneren Bild einer Epoche« spricht, vorbereitet. Sicher ist: Der *Zauberberg* ist für eine längere Zeitspanne repräsentativ, die ca. von 1900 bis 1925 reicht (und punktuell führt er prophetisch darüber hinaus).

2. »Reine Zeit«

Hier geht es um philosophische Reflexionen über *die* Zeit. Schon im »Vorsatz« des *Zauberbergs*, in dem sich der auktoriale Erzähler des Romans[9] direkt an die Leser*innen wendet, wird auf die »Fragwürdigkeit und eigentümliche Zwienatur dieses geheimnisvollen Elementes [...] angespielt und hingewiesen« (5.1, 9). In verschiedenen Kapiteln wird später über das abgründige Wesen der Zeit meditiert, bald pathetisch-ernsthaft, bald ironisch, und im Rückgriff auf Philosophen-Gedanken – von Augustinus bis Schopenhauer. Dabei zielt der Erzähler auch auf die Zeit als Formbedingung der Literatur ab, sie ist »*Element* der Erzählung wie sie [...] Element des Lebens« ist (5.1, 816, Herv. im Original). Und es wird die Affinität von Literatur und Musik betont. »Denn die Erzählung gleicht der Musik darin, daß sie die Zeit erfüllt, sie ›anständig ausfüllt‹« (ebd.).

3. »Erfahrung des Helden«

Nun gilt aber: Würde in Manns Roman das Zeitthema nur in philosophisch-poetologischem Gewand verhandelt, so wäre dies für die Leser*innen ermüdend. Demgegenüber wird im Text vor allem auf genial konkrete Weise Hans Castorps subjektives Erleben der Zeit auf dem Berghof atmosphärisch fühlbar. Man lebt mit dem jungen Mann mit, ab dem Moment, als er seine Zugfahrt ins Hochgebirge antritt, um seinen Vetter Joachim im Tuberkulosesanatorium zu

---

[8] Eigentlich würde man annehmen, dass Manns Roman, der zeitlich das Ende der Belle Epoque abdeckt, schon bei Erscheinen in der Weimarer Republik als *historischer* Roman verstanden wurde. Wie Zeitungsrezensionen zeigen, wurde der *Zauberberg* aber noch als ›Aktualität‹ verstanden. Zum einen kann dies so begründet werden, dass in der Lebenswelt der 20er Jahre der Krieg und seine Ursachen – gerade durch seine mediale Aufarbeitung – noch sehr präsent waren. Andererseits hatte sich auch die Sanatoriumswelt zwischen 1912 und 1924 noch nicht entscheidend verändert.

[9] Der auch in diesem Fall nicht einfach mit dem empirischen Autor Thomas Mann identisch ist, sondern die Kunstfigur eines Erzählers »als raunende[m] Beschwörer des Imperfekts« (5.1, 9) darstellt.

besuchen. Da der 22-jährige Castorp Erholung nötig hat, schickt ihn sein Arzt für eine »gründliche Luftveränderung« (5.1, 59) selbst hinauf, aber, wie mehrfach betont wird, nur »auf drei Wochen«. (5.1, 60) Zunächst macht Castorp Bekanntschaft mit einem Erfahrungskorrelat des Reisens, das als »Auffrischung [des] Zeitsinns« (5.1, 216) gefasst wird.

Man schaltet dergleichen als Unterbrechung und Zwischenspiel in den Hauptzusammenhang des Lebens ein, und zwar zum Zweck der ›Erholung‹, das heißt: der erneuernden, umwälzenden Übung des Organismus, welcher Gefahr lief und schon im Begriffe war, im ungegliederten Einerlei der Lebensführung [...] abzustumpfen. Worauf beruht dann aber diese Erschlaffung und Abstumpfung bei zu langer nicht aufgehobener Regel? [...] [es ist] etwas Seelisches, es ist das Erlebnis der Zeit, – welches bei ununterbrochenem Gleichmaß abhanden zu kommen droht und mit dem Lebensgefühle selbst so nahe verwandt und verbunden ist, daß das eine nicht geschwächt werden kann, ohne daß auch das andere eine kümmerliche Beeinträchtigung erführe. (5.1, 159)

Im Sanatorium verkehrt sich Castorps ›Erfrischung‹ indes bald ins Gegenteil. Der junge Hanseat, als »Gast und ›unbeteiligter Zuschauer‹« (5.1, 164) gekommen, gewöhnt sich allzu bald an den Alltag in Davos. Auch zeigt er Affinität zur morbiden Krankheitssphäre, namentlich in Gestalt der jungen Patientin Mme Chauchat, in die er sich verliebt. Im Berghof aber herrscht ein streng geregeltes Zeitregime vor, in das man nicht ohne Folgen eintritt. Ziemßen hatte seinen Vetter vor einer veränderten Zeitwahrnehmung – einer Art Verlust des Zeitempfindens – gewarnt: »»Man ändert hier seine Begriffe‹« (5.1, 17). Anzeichen dafür zeigen sich bei Hans Castorp schon bei den ersten märchenhaft üppigen Mahlzeiten im Berghof, von denen es eine ganze Menge am Tag gibt:

Durch beide Eingänge strömten die Gäste herein. [..] und bald saßen sie alle an den sieben Tischen, *als seien sie nie davon aufgestanden*. Dies war wenigstens Hans Castorps Eindruck, – ein rein träumerischer und vernunftwidriger Eindruck natürlich, dessen sein umnebelter Kopf sich jedoch einen Augenblick nicht erwehren konnte und an dem er sogar ein gewisses Gefallen fand [...]. (5.1, 115, Herv. CS)

Die durch fünf überreiche Mahlzeiten und verschiedene Liegekuren stets ähnlich verlaufenden »Normaltage« (5.1, passim) gleichen sich im Bewusstsein an. Auch die scheinbaren Abweichungen in Form von Kur-Musik und Vorträgen finden wieder in regelmäßigem Turnus statt. Durch diese Rationalisierung der Zeit schläft das Zeitgefühl im »Bannkreise des Berghofes« (5.1, 179) ein. Endpunkt ist die sogenannte »Ewigkeitssuppe« (wobei die Leser*in sich im »Dir« des Erzählers mitangesprochen fühlt):

Man bringt dir die Mittagssuppe, wie man sie dir gestern brachte und sie dir morgen bringen wird. Und in demselben Augenblick weht es dich an – du weißt nicht, wie und woher; dir schwindelt, indes du die Suppe kommen siehst, die Zeitformen verschwimmen dir, rinnen ineinander, und was sich als wahre Form des Seins dir enthüllt, ist eine ausdehnungslose Gegenwart, in welcher man dir ewig die Suppe bringt. (5.1, 280)

Nachdem Castorp zu Beginn seiner dreiwöchigen Ferien mit dem Klima im Hochtal schlecht zurechtgekommen und durch die besondere soziale Konstellation, das kuriose Personal und die erotisierte Atmosphäre seelisch aufgewühlt ist, fängt er sich am Ende seines geplanten Aufenthaltes einen Schnupfen ein. Vom Anstaltsarzt Hofrat Behrens wird der Gast zum Bleiben gedrängt. Doch begrüßt dies Castorp im Grunde innerlich, da er sich »hier oben« (5.1, passim) schon wohlfühlt. Und verbleibt so auf unbestimmte Zeit im Berghof – obgleich ihn sein Mitpatient und Mentor, der aufklärerische Lodovico Settembrini, sogleich zur Rückkehr ins Flachland drängt. In den Jahren, die da kommen, erlebt Castorp innerlich viel und zugleich äußerlich wenig, das Verhältnis zu Mme Chauchat löst sich wieder auf, zu Settembrini tritt ein Gegenspieler hinzu, der Jesuit Naphta, und noch ein eminenter Dritter kommt, Peeperkorn. So bleibt Castorp am Ende sieben Jahre im Berghof, er hat jedes Gefühl für die Zeit verloren. Erst der »Donnerschlag«, der »den Zauberberg sprengt und den Siebenschläfer unsanft vor seine Tore setzt« (5.1, 1075): der in die Fiktion eingeführte Ausbruch des *Weltkrieges* als Ereignis erster Güte, ›befreit‹ Castorp und bringt ihn zurück ins Flachland. Der wichtige Romanabschnitt »Die große Gereiztheit« (5.1, 1034 ff.), der dem »Donnerschlag« vorausgeht, wird hier aufgrund seiner Bedeutung in Kapitel IV. noch gesondert behandelt.

4. »[Die Zeit] in und durch sich selbst verhandelt«

Die vierte Ebene des Zeitromans ist der Versuch, die von Castorp fiktionsintern erlebte Aufhebung der Zeit auch qua Roman*form* umzusetzen. So wird Castorps erster Tag im Sanatorium noch in aller Ausführlichkeit auf siebzig Seiten erzählt. Im nächsten Kapitel wird dann schon der ganze Rest seiner drei Ferienwochen berichtet. Schließlich werden Monate und Jahre auf enger Seitenzahl zusammengenommen. Zunächst hat man also starke erzählerische Dehnung der Ereignisse, später deren Raffung vorliegen; und dies spiegelt Hans Castorps subjektives Zeitempfinden (siehe 3.) eben in der Romanform.[10] Der

---

[10] Dies wird wiederum von der Erzählerfigur auch reflektiert und offengelegt, in der Erzählung wird also performativ das ›getan‹, was ›gesagt‹ wird. Vgl. etwa 5.1, 279: »Hier steht eine Erscheinung bevor, über die der Erzähler sich selbst zu wundern gut tut, damit nicht der Leser

Germanist Günther Müller hat 1947 seine bis heute gültige Unterscheidung von erzählter Zeit und Erzählzeit nicht zufällig am *Zauberberg* mitentwickelt.[11] In punkto ›Zeit-Form‹ des Romans ist aber auch die berühmte Leitmotivik[12] Thomas Manns zu nennen, die Mann im *Zauberberg* zur Meisterschaft führte. Eigenschaften von Personen, Formulierungen, Atmosphären, Motive usw. treten identisch oder leicht abgewandelt immer wieder auf. Mann erläutert die Zeit-Funktion des »symbolisch anspielenden Formelwort[s]« (XI, 611):

[S]o versucht ›Der Zauberberg‹ sich selbst und auf eigene Hand an der Aufhebung der Zeit, nämlich durch das Leitmotiv, die vor- und zurückdeutende magische Formel, die das Mittel ist, seiner inneren Gesamtheit in jedem Augenblick Präsenz zu verleihen. (ebd., 603)

Soweit zu den vier Ebenen, die im Zeitroman Mann'scher Prägung wirksam sind. Wie erwähnt, sind sie nicht kategorisch zu trennen, sondern im Erzählkunstwerk verbunden. Nur ein Beispiel: Die von Mann erzählerisch aufgegriffene philosophische Idee des *nunc stans* (»Ewigkeitssuppe«) ist auch wieder historisch gedacht. Denn zum einen war der ›Zeitverlust‹ ein bekannter Effekt für junge Menschen, die oft monate- oder jahrelang im Soziotop der Sanatorien um 1900 lebten. Es gab medizinische Forschungsliteratur dazu.[13] Und zum andern wird, indem vom gestörten Zeiterlebnis Castorps erzählt wird, auch etwa über die kollektive Seelenverfassung Deutschlands ›um 1914‹ erzählt. Das komplexe Verhältnis spricht Mann selbst an, wenn er 1919 nach Wiederaufnahme der Arbeit am *Zauberberg* über dessen Ursprünge reflektiert:

[Es gibt eine] ungewöhnliche *Sensitivität*, die ich mir zuschreibe, die *meine Einsamkeit* mit allem *höheren Denken und Planen* der Zeit *in sympathetische Beziehung* setzt. Daß das *Problem der* ›*Zeit*‹ für *Philosophen* und *Träumer* um 1912 aktuell wurde [..], mag an der *historischen Erschütterung* unserer Tage liegen, die *damals noch* tief *unterirdisch* war. (Tb, 2.7.1919, Herv. CS)

---

auf eigene Hand sich allzusehr darüber wundere. Während nämlich unser Rechenschaftsbericht über die ersten drei Wochen von Hans Castorps Aufenthalt bei Denen hier oben [...] Zeitmengen verschlungen hat, deren Ausdehnung unseren eigenen halb eingestandenen Erwartungen nur zu sehr entspricht, – wird die Bewältigung der nächsten drei Wochen seines Besuches an diesem Orte kaum so viele Zeilen, ja Worte und Augenblicke erfordern, als jener Seiten, Bogen, Stunden und Tagewerke gekostet hat [...].«

[11] Günther Müller: Die Bedeutung der Zeit in der Erzählkunst (1947), in: ders.: Morphologische Poetik. Gesammelte Aufsätze, hrsg. von Elena Müller in Verbindung mit Helga Egner, Darmstadt: Wissenschaftliche Buchgesellschaft 1968, S. 269–286.

[12] Vgl. zum ersten Überblick Stephan Brössel: Art. Leitmotiv, in Andreas Blödorn/Friedhelm Marx (Hg.): Thomas-Mann-Handbuch, Stuttgart: Metzler 2015, S. 317–320.

[13] Vgl. etwa den bekanntgewordenen Beitrag von Otto Amrein: Die Tuberkulose in ihrer Wirkung auf Psyche und Charakter, in: Korrespondenzblatt für Schweizer Aerzte 49 (1919) S. 1300–1309.

Thomas Mann rechnet sich hier offenbar zu den Träumern, die eine historische Sensivität bewiesen und damit wiederum das »Problem der Zeit« reflektierten, das auch Philosophie und Naturwissenschaften (Relativitätstheorie) beschäftigte.

II. Zeitgenossenschaft 1: Überfülle der Gehalte

Trotz der Verschränkung der Ebenen: Die historische Zeitgenossenschaft im engeren Sinn steht im Zentrum gerade des heutigen Leserinteresses. Nun gilt es also näher zu fragen, wie der *Zauberberg* überhaupt relevant-repräsentative Gehalte seiner Epoche abbilden konnte. Dabei ist zunächst klar, dass zwischen einem fiktionalen Roman und einem Geschichtswerk ein Unterschied besteht. Andererseits hat die kulturwissenschaftliche Diskussion seit den 1970er Jahren zeigen können, dass dieser Unterschied nicht so groß ist, wie man denken würde. Denn auch »Klio dichtet«, um es mit einem bekannten Titel des Historikers Hayden White zu sagen,[14] der ausdrückt, dass auch die Geschichtswissenschaft *erzählt* und damit weniger objektiven, denn narrativen Gesetzen gehorcht. Klar aber ist, dass Historiographie und Zeitroman andere Mischungsverhältnisse von Fakt und Fiktion aufweisen und unterschiedliche *Erzählstrategien* verfolgen, um die angestrebte historische Stichhaltigkeit und Repräsentativität zu erlangen. Paul Michael Lützeler stellt fest:

Aus der schier unübersehbaren Fülle des gesamthistorischen Geschehens lassen sich immer nur einzelne Aspekte herausgreifen. In der Historiographie hängt es von vorgegebenen Traditionen und neuen Paradigmen ab, welche Fäden aus dem Gesamtgewebe geschichtlicher Vorgänge herausgegriffen werden: [...] Im Zeitroman kreieren Autoren Figuren, die Sprachrohr und Artikulationsorgan gegenwärtiger Vorgänge sind, die von Romanciers als dominant und wirkungsmächtig verstanden werden.[15]

Im Sinne dieser Beobachtung sollen nun einige zentrale Figuren im *Zauberberg* knapp auf ihren ›Zeitcharakter‹ hin beleuchtet werden.

---

[14] Genau genommen dem Titel der deutschen Übersetzung: Hayden White: Auch Klio dichtet oder die Fiktion des Faktischen. Studien zur Tropologie des historischen Diskurses, Einführung von Reinhart Koselleck, aus dem Amerikanischen von Brigitte und Thomas Siepmann, Stuttgart: Klett Cotta, 1986. Im Original unter dem Titel: Tropics of Discourse: Essays in Cultural Criticism, Baltimore: Johns Hopkins Univ. Press, 1978.

[15] Paul Michael Lützeler: Die Europa-Asien-Diskussion im *Zauberberg*, in: Moderne begreifen. Zur Paradoxie eines sozio-ästhetischen Deutungsmusters, hg. von Christine Magerski, Robert Savage und Christiane Weller, Wiesbaden: Deutscher Universitäts-Verlag 2007, S. 193–205, hier: S. 194.

1. Figuren

Da ist etwa der bereits erwähnte Joachim Ziemßen, eine Art Gegenpol zum Träumer Hans Castorp. Joachim ist eine Figur des Militärs, Verkörperung des obrigkeitsgläubigen Militarismus im wilhelminischen Deutschland, wie sich in manch naiver Rede offenbart: »Krieg ist notwendig. Ohne Kriege würde bald die Welt verfaulen, hat Moltke gesagt« (5.1, 561). Der kranke Joachim, der traurig ist, dass er seinen Militärdienst nicht leisten kann, versieht als Surrogat daher seinen *Kurdienst* fürs Vaterland. Auffällig ist zugleich Joachims liebenswert-positive Zeichnung. Dies kann auf Manns eigene Vorgeschichte als Kriegsbefürworter 1914 bezogen werden: »Daß Thomas Mann ihn derart integer, ehrlich, bescheiden, gutmütig gezeichnet hat, daraus spricht wohl immer noch die schamhaltige Loyalität zu jenen Soldaten, die er bei Ausbruch des Krieges *nicht* an die Front begleitet hatte.«[16]

Sodann ist da Hofrat Behrens, der leitende Arzt der Anstalt. Dieser ist ein Mediziner, der durch seine wenig zimperliche Art auffällt, alles Menschliche vor allem unter dem biologischen Aspekt der Krankheit sieht und dabei auch den guten Geschäftsgang des Sanatoriums im Auge hat. Joachim charakterisiert Behrens treffend, dieser sei »so ein alter Zyniker – ein famoses Huhn nebenbei, alter Korpsstudent und glänzender Operateur« (5.1, 20). Mit dieser Beschreibung ist auch etwas über den Zeittypus des Hofrats ausgesagt, der von Mann einerseits nach realen Kurärzten aus Davos gezeichnet wurde, der aber auch an zutiefst ›deutsche‹ Figuren wie Ferdinand Sauerbruch erinnert, die sich als berühmte Ärzte zwischen Militär und Zivilgesellschaft bewegten.

Die rechte Hand von Behrens ist der sinistre Dr. Krokowski. In einem Raum im Untergeschoss des Sanatoriums empfängt er die weibliche Patientenschaft zur sogenannten »Seelenzergliederung« (5.1, 20), einer Art kruder Psychoanalyse. Zusätzlich hält er zweiwöchentliche Vorträge zum Thema. Im Gegensatz zu Behrens sieht Krokowski die Ursachen der Tuberkulose rein in der Psyche. Das Krankheitssymptom ist für ihn »verkappte Liebesbetätigung und alle Krankheit verwandelte Liebe« (5.1, 196). Krokowski als karikaturesk zugespitzte Figur steht nicht zuletzt für das unbändige Interesse am ›Unbewussten‹ nach 1900.[17]

Man kommt zu den neben Castorp wohl bekanntesten Figuren aus dem

---

[16] Michael Neumann: Die Irritationen des Janus oder *Der Zauberberg* im Feld der klassischen Moderne, in: TM Jb 14 (2001), S. 69–85, hier: S. 71.

[17] Freilich handelt es sich dabei nicht um eine direkte Kritik des Autor Manns an Sigmund Freud, eher um einen Reflex auf die Epigonen und Exegeten der Psychoanalyse. Vgl. zum Unbewussten im *Zauberberg*: Manfred Dierks: Doktor Krokowski und die Seinen. Psychoanalyse und Parapsychologie in Thomas Manns »Zauberberg«, in: Das »Zauberberg«-Symposium 1994 in Davos, hg. von Thomas Sprecher, Frankfurt/Main: Klostermann 1995 (= TMS 11), S. 173–195.

Roman, den beiden Mentoren Settembrini und Naphta. Ihre Reden und Debatten sind für die historische Diskurs-Ebene im Zeitroman höchst relevant.
Die ausführlichen Streitgespräche machen in Teilen des *Zauberbergs* aber gar
die ›Romanhandlung‹ aus (was seit Erscheinen des *Zauberbergs* immer wieder
kritisiert wurde). Castorp schwankt zwischen den beiden Erzieherfiguren, die
in ihrer Komplexität und Widersprüchlichkeit für die widerstreitenden geistigen Tendenzen im ersten Viertel des 20. Jahrhunderts stehen. Aus der Über-
fülle der Diskussionen sei illustrativ eine Stelle herausgegriffen. Settembrini
spricht zu Castorp:

›Wie oft habe ich Ihnen gesagt, das man wissen sollte, was man ist, und denken, wie es
einem zukommt! Sache des *Abendländers*, [...] ist die *Vernunft*, die *Tat* und der *Fortschritt*, – nicht das Faulbett des Mönches!‹ Naphta hatte zugehört. Er sprach [...]: ›Des
Mönchs! Man dankt den Mönchen die *Kultur des europäischen Bodens*! Man dankt
ihnen, das Deutschland, Frankreich und Italien nicht mit Wildwald und Ursümpfen
bedeckt sind, sondern uns Korn, Obst und Wein bescheren! Die Mönche, mein Herr,
haben sehr wohl gearbeitet . . .‹ (5.1, 569, Herv. CS)

Schon an dem kurzen Ausschnitt wird die Kampflinie zwischen beiden Weltanschauungen sichtbar, deren Inkommensurabilität sich bereits in den Schlag-
worten zeigt (von mir kursiviert). Verwirrend aber ist, wie Settembrini und
Naphta nicht nur *miteinander* streiten, sondern auch *in sich selbst* widersprüchliche Haltungen vertreten. Somit wird die intellektuelle Zerrissenheit
der Zeit gleich mehrfach gespiegelt. Konkret ist Settembrini als Humanist und
Aufklärer Verfechter des Fortschrittes Europas, befasst sich etwa mit Espe-
ranto – gleichzeitig aber ist er auch glühender italienischer Nationalist contra
Habsburg. Naphta ist die seltsame Erscheinung eines katholischen Jesuiten
jüdischer Herkunft. Ein religiöser Fundamentalist, der als Verfechter des scho-
lastischen Gottesstaates paradoxerweise aber auch noch glühender Kommunist
ist. Gerade diese irrwitze Kombination verschiedener ›Radikalismen‹ zu einer
Art philosophischen Superverschwörungstheorie weist in schmerzvoller Weise
in unsere heutige Zeit.

Wendet man den Blick zum oben erwähnten Mynheer Peeperkorn, so erweist sich dieser als weitere Antithese zu den bereits dialektisch kontrastierten
Settembrini und Naphta. Gegenüber deren aufgeheiztem Cerebralismus ist er
ein charismatischer »Mann von Format« (5.1, 869), verkörpert einen ›männ-
lich‹ codierten Vitalismus. Zugleich aber ist er als vermeintlich »ausgemachte
Persönlichkeit« (ebd.) auch ein etwas tumber Zeitgenosse und Satire auf das
nach 1900 allgegenwärtige *Lebens*-Pathos. Endlich verweist seine »leicht far-
bige Nationalität – denn er war ein Kolonial-Holländer, ein Mann von Java«
(5.1, 827) auf den Imperialismus vor 1914. Damit korrespondiert Peeperkorn,
der als Kaffeeplantagenbesitzer zu Geld gekommen ist, auch der Schilderung

von Castorps Heimat Hamburg und dem Kolonialhandel um 1900 zu Roman-
beginn.[18]

So zeigt sich an wenigen Beispielen, dass Mann über seine Romanfiguren
zu Recht äußerte, dass »alle mehr sind als sie scheinen, sie sind laut lauter Ex-
ponenten, Repräsentanten und Sendboten geistiger Bezirke, Prinzipien und
Welten« (XI, 612). Aber, angesichts ihrer Lebendigkeit, auch, dass Manns Be-
fürchtung, »[i]ch hoffe, sie sind deswegen keine Schatten und wandelnde Al-
legorien« (ebd.), ganz unbegründet war.

Indes kann sich ein *tour d'horizon* bezüglich der Zeitgenossenschaft des
Zauberbergs nicht auf die Figuren beschränken. Denn zum einen ist es nachgerade ja auch die besondere Davoser Sanatoriums-Atmosphäre im Roman,
die einen bestimmten historischen Index aufweist. Zum andern sind etwa auch
medizinisch-biologische Gehalte oder die in der Fiktion präsente Technologie
der Epoche in Form von Röntgenfotografie, Kino und Grammophon stark
zeitbezogen. Endlich ist im Roman auch ein frühes Neues Bauen nach 1910
gespiegelt. Die genannten Aspekte (denen weitere addiert werden könnten)
sollen nun kurz betrachtet werden.

2. Medizinisch-biologische Gehalte

Von besonderer Relevanz im Tuberkulose-Roman *Der Zauberberg* ist natürlich die Medizin. Die Realistik der medizinischen Schilderungen zeigt sich in
Behandlungsmethoden wie etwa der erwähnten Verfahren zur Behandlung des
Pneumothorax,[19] die damals *state of the art* waren. Aber auch in den zunächst
scheinbar märchenhaft exzessiven Mahlzeiten der Patientenschaft erweist sich
das historische Substrat: Die sogenannt roborierende, also aufbauend-kräfti-
gende Diät war für die Patienten in Davos Standard.

Zwar hat man als Leser*in zunächst den Eindruck einer ironisch-nihilisti-

[18] Vgl. die Hamburg-Schilderung zu Beginn des Romans, welche Hafeneindrücke des sehr
jungen Castorp wiedergibt: »Die Atmosphäre der großen Meerstadt, diese feuchte Atmosphäre
aus Weltkrämertum und Wohlleben, die seiner Väter Lebensluft gewesen war, er atmete sie mit
tiefem Einverständnis [...]. Die Ausdünstungen von Wasser, Kohlen und Teer, die scharfen Ge-
rüche gehäufter Kolonialwaren in der Nase, sah er an den Hafenkais ungeheure Dampfdrehkrane
die Ruhe, Intelligenz und Riesenkraft dienender Elefanten nachahmen, indem sie Tonnenge-
wichte von Säcken, Ballen, Kisten, Fässern und Ballons aus den Bäuchen ruhender Seeschiffe in
Eisenbahnwagen und Schuppen löschten.« (5.1, 50 f.)

[19] Vgl. etwa Joachims Rede gegenüber Castorp zu Beginn: »Das heißt: man wird hier aufge-
schnitten [...] dann wird Gas in einen hineingelassen, Stickstoff, weißt du, und so der verkäste
Lungenflügel außer Betrieb gesetzt [...] man wird gleichsam aufgefüllt, so mußt du dirs vorstellen.
Und wenn das ein Jahr lang geschieht oder länger, und alles geht gut, so kann die Lunge durch
Ruhe zur Heilung kommen. [...] es sollen schon schöne Erfolge mit dem Pneumothorax erzielt
worden sein.« (5.1, 80)

schen Behandlung des Krankheits-Themas, was tatsächlich auch auf die Ursprünge des *Zauberbergs* als groteske Kontrafaktur des *Tod in Venedig* zu-
rückweist.[20] Kurios, ja böswillig muten die Beschreibungen gerade etwa der
Pneumothorax-Betroffenen zunächst an.[21] Doch später entwickelt die Haupt-
figur Hans Castorp ein ernsthaftes und einfühlsames Interesse am Komplex
der ›Krankheit‹ und damit verändert sich auch die Perspektive des Romans.
Initiiert wird Castorps Interesse am menschlichen Körper, das sich zum Interesse am ›Humanen‹ und der Frage nach dem Leben schlechthin (»Was war
das Leben? Man wusste es nicht.« – 5.1, 416) ausweitet,[22] wie erwähnt durch
Castorps *love interest*, die selbst kranke Frau Chauchat. Der junge verhinderte
Schiffbauingenieur liest nun medizinisch-biologische Literatur in der Liege-
kur. Thomas Mann hat Passagen dessen, was Castorp liest, teils wörtlich aus
Lehrbüchern der Epoche einmontiert.[23]

3. Technik

Castorp und Joachim sehen im »Bioskop von Davos Platz«, dem Kino, eine
»Liebes- und Mordgeschichte, [ ] eine Menge Leben, kleingehackt, kurzweilig
und in zappelnd verweilender Unruhe.« (5.1, 480) Neben der Hektik des Mediums wird auch dessen Täuschungscharakter hervorgehoben. Der Erzähler
spricht:

Niemand war da, dem man durch Applaus hätte danken können. Die Schauspieler, die
sich zu dem Spiele, das man genossen, zusammengefunden, waren in alle Winde zerstoben; nur die Schattenbilder ihrer Produktion hatte man gesehen. (Ebd.)

Das *Kino* ist somit negativ gezeichnet, es scheint kunstferner Zeitvertreib. Das
Grammophon wird demgegenüber als positives Medium charakterisiert, als
»strömendes Füllhorn heiteren und seelenschweren künstlerischen Genusses«
(5.1, 964) bezeugt es die besondere Rolle der Musik auf dem Zauberberg. Der
Röntgenraum, der im Roman nie so genannt wird (so ist etwa vom »Durch-
leuchtungslaboratorium« [5.1, 1016] die Rede), steht für das Gespenstisch-Fas-
zinierende an der Technik des frühen 20. Jahrhunderts. Einerseits stellen

---

[20] Vgl. 5.2, 15: »Der tragischen Variante der ›Heimsuchung‹ im *Tod in Venedig* soll *Der Zauberberg* zunächst als seine groteske Variante folgen.«
[21] So etwa des »‚Verein[s] halbe Lunge« (5.1, 80), einer Gruppe von Patientinnen, die mit ihrem
»Pneumothorax pfeifen« (ebd.), also Luft aus ihrem medizinisch Brustkasten lassen, um damit
Geräusche zu erzeugen.
[22] Vgl. zumal die Abschnitte »Humaniora« und Forschungen, 5.1, 382–434.
[23] So etwa aus Oscar Hertwig: Allgemeine Biologie, Jena: Gustav Fischer 1920. Vgl. 5.2, S. 220.

»Durchleuchtung und photographische Aufnahme« (5.1, 283) wissenschaftlich »den Sachverhalt objektiv klar[ ]« (ebd.). Zugleich weist die »Lichtanatomie«, als ein »Triumph der Neuzeit« (so Hofrat Behrens; 5.1, 327); aber eben auch einen »Einschlag von Spukhaftigkeit« (5.1, 333) auf. Das Röntgen steht auch exemplarisch für die erzählerische Überblendung von Realistik und Phantastik bei Thomas Mann. Denn Castorp sieht bei seiner »Innenaufnahme« (5.1, 314) nicht nur bildhaft »in sein eigenes Grab« (ebd.), sondern antizipiert auch schon gleichsam den späteren Tod seines Vetters im Romanverlauf, als er am Lichtschirm »Joachims Grabesgestalt« (5.1, 332) erblickt, die leitmotivisch sodann mit Joachims Gespenstererscheinung im Kapitel »Fragwürdigstes« korrespondiert.

4. Die Davoser Architektur

Zu einem nicht geringen Teil im *Zauberberg* erscheint der Berghof nun freilich weniger als tristes Krankenlager, denn als schicke »Luxusheilstätte« (5.1, 953). So ist der erzählte Raum auch jener eines mondänen Hotels. Wenn etwa von der »Concierge-Loge« (5.1, 363) und der »wohlbeleuchtete[n] Halle« (5.1, 21) die Rede ist oder vom À-la-Carte-Restaurant, das »hell, elegant und gemütlich« (5.1, 26) sei, so denkt man vor allem an ein Hotel, was schon keinen geringeren als Roland Barthes fesselte.[24]

Der Mondänität kontrastieren ein wenig die Zimmer, bei denen eher der Krankenhaus-Aspekt hervortritt. In den Gängen zu ihnen senden »Glocken aus Milchglas« (5.1, 21) von der Decke »ein bleiches Licht« (5.1, 22). Die Atmosphäre ist beunruhigend aseptisch: »Die Wände schimmerten weiß und hart, mit einer lackartigen Ölfarbe überzogen« (ebd.). Die Zimmer zeigen sich zwar »heiter und friedlich«, sehen aber ganz nach medizinischer Sphäre aus mit ihren »weißen, praktischen Möbeln, [...] ebenfalls weißen, starken, waschbaren Tapeten« und ihrem »reinlichen Linoleum-Fußbodenbelag« (ebd.).

Dieses Linoleum ist nun nicht Manns erzählerische Lizenz, sondern historisch akkurate Beschreibung. Linoleum wurde just zu dieser Zeit neu einge-

---

[24] In seiner am 1976/77 am Collège de France gehaltenen Vorlesungsreihe *Wie zusammen leben* in dem Romane als »Simulationen alltäglicher Räume« untersucht werden, erwähnt Roland Barthes mehrfach den *Zauberberg*. In seinem Redemanuskript notiert er für bekannte Romane den jeweils paradigmatischen Raum des Zusammenlebens, den sie gestalten. Beim *Zauberberg* ist dies für Barthes das Grand Hotel; er notiert sich das »hotelartige Zusammenleben« und die »eindrucksvolle Struktur: getrennte Zimmer und Ort von Geselligkeit«. Vgl. Roland Barthes: Wie zusammen leben. (Frz. *Comment vivre ensemble*) Simulationen einiger alltäglicher Räume im Roman. Vorlesung am Collège de France 1976/1977, übers. von Horst Brühmann, Frankfurt/Main: Suhrkamp 2007, S. 55 f., 265.

setzt, es stand für eine Modernität der hygienisch abwaschbaren Oberflächen statt den Staubfängern der Plüschromantik des 19. Jahrhunderts. Bekannt ist, dass Thomas Mann 1912 in Davos im ein Jahr zuvor erbauten »Waldsanatorium« eine typische Heilstätte vorfand. Weniger bekannt sind die Details, dass das Haus Ausdruck des frühen Neuen Bauens in Davos war.[25] Durch den Erfolg von Davos als Tuberkulose-Kurort wurden nach den Prinzipien der Licht-Luft-Bewegung und neuesten medizinischen Erwägungen architektonisch und von der Inneneinrichtung neue Wege beschritten, teils deutlich mehr als 10 Jahre vor dem Bauhaus. Neben dem Waldsanatorium ist bei Thomas Mann auch die Schatzalp mehrfach wörtlich genannt, die schon 1900 als damals extrem fortschrittlicher Bau mit Heizung, Flachdach und Wasserversorgung eröffnet worden war.[26]

Den nüchternen Baustil des Neuen Bauens evoziert insbesondere die Beschreibung des Speisesaals im Berghof: »Der Saal war in jenem neuzeitlichen Geschmack gehalten, welcher der sachlichsten Einfachheit einen gewissen phantastischen Einschlag zu geben weiß.« (5.1, 69) Thomas Sprecher hat als direkte Vorlage für den Speisesaal im *Zauberberg* jenen des Waldsanatoriums in Arosa ausgemacht, den die Manns auch persönlich kannten.[27] Davos oder Arosa – die erzählte Architektur im Roman steht jedenfalls nicht vornehmlich für die oft beschworene ›Dekadenz‹ auf diesem Zauberberg. Vielmehr wird eine architekturhistorisch spätere Periode im Roman sichtbar.[28]

Auch in einem kurzen Durchgang wie hier wird die Vielfalt der historischen Referenzen im Roman erkennbar – ein Teil der enzyklopädischen Tendenz des *Zauberbergs*. Der Text erweist sich als ein ungeheures Schichtenwerk, das in immer neuen Aspekten auf seine historische Epoche ›antwortete‹.

---

[25] Vgl. aber die jüngere Publikation von Nils Aschenbeck: Reformarchitektur. Die Konstituierung der Ästhetik der Moderne, Basel: Birkhäuser 2016, S. 63 ff.

[26] Quintus Miller: Das Sanatorium Schatzalp. Ein Beispiel zwischen Klassizismus und englischer Wohnlichkeit, in: Archithese Nr. 2 (1988), S. 50–56.

[27] Thomas Sprecher: Davos im Zauberberg, Zürich: NZZ Libro 2006, S. 77 f.

[28] Vgl. allerdings die äußere Beschreibung des Berghofs zu Beginn, wie »auf niedrig vorspringendem Wiesenplateau, die Front südwestlich gewandt, ein langgestrecktes Gebäude mit Kuppelturm, das vor lauter Balkonlogen von weitem löcherig und porös wirkte wie ein Schwamm, soeben die ersten Lichter aufsteckte.« (5.1, 18) Äußerlich handelt es sich beim Berghof noch eher um einen Jahrhundertwende-Bau. Für die Außenansicht orientierte sich Mann am Sanatorium Philippi, späterem Valbella (1899/1905). Vgl. Sprecher (wie Anm. 27), S. 78.

III. Zeitgenossenschaft 2:
Verdichtung der Epoche im Davoser Raum

Wenn aber so unterschiedliche Substrate im Text Aufnahme fanden, so fragt sich doch, wie der ›verzauberte Berg‹ als literarische Welt so *in sich geschlossen* wirken kann, wie er es tut? Hier gäbe es viel zu sagen. Eine Antwort lautet: Weil Thomas Mann in kongenialer Weise den Tannhäuser-Mythos vom *Venusberg* fortspann. Eine andere Antwort lautet: Weil Thomas Mann einen Weg fand, den singulären Raum des *wirklichen* Kurortes Davos – eine mondäne, aber zugleich überschaubare Welt auf 1600 Metern über Meer, eine Sphäre zwischen Luxus, Müßiggang und Krankheit – in die *Literatur* zu übertragen. Zwar erschöpft sich der Raum bei Thomas Mann nie in der realistischen Abbildung, sondern wird symbolisch vertieft (oder phantastisch erhöht). Und doch bleibt der Bezug auf eine in sich umgrenzte (Kur-)Welt – bis hin zu topographischen Details – ein wichtiger Teil des Werkes. Persönliche Eindrücke aus Davos, aus den Jahren 1912 und 1921, und anderer Aufenthalte in den Alpen, zumal in Arosa,[29] ließen Thomas Mann Graubünden inklusive Bergnamen, aber auch das Ortsbild realitätsnah wiedergeben. Die Beziehung vom *Zauberberg* zu Davos ist dabei der Beziehung von *Buddenbrooks* zu Lübeck, wie sie Hans Wißkirchen beschrieben hat,[30] sehr ähnlich.

Manns *Zauberberg* lebt atmosphärisch stark von seinem Schauplatz. Wer den Roman gelesen hat, erinnert sich zumal an ein ›Davoser Sanatorium‹. Umgekehrt ist das heutige Gedächtnis an Davos durch jenen Ausschnitt der Sanato-

---

[29] Vgl. die schöne Nachzeichnung von Manns eigenen Kuraufenthalten und der Verbindung zum *Zauberberg* bei Katrin Bedenig Stein: Auf dem Zauberberg. Thomas Mann als Kurgast in der Schweiz, in: Zauber Berge. Die Schweiz als Kraftraum und Sanatorium, hg. von Felix Graf und Eberhard Wolff, Zürich: NZZ Libro 2010, S. 53–59.

[30] Vgl. Hans Wißkirchen: Buddenbrooks. Die Stadt, der Autor, das Buch, in: ders. (Hg.): Die Welt der Buddenbrooks. Mit Beiträgen von Britta Dittmann, Manfred Eickhölter, Frankfurt/Main: S. Fischer 2008, S. 15–60, bes. Abschnitt »der doppelsichtige Blick«, S. 53–60. Bes. S. 60: »Wie wird aus dem konkreten Lübeck die bürgerliche Stadt, wie wird aus dem Schicksal der Lübecker Familie Buddenbrook ein weltweit verstehbares Familienbuch, wie wird aus dem Besonderen das Allgemeine? Das Einmalige an Buddenbrooks war und ist [...], dass immer eine Art ›kleiner Grenzverkehr‹ zwischen der beschriebenen Wirklichkeit und ihrer Gestaltung im Roman, zwischen der ›Sache‹ und dem ›Satz‹, stattfindet. Der doppelsichtige Blick muss daher beides zugleich betrachten, darf auf keinem Auge blind sein. Das reale Lübeck hat dem Buddenbrook-Roman bis heute seine ganz besondere Aura und Einmaligkeit verliehen. Es hat die Geschichte geerdet und für Leser in aller Welt nachvollziehbar, nacherlebbar gemacht. Und daneben ist dieses Lübeck durch das literarische Können Thomas Manns mit Bedeutungen aufgeladen worden, tun sich bis heute für den Leser ganz andere Welten auf [...].«

riumswelt geprägt, den Thomas Mann beschrieben hat. Daran zeigt sich, wie
die Textwelt des Romans zum geschichtsbildenden Medium wurde.[31]

Dabei war Mann in der Wahl seines Settings wiederum von den Prämissen
seiner Epoche abhängig:[32] Sein Text zeugt von kursierenden Diskursen, aber
auch allgemeinen Reisevorlieben der Zeit. Jeder, der es sich leisten konnte,
fuhr nach 1900 in die Schweizer Alpen. Im Kern beruhte diese Reiselust auf
der Strahlkraft des Hochgebirges als »extreme[n] Gegenden« (5.1, 13) – was im
Zeitalter komfortabler Zugfahrten um 1900 bereits nicht mehr buchstäblich
zu verstehen war. Im Narrativ des ›Extremen‹ ist neben der allgemein-über-
zeitlichen Vorstellung einer Heiligkeit des Montanen auch der Diskurs der
erhabenen Alpen aktiv, wie er seit dem 18. Jahrhundert entstanden war.[33] Nicht
zuletzt aber partizipiert Manns Roman an einer damals existenten Imagina-
tionsgeschichte von Davos. 1912, im Jahr von Katias Besuch, war Davos der
berühmteste Alpenkurort der Welt, wie der Blick in zeitgenössische Schriften beweist.[34] Die höchste Stadt Europas auf 1560 Metern über Meer, ein Ort
von Medizin *und* Tourismus, umgeben von Bergen, aber mit Cafés und Läden
wie in einer Metropole, kann um 1900 damit als *Heterotopie* im Sinne Michel

---

[31] Ein aktuelles Beispiel: In seinem Bestseller *Zeit der Zauberer* über die Philosophie der
1920er-Jahre (2018) beschreibt Wolfram Eilenberger die Atmosphäre von Davos auch unter
Rückgriff auf den *Zauberberg*. Eilenberger spricht von der »traumgleichen, insularen Atmosphäre eines Davoser Kurhotels« unter »gleißender Höhensonne«, in der sich das ideengeschicht-
liche Großereignis des Treffens von Cassirer und Heidegger 1929 abgespielt habe. Davos sei ein
Ort, an dem »verschiedene »Welten« »einander in unwirklicher Weise überblenden«. Die dem
Leser als (ideen-)*historisch* präsentierte Beschreibung von Davos atmet zumal die sinnliche At-
mosphäre von Thomas Manns *Literatur*. (Wolfram Eilenberger: Zeit der Zauberer. Das große
Jahrzehnt der Philosophie 1919 – 1929, Stuttgart: Klett-Cotta 2018, S. 25.)

[32] Dass er diesem Alpengebiet überhaupt eine Bedeutung zumaß, dass die Manns nach Davos
fuhren zur Kur und Erholung, war keine per se originelle Leistung, sondern auch ›Zeitgeist‹.
Eine unerreichte Leistung aber ist, wie Thomas Mann diesen Ort beschrieb und für die Nachwelt bewahrte – und wie er damit das heutige Bild einer realen Stadt, aber auch eines Raumtyps
(Kurort) geprägt hat.

[33] Vgl. zur Einführung: Claude Reichler: Entdeckung einer Landschaft. Reisende, Schriftsteller, Künstler und ihre Alpen, Zürich: Rotpunkt 2005.

[34] Vgl. etwa Davos. Ein Handbuch für Ärzte und Laien, Davos: Verlagsanstalt 1911, S. 2: »Im
Herzen des rhätischen Hochlandes, 1560 m über dem Meere, liegt der Kurort Davos, der sich
durch seine Erfolge bei Lungen- und Nervenleiden seit Jahrzehnten Weltruf erworben hat. Wo
vor vierzig Jahren einige kleine Bergdörfchen lagen, auf grüner Wiesenfläche zerstreut, da erbli-
cken wir heute eine Villenstadt, deren Häuserreihen sich über eine Strecke von vier Kilometern
ausdehnen. Große Kuranstalten, Sanatorien, Hotels, die hundert, zweihundert und mehr Personen Raum bieten, wechseln mit Pensionen, Villen und Chalets, die ebenfalls zu Kurzwecken
eingerichtet sind. Gesellschaftshäuser mit Konzert- und Theatersälen, großstädtische Kaufläden,
Unterrichtsanstalten, Krankenasyle, Kirchen und Kapellen, freie Plätze, Promenaden und aus-
gedehnte Gärten schmücken den Kurort, der über viertausend Gästen Aufnahme zu gewähren
vermag und sowohl im Sommer und im Winter von Kranken, Erholungsbedürftigen, Touristen
und Liebhabern des Sports besucht wird.«

Foucaults beschrieben werden. Als real zugänglicher Ort, dem doch etwas von einer Anders-Welt anhaftet, die (scheinbar) eigenen Gesetzen folgte.

Seit den 1880er Jahren kündeten zahlreiche Texte von dieser besonderen Sphäre (ohne dass damals der Heterotopiebegriff schon existiert hätte). Exemplarisch sei der erste (englische) ›Davos-Bestseller‹ genannt, Beatrice Harradens *Ships that pass in the night* (1893). Zu erwähnen ist aber auch die bedeutende, Davos-bezogene Produktion des deutschen Dichters Klabunds, besonders die Groteske *Die Krankheit* (1917), aus der Thomas Mann wohl Anregung bezog.[35] Aber auch Trivialromane, wie Alfred Sassens *Weisse Nelken* aus dem Jahr 1904 oder Elisabeth Franckes *Das grosse stille Leuchten. Eine Erzählung aus dem Kurleben von Davos* von 1913 gründen im Davos-Motiv und bezeugen die Beliebtheit des Stoffes, den Thomas Mann mithin selbst übernahm.

Dramaturgisch betrachtet, lieferten Davos und der Raumtyp des Sanatoriums Thomas Manns Erzählgenie den Schlüssel zur Ausgestaltung einer sinnhaft abgeschlossenen Erzählwelt, wie ihn das ›überschaubare‹ Lübeck für *Buddenbrooks* geliefert hatte. Einerseits ermöglichte die Projektion der Kur-Realität in den Venusberg-Mythos die Weitung vom Konkret-Besonderen ins Mythisch-Allgemeine. Andererseits aber konnte ein konkreter historischer Bezug an einer Welt in einer Nussschale angewandt werden. Die sehr frühe Thomas-Mann-Forschung seit den 1940er Jahren hatte diesen Zusammenhang von räumlicher Isolierung und der besonderen Form des Zeit-/Gesellschaftsromans bei Mann besonders klar gesehen, woran sich heute anknüpfen lässt. So stellte Arnold Bauer schon 1947 fest:

Was den ›Zauberberg‹ von den [...] klassisch gewordenen epischen Querschnitten durch die sozialen Strukturen ihrer Zeit grundlegend unterscheidet, ist eine Handlung, die *ohne Verzicht auf den erzählerischen Realismus* in absichtsvoller Symbolik aus der bestehenden gesellschaftlichen Umwelt herausgelöst ist und in die Höhenluft *eines abgesonderten, eigengesetzlichen, gleichsam künstlichen Milieus verlegt wird.* [...] Das Stilprinzip der künstlichen Isolierung, [...] wird von Thomas Mann vollendet durchgeführt. Die *Umwelt des Sanatoriums*, das die in ihm lebenden Menschen *räumlich* und *zeitlich* aus ihrer gewohnten Gemeinschaft entfernt, hat eine von anderen Umwelten kaum zu erreichende epische Möglichkeit voraus: das Leben im Geiste angesichts des Todes.[36]

Realistik und ›Künstlichkeit‹ des Raumes widersprechen sich also nicht, sondern gehen Hand in Hand. Ähnlich schrieb Paul Altenberg damals, man sehe

---

35 Vgl. Helmut Koopmann: Klabunds »Die Krankheit« – ein »Zauberberg«-Vorspiel, in: Davoser Revue, Jg. 71 (1996), H. 2, S. 14–17.

36 Arnold Bauer: Thomas Mann und die Krise der bürgerlichen Kultur, Berlin 1946, S. 71. Herv. CS.

»wie durch ein gut eingestelltes Fernglas – nicht einen zufälligen Ausschnitt des Ganzen, sondern ein durchaus abgerundetes und in sich erfülltes Stück Welt.«[37] Der *Zauberberg* bleibt also der Realität verpflichtet, doch wird das Erzählen kunstvoll auf einen so engen Ausschnitt ›Welt‹ beschränkt, dass sich schon daraus eine Symbolkraft ergibt. Das Prinzip der Isolierung führt paradoxerweise auch immer wieder zum Eindruck des Phantastischen. Der alpinen Hermetik des Raumes in der »hermetischen Geschichte« (5.1, 1085)[38] haftet immer auch etwas Gespenstisch-Unheimliches an.

Was nun aber die allgemeine Verweiskraft der erzählten Welt betrifft – und eine solche muss ein Zeitroman, der (auch) ›Zeittypisches‹ verhandelt, ja aufweisen –, war der Davoser Schauplatz doppelt gerichtet. Einerseits war die Kurwelt um 1910/20 für sich selbst genommen ›aussagekräftig‹. Denn das Sanatoriumsleben war eh von Interesse in einer Periode, in der noch Hunderttausende pro Jahr an Tuberkulose erkrankten und diese Orte aufsuchten. Zweitens aber gelang es Mann, unter Rückgriff wiederum auf bestimmte Eigenheiten auch des realen Ortes, jene mondäne Davoser Krankenwelt eben zum über Davos hinaus *repräsentativen* Zeitbild zu verdichten. Davos und der Berghof sind also *zugleich* historisch realistischer ›Welt-Ausschnitt‹ *und* reine Metapher einer zerrissenen, ›kranken‹ Epoche.

Und doch stellt sich natürlich die Frage: Wie konnte ein Text, der in einer *Schweizer* Heilstätte spielt, zumal auch von den deutschen Leser*innen so sehr als ›ihr‹ Text empfunden werden? Nun die Antwort ist einfacher, als man vielleicht denkt: Die Davoser Kurwelt war doch vielen Leser*innen längst bekannt; sei es von eigenen Aufenthalten in der Schweiz, sei es durch das in Illustrierten und Literatur portierte Schweiz-*Bild*, so dass dieser ›Schweizer‹ Raum doch auch beinahe als ein deutscher Raum wahrgenommen wurde. Und tatsächlich gab es in Davos auch immer eine große deutsche Gemeinschaft.[39]

<hr />

[37] Paul Altenberg (1890–1960): Die Romane Thomas Manns. Versuch einer Deutung, Bad Homburg vor der Höhe 1961, S. 45.

[38] Der antike Götterbote und listig-erfindungsreiche Gott des Handels, Hermes, und die zugeordnete Dimension des Hermetischen spielen im Roman eine besondere Rolle. ›Hermetik‹ im *Zauberberg* sind einerseits antike und scholastisch-alchimistische Denkfiguren und Symboliken, darunter nachgerade das Motiv von *Hermes Psychopompos*, der die Seelen der Verstorbenen ins Jenseits geleitet. Andererseits aber ist doch auch eine besondere Abgeschlossenheit des Raumes gemeint. Mit Naptha kann beides aufeinander bezogen werden: »›Ein Symbol alchimistischer Transmutation,‹ fuhr Naphta fort, ›war vor allem die Gruft. [...] die Stätte der Verwesung. Sie ist der Inbegriff aller Hermetik [...].‹ Das ruft auch Hans Castorp auf den Plan, metaphorisch unbedarft, aber für den Raumcharakter des Schauplatzes zugleich treffend: »Hermetisch – das Wort hat mir immer gefallen. Es ist ein richtiges Zauberwort mit unbestimmt weitläufigen Assoziationen. Entschuldigen Sie, aber ich muß immer dabei an unsere *Weckgläser* denken [...] hermetisch *verschlossene Gläser* mit Früchten und Fleisch und allem möglichen darin.« (5.1, 770, Herv. CS)

[39] Bis hin zu notorischen Figuren wie später dem Landesgruppenleiter der NSDAP-Auslandorganisation in der Schweiz, Wilhelm Gustloff, der 1936 in Davos ermordet wurde.

IV. Große Gereiztheit – Die Zeit kurz vor 1914

Aber wie kann der historische Bezug nun zeitlich genauer eingegrenzt werden? Zunächst ist festzuhalten, dass das erzählte Individuum Castorp im *Zauberberg* klar nach der Seelenverfassung vor 1914 zugeschnitten ist. In der Charakterisierung durch den Erzähler weist Castorp bzw. weisen seine Geschicke immer schon über sich selbst hinaus ins Kollektive:

> Hans Castorp war weder ein Genie noch ein Dummkopf, und wenn wir das Wort ›mittelmäßig‹ zu seiner Kennzeichnung vermeiden, so geschieht es [...] aus Achtung vor seinem Schicksal, dem wir eine gewisse überpersönliche Bedeutung zuzuschreiben geneigt sind. (5.1, 53)

Und weiter wird betont, wie stark der Geist der Zeit den Einzelmenschen prägt und *lähmen* kann und nahegelegt, dass dies bei Castorp der Fall ist:

> Der Mensch lebt nicht nur sein persönliches Leben als Einzelwesen, sondern, bewußt oder unbewußt, auch das seiner Epoche und Zeitgenossenschaft [...] Dem einzelnen Menschen mögen mancherlei persönliche Ziele, Zwecke, Hoffnungen, Aussichten vor Augen schweben, aus denen er den Impuls zu hoher Anstrengung und Tätigkeit schöpft; wenn das Unpersönliche um ihn her, die Zeit selbst der Hoffnungen und Aussichten bei aller äußeren Regsamkeit im Grunde entbehrt, wenn sie sich ihm als hoffnungslos, aussichtslos und ratlos heimlich zu erkennen gibt [...] so wird gerade in Fällen redlicheren Menschentums eine gewisse lähmende Wirkung solches Sachverhalts fast unausbleiblich sein, die sich auf dem Wege über das Seelisch-Sittliche geradezu auf das physische und organische Teil des Individuums erstrecken mag. (5.1, 53 f.)

Hier stellen sich komplexe Fragen (die nicht einfach so beantwortet werden können): Wird Hans Castorp krank durch *die Epoche* selbst? Wäre seine Tuberkulose also nur als Allegorie für das Leiden an der Zeit zu verstehen und (auch textintern) gar nicht ›real‹? Was aber wäre dann das so Fragwürdige, das krank macht? Nun gewiss – wohl die Dekadenz der Lebensführung, der extreme Ästhetizismus, die Hohlheit und Großmannssucht des wilhelminischen Deutschlands. Nach dieser Lesart würde der zarte Castorp aus diesem Grund in Davos landen, er wäre ein Opfer der Zeit. Andererseits wäre hier dann ja auch zu sehen, dass die Schar der übrigen Patienten kaum auf diese Weise an ihrer Zeit leidet. In ihrer Unreflektiertheit müssten sie bildhaft gerade *für* die Problematik ihrer Epoche stehen.

Eindeutig ist hier nur, dass solche Fragen in die Zeit vor 1914 gehören. In diesem Sinn heißt es denn ja auch berühmterweise zu Beginn des Romans:

Die Geschichte Hans Castorps [...] ist sehr lange her, [...] die hochgradige Verflossenheit [...] rührt daher, daß sie *vor* einer gewissen, Leben und Bewußtsein tief zerklüftenden Wende und Grenze spielt... Sie spielt, oder, um jedes Präsens geflissentlich zu vermeiden, sie spielte und hat gespielt vormals, ehedem, in den alten Tagen, der Welt vor dem großen Kriege [...]. (5.1, 9)

Und in der Schilderung der »alten Tage« kurz vor dem Kriege thematisiert der Roman auch zentral jene »große Gereiztheit«,[40] der sich die imperialen Mächte so bereitwillig hingaben und damit den Sündenfall des Krieges ermöglichten. Zuvor aber breitet sich noch ein anderes Phänomen auf dem Berghof aus, der »große Stumpfsinn« (5.1, 947 ff.). Nach Jahren im Sanatorium scheint es Castorp langsam

[...] als sei es mit Welt und Leben nicht ganz geheuer; als stehe es auf eine besondere Weise und zunehmend schief und beängstigend darum; als habe ein Dämon die Macht ergriffen [...]. Er [Castorp, CS] sah durchaus Unheimliches, Bösartiges, und er wußte, was er sah: Das Leben ohne Zeit, das sorg- und hoffnungslose Leben, das Leben als stagnierend betriebsame Liederlichkeit, das tote Leben. (5.1, 951)

Die Berghofgesellschaft geht nun allerlei hektischen und zugleich im Grunde sinnlosen Betätigungen nach. Und aus diesem sinnleeren Müßiggang folgt dann die gesteigerte Streitsucht:

Wie so die Jährchen wechselten, begann etwas umzugehen im Hause Berghof. [...] Was gab es denn? Was lag in der Luft? – Zanksucht. Kriselnde Gereiztheit. Namenlose Ungeduld. Eine allgemeine Neigung zu giftigem Wortwechsel, zum Wutausbruch, ja zum Handgemenge. Erbitterter Streit, zügelloses Hin- und Hergeschrei entsprang alle Tage zwischen Einzelnen und ganzen Gruppen, und das Kennzeichnende war, daß die Nichtbeteiligten, statt von dem Zustande der gerade Ergriffenen abgestoßen zu sein oder sich ins Mittel zu legen, vielmehr sympathetischen Anteil daran nahmen und sich dem Taumel innerlich ebenfalls überließen. Man erblaßte und bebte. (5.1, 1034)

Aufschlussreich ist hier auch das sich wandelnde Verhältnis Settembrini-Naphta. Anfangs war es noch durchaus ein Wettstreit bei geistiger Hochachtung. So sagt der Italiener etwa einmal zu Castorp, »dieser Herr und ich wir zanken uns oft, aber es geschieht in aller Freundschaft [...].« (5.1, 573)[41] Nun aber in der

---

[40] Im Text fungiert die Wendung als Titel des vorletzten Unterkapitels im siebten und letzten Kapitel des Romans.

[41] Vgl. allerdings die Antizipation des Krieges schon in der Szene, die so weitergeht: »Das tat wohl. Es war ritterlich und human von Herrn Settembrini. Aber Joachim, der es ebenfalls gut meinte und das Gespräch harmlos fortzuführen gedachte, sagte trotzdem, als stünde er unter irgendeinem Druck und Zwang, und gleichsam gegen seinen Willen: ›Zufällig sprachen wir vom Kriege, mein Vetter und ich, vorhin, als wir hinter Ihnen gingen.‹« (5.1, 573)

Phase allgegenwärtiger Tobsucht spitzt sich auch diese Beziehung heillos zu, und endet schließlich in einem Duell. Offenkundig stehen all diese grossen und kleinen Streitereien von Personen sinnbildlich für das Europa am Vorabend des Ersten Weltkrieges. Und der tritt nun auch in der Fiktion ein:

Da erdröhnte – [...] der Donnerschlag, von dem wir alle wissen, diese betäubende Detonation lang angesammelter Unheilsgemenge von Stumpfsinn und Gereiztheit, – ein historischer Donnerschlag [...] der die Grundfesten der Erde erschütterte. (5.1, 1075)

Diesen Donnerschlag hatte Mann *realiter* erlebt und sich wie viele andere von ihm betäuben lassen. Bei der Abfassung des *Zauberbergs* nun ist er gut zehn Jahre danach noch einmal an der ›gleichen‹ Stelle, nun aber aus der *Rückschau* und nicht mehr in direkter Zeitgenossenschaft. Der historische Abstand ist nicht zu leugnen.

Schon 1919 war es eine vertrackte Situation gewesen, als Mann 1919 den *Zauberberg* nach langer Pause wieder hervornahm:

Studierte das Notizenmaterial. [...] was man Begeisterung nennt, finde ich vorderhand nicht. Wird das Ganze mich nicht selbst müßig und obsolet anmuten, sodaß beständige Hemmungen der Unlust die Arbeit begleiten werden? Jedenfalls muß das Ganze als ›Geschichte aus der alten Zeit‹ stark gekennzeichnet werden; und wirklich steckt genug Satire auf die abgelaufene Epoche darin. (Tb, 12.4.1919)

Diese Erkenntnisse setzte Thomas Mann denn auch um, in dem die autoritative Erzählerfigur die Handlung als Geschichte »aus den alten Tagen« ausstellt, die schon »ganz mit historischem Edelrost überzogen« sei (5.1, 9), wird von Anfang an eine Lektüreanweisung erteilt für die Leser, dass die Geschichte in ihrem Vergangenheitscharakter zu beachten ist. Gerade indem er der *Zauberberg* also eine bestimmte Atmosphäre kurz *vor* 1914 performativ beschwört und von ihr erzählt, ist er natürlich ein Roman über die Vorkriegszeit.

V. Die neue Unsicherheit: Der Epochenroman ›nach 1918‹

Doch ist das die ganze Wahrheit, der ganze *Zauberberg*? Gerade weil der Erste Weltkrieg ja als »Leben und Bewusstsein tief zerklüftende Wende und Grenze« (5.1, 9) im Roman selbst *mit*thematisiert wird, wird auch die Position des *Danach* aktiviert. Der *Zauberberg* als Werk ist durch den Krieg unter der Hand (in den Jahren seiner Niederlegung durch den Autor) zum »Medium seiner eigenen Historisierung«[42] geworden. In diesem Spannungsfeld entwickelt sich nun der

---

[42] Vgl. Caroline Pross: Dekadenz, Göttingen: Wallstein 2013, S. 409: »In seiner ausgestellten

besondere Status des *Zauberbergs*, seine Grenzgängerei zwischen Zeitroman und historischem Roman.

Wenn es aber nun eben heißt, die Geschichte spiele »vor dem großen Kriege, mit dessen Beginn so vieles begann, was zu beginnen wohl kaum schon aufgehört hat« (5.1, 9), so fragt sich doch, was »zu beginnen« noch nicht aufgehört hatte? Und was aus der *neuen* Welt nach 1918/19 in den anwachsenden Roman-Text Thomas Manns Eingang fand? Aus Platzgründen können hier nur exemplarisch einige Aspekte angedeutet werden.

1. Der biologische und medizinische Wissensstand im Text bildet die frühen 1920er Jahre ab.
2. Wie das Kinoerlebnis geschildert ist, verweist auf einen Stummfilm von Ernst Lubitsch, aus dem Jahr 1920, den Mann selbst sah.[43]
3. Die okkulten Séancen verweisen auf eine neue Welle des Spiritismus der Nachkriegszeit. Thomas Mann nahm selbst in München an Treffen beim Okkultisten Schrenck-Notzing in den frühen 1920ern teil.
4. Hans Castorp übt Kritik am Kapitalismus und an dessen Leistungsethos aus einer Nachkriegsperspektive.
5. Naphta bezieht sich auf den Kommunismus in einer Weise, die auf die Ereignisse von bzw. nach 1917 in Russland (Oktoberrevolution) als auch Deutschland (Räterepublik) verweist. Diese Ereignisse sind ohne den Krieg nicht zu denken und überschreiten das Ende der erzählten Zeit im Roman deutlich.
6. Am Ende wird von einem neuen Patienten berichtet: »Der Mann war Judengegner, Antisemit, war es grundsätzlich und sportsmäßig, mit freudiger Versessenheit« (5.1, 1037). Damit sind eindeutig die jugendlichen Anhänger der frühen NSDAP und Hitlers nach 1920 gemeint.
7. usw.

Dass die hier angedeutete besondere Aktualität vieler Themen schon von der zeitgenössischen Rezeption empfunden wurde, zeigt eine der ersten Rezensionen des *Zauberbergs*. Ihr Verfasser war als Ernst Weiß, profilierter Schriftsteller und lange Freund Franz Kafkas. Weiß schrieb:

[der Dichter] [...] charakterisiert die Linie der Darstellung so: ›Die Geschichte ist sehr lange her [...].‹ Hier unterschätzt sich der Dichter. Der ›Zauberberg‹ ist und *wirkt lebendiger als sonst ein literarisches Erzeugnis der letzten zehn Jahre*, der ›Zauberberg‹

Zitathaftigkeit und seiner archivalischen Struktur funktioniert Mann den zunächst noch ganz dem Diskursuniversum der Dekadenz verpflichteten Roman in der Schreibphase nach 1918 zum Medium seiner eigenen Historisierung um.«

[43]   Vgl. Michael Neumann im *Zauberberg*-Kommentar, 5.2, 240.

ist *aktuell im stärksten Maße* [...]. [Es rollen sich] fast alle Probleme von 1914 bis 1923 in dem Werke auf.[44]

Weiß erkennt als einer der ersten, dass dieser Text nicht einfach 1914 ›endet‹, sondern auch über die Ereignisse und Widersprüche im Nachkriegseuropa bis 1924 Auskunft gibt.

Und dies geschieht auf ganz verschiedene Weisen. Nur ein Beispiel: Politische Fragestellungen sind in Landschaftsmotive eingelassen. Die Reflexion auf die Alternative von a) romantischem Konservatismus und b) demokratischem Progressivismus wird mit einem Erinnerungsbild aus der Natur überblendet:

Ja, das waren zwei Welten oder Himmelsgegenden, dachte Hans Castorp, und wie er gleichsam zwischen ihnen stand, während Herr Settembrini erzählte, und prüfend bald in die eine, bald in die andere blickte, so, meinte er, habe er es schon einmal erfahren. Er erinnerte sich einer einsamen Kahnfahrt im Abendzwielicht auf einem holsteinischen See, im Spätsommer, vor einigen Jahren. Um sieben Uhr war es gewesen, die Sonne war schon hinab, der annähernd volle Mond im Osten über den buschigen Ufern schon aufgegangen. Da hatte zehn Minuten lang, während Hans Castorp sich über die stillen Wasser dahinruderte, eine verwirrende und träumerische Konstellation geherrscht. Im Westen war heller Tag gewesen, ein glasig nüchternes, entschiedenes Tageslicht; aber wandte er den Kopf, so hatte er in eine ebenso ausgemachte, höchst zauberhafte, von feuchten Nebeln durchsponnene Mondnacht geblickt. Das sonderbare Verhältnis hatte wohl eine knappe Viertelstunde bestanden [...]. (5.1, 236)[45]

Das ist – und bleibt – eine spannungsgeladene Konstellation: Dort Romantik und Todessympathie und Faszination für den Osten und hier die westliche Aufklärung, Demokratie et al. Thomas Mann selbst war 1920, als er diese Episode verfasste, noch unentschieden, aber die Zeit war es auch.

Die weitere persönliche Entwicklung des Autors lässt sich im Roman aber durchaus verfolgen, so etwa an der Entwicklung Settembrinis. Zuerst stand dieser nur für den geschmähten Zivilisationsliteraten; eine nicht unsympathische, aber nicht ernstzunehmende Figur. Castorp sieht ihn als Windbeutel (vgl. etwa 5.1, 340). Lange spiegeln sich Thomas Manns eigene Meinungen vor allem in den Positionen von Settembrinis Gegenspieler Naphta.

---

[44] Ernst Weiß: Thomas Mann, Der Zauberberg, in: Berliner Börsen-Courier, 27. 11. 1924, Beilage. Zitiert nach: Ernst Weiß: Die Ruhe in der Kunst. Ausgewählte Essays, Literaturkritiken und Selbstzeugnisse, Berlin/Weimar: Aufbau 1987, S. 235–239, hier: S. 235. Herv. CS.

[45] Ferdinand Lion wendete in seiner Mann-Biographie ein ähnliches Bild auf den Dichter selbst an: »Die Tönung der Thomas Mannschen Werke ist daher auch kein Plein-Air, kein freies offenes und Sonnenlicht, doch auch nicht eine matte, künstliche Belichtung, sondern die eigentümlichste Mischung von beiden, am ähnlichsten vielleicht einer taghellen Mondnacht.« (Ferdinand Lion: Thomas Mann. Leben und Werk, Zürich: Oprecht 1947, S. 50.)

Doch am Ende behält der demokratische Pädagoge in seiner zunächst lächerlichen ›Menschlichkeit‹ recht. Dies zeigt sich in einer Geste von Settembrini, die plötzlich auf die Erzählerfigur übergreift. Bei Castorps Abreise ins Flachland zu Kriegsbeginn winkt der Italiener ihm bewegt, während er mit der »Ringfingerspitze [...] *zart einen Augenwinkel berührte*« (5.1, 1080, Herv. CS) Wenige Seiten später wendet sich der Erzähler dem Helden seiner Geschichte zu:

Aber zuletzt war es deine Geschichte; da sie dir zustieß, mußtest du's irgend wohl hinter den Ohren haben, und wir verleugnen nicht die *pädagogische Neigung*, die wir in ihrem Verlaufe für dich gefaßt, und die uns bestimmen könnte, *zart mit der Fingerspitze den Augenwinkel zu tupfen* bei dem Gedanken, daß wir dich weder sehen noch hören werden in Zukunft. (5.1, 1085)

Neben der »Fingerspitze« ist hier auch die »pädagogische Neigung« zentral: Settembrini besaß sie von Anfang an, und jetzt bekennt sich auch *der Erzähler* zu ihr.

Was nun also in der Zeitgenossenschaft dieses Textes deutlich über 1914 hinausweist, ist vor allem eine innere ethische Entwicklung, die im Text selbst spürbar wird. Als Einstellung, die »lebensfreundlich« geworden ist, weil sie nun mehr vom »Tode weiß«.[46] Der Tod, die Krankheit, die Neigung zum Abgrund, die Romantik usf. sind dabei selbst Voraussetzung echten Fortschritts, nicht einfach dessen Hemmschuh. Hans Castorp selbst hat dies gegen Ende des Romans verstanden und spricht es gegenüber Mme Chauchat aus:

Was ich in mir hatte, das war, ich weiß es genau, daß ich von langer Hand her mit der Krankheit und dem Tode auf vertrautem Fuße stand [...] denn der Tod, [...] ist das geniale Prinzip [...] und er ist auch das pädagogische Prinzip, denn die Liebe zu ihm führt zur Liebe des Lebens und des Menschen. So ist es, in meiner Balkonloge ist es mir aufgegangen [...]. (5.1, 903)

Dies bezeichnet – ›am Ende‹ – eben doch nicht nur Castorps textinterne Entwicklung, sondern auch die eines Autors, der durch kollektive Denkprozesse nach 1918, doch wohl auch in und über seinem eigenen Schreiben am Roman ein Stück weit ein anderer geworden war. Das alles ist auch Teil des Zeitromanes.

In seiner Lecture in Princeton rät Thomas Mann den amerikanischen Studierenden in seinem Roman Ausschau zu halten nach

jene[m] Höchste[n], wonach nicht nur der tumbe Held, sondern das Buch selbst auf der Suche ist. Sie werden es namentlich finden in dem ›Schnee‹ betitelten Kapitel, wo der in

---

[46] Vgl. Manns berühmten Ausspruch: »Wenn ich einen Wunsch für den Nachruhm meines Werkes habe, so ist er der, man möge davon sagen, *daß es lebensfreundlich ist, obwohl es vom Tode weiß.*« *Tischrede bei der Feier des 50. Geburtstages* (1925); XI, 368. (Herv. im Original)

tödlichen Höhen verirrte Hans Castorp sein Traumgedicht vom Menschen träumt. Der Gral, den er, wenn nicht findet, so doch erahnt, bevor er von seiner Höhe herab in die europäische Katastrophe gerissen wird, das ist die Idee des Menschen, die Konzeption einer zukünftigen, durch tiefstes Wissen um Krankheit und Tod hindurchgegangenen Humanität. Der Gral ist ein Geheimnis, aber auch die Humanität ist das. Denn der Mensch selbst ist ein Geheimnis, und alle Humanität beruht auf Ehrfurcht vor dem Geheimnis des Menschen. (XI, 617)

Nach dem Grauen des Ersten Weltkrieges, dessen Apologie er selbst erst betrieben hatte, war für Thomas Mann der Zeitroman seit 1919 Instrument und Gegenstand der eigenen Suche nach ›Humanität‹, deren praktische Bewährung ihm dann im Exil, im persönlichen Einsatz für manch Verfolgten, auch wirklich gelang. So darf man Theodor W. Adorno zustimmen, der 1962 über seinen sieben Jahre zuvor verstorbenen Freund schrieb: »Was man Thomas Mann als Dekadenz vorhält, war ihr Gegenteil, die Kraft der Natur zum Eingedenken ihrer selbst als hinfälliger. Nichts anderes aber heißt Humanität.«[47]

---

[47] Theodor W. Adorno: Zu einem Porträt Thomas Manns (Vortrag zur Eröffnung der Darmstädter Ausstellung, 24. März 1962), in: ders.: Noten zur Literatur III, Frankfurt/Main: S. Fischer 1980, S. 29.

Andreas Blödorn

Grundfragen der Literaturadaption am Beispiel der ersten Verfilmungen von Werken der Brüder Mann in der Weimarer Republik: BUDDENBROOKS (1923) und DER BLAUE ENGEL (1930) Zur Einführung

1. Die Brüder Mann und der Film

Kinogänger waren beide Brüder. Von Thomas Manns grundsätzlich »lebhafte[m] Interesse« am Film zeugen etwa »[z]ahlreiche Tagebucheinträge zu Kinobesuchen«[1], insbesondere aus der Zeit des amerikanischen Exils. Er »aktualisierte‹ sich«, so Thomas Meder, »bei jedem Kinobesuch, zeitweise jede zweite Woche«, und pflegte im Kino »ein sublimierendes Sehen, dessen dionysische Abgründe im Schreiben dann rasch wieder rationalisiert wurden«.[2] Auch war er, nicht zuletzt mit Blick auf zusätzliche Einnahmequellen, gegenüber Verfilmungsplänen seiner Werke grundsätzlich aufgeschlossen.[3] So gab es mehrfach Anläufe zu direkter Zusammenarbeit mit der Filmindustrie: 1923 arbeitete Thomas Mann mit seinem Bruder Viktor an einem Filmmanuskript mit dem Titel »Tristan und Isolde«; der Film kam jedoch nicht zustande. In den USA verfasste Thomas Mann 1942 ein Exposé zu einem »Odysseus«-Film, aus dem aber ebenfalls nichts wurde. Und 1944 sollte er in einem Film als Erzähler vor der Kamera auftreten – auch das realisierte sich allerdings nicht. Einen eigenen, ersten filmischen Auftritt hatte Mann allerdings selbst, und zwar bereits 1929: In der »ersten Tonfilmaufnahme eines deutschen Dichters«[4] spricht Mann dreieinhalb Minuten zu Lessings 200. Geburtstag. Thomas Mann also liebte den Film – und verachtete ihn doch zugleich, wie er 1928 in seinem Beitrag *Über den Film* zu verstehen gab: »Es ist nicht Kunst, er ist Leben und Wirklichkeit« (GW X, 899).[5] Auch wenn er dem in den 1920er Jahren noch jungen Medium

---

[1] Miriam Albracht: Meine Ansicht über den Film (1928), in: TM Hb (2015), 192.

[2] Thomas Meder: Thomas Mann und der Film [= Rezension über Peter Zander: »Thomas Mann im Kino«], in: Neue Zürcher Zeitung (12.08.2005, 02.04 Uhr), URL: https://www.nzz.ch/articleD11JK-1.162967 (23.3.2020).

[3] Vgl. Albracht: Meine Ansicht über den Film (Anm. 1), S. 192.

[4] Jochen Hieber: Der audiovisuelle Urknall unserer Literatur. Thomas Mann im Tonfilm, in: Frankfurter Allgemeine Zeitung (20.9.2014). – Der kurze Film wurde erst vor einigen Jahren wiederentdeckt, er befindet sich im Bundesarchiv (Signatur 20520).

[5] Thomas Manns Beitrag erschien – als Antwort auf eine Rundfrage – erstmals in »Schünemanns Monatsheften« im August 1928 (Heft 8).

folglich mit aufgeschlossenem, aber argwöhnischem Interesse gegenüberstand, so ließ er sich selbst – anders etwa als Alfred Döblin – doch nicht nachhaltig auf die narrativen und performativen Möglichkeiten des Mediums ein. Denn nicht der Kunst und dem Verstand, sondern der Sphäre des Lebens, des Gefühls und des Herzens sowie der illusionierenden Schaulust ordnete er die von ihm so bezeichneten »Schattenbilder«[6] des Films zu. Die wiederum ambivalente Faszination durch das »Lebenswahre« und »Wirklichkeitsechte« (GW X, 899) des massenkompatiblen Mediums schlug sich aber neben der versuchten Mitarbeit Manns an Filmprojekten auch produktiv in Manns Schreiben nieder, vorrangig als visuelle Inspiration für Romanfiguren oder Romanhandlungen.[7]

In die 1920er Jahre fiel mit den BUDDENBROOKS von Gerhard Lamprecht auch die erste Verfilmung eines seiner Werke zu Lebzeiten (der erst 1953, kurz vor seinem Tod, mit KÖNIGLICHE HOHEIT eine zweite folgen sollte). Ähnlich verhielt es sich bei seinem Bruder Heinrich Mann, dessen *Professor Unrat* 1930 als DER BLAUE ENGEL ungleich erfolgreicher filmische Karriere machte; eine zweite Verfilmung von Werken Heinrich Manns erfolgte erst 1951, nach seinem Tod, mit Wolfgang Staudtes DER UNTERTAN. So begann das wachsende Interesse an der Verfilmung ihrer Werke insgesamt erst nach dem Tod beider Brüder deutlich zuzunehmen.

Doch auch wenn gerade Heinrich Mann keine biografischen Spuren in Tagebuch oder Briefen über sein Verhältnis zum frühen Film hinterlassen hat, so gehört er doch zu den ersten, die den Film literarisch zur Kenntnis nahmen (in seinem Roman *Professor Unrat*).[8] Basierend auf seiner eigenen Novelle *Die Tote* verfasste er um 1914 zudem das Filmexposé *Der Unbekannte*. Vor dem Hintergrund seines gesellschaftlichen Engagements für die junge Weimarer Demokratie war Heinrich Manns Verhältnis zum Film dabei, so Michael Grisko, primär durch »skeptische Anteilnahme« geprägt, wandte er sich doch »gegen die inhaltslosen und illusionistischen Stoffe der Publikumsfilme«[9], die ihm zu unpolitisch waren. Aus dieser Haltung heraus engagierte er sich auch im »Volksfilm-Verband«, der, 1928 gegründet, u.a. den Film als Medium der Reflexion fördern wollte. Auch bei Heinrich Mann gab es darüber hinaus einige erste, erfolglose Anläufe und Verhandlungen, seine Romane und Dramen zu verfilmen. Erst die Verfilmung DER BLAUE ENGEL realisierte sich aber und

---

[6] Den »menschlichen Gestalten des Films«, so erläutert Mann in seinem Beitrag Über den Film, hafte etwas Unwirkliches an, sie seien »lebendige Schatten«: »sie sind nicht, wie waren« (X, 900). Im *Zauberberg* ist im Zusammenhang mit dem Kino wörtlich von »Schattenbilder[n]« die Rede (15.1, 480).

[7] Vgl. dazu Miriam Albracht: Neue Medien, in: TM Hb (2015), 257 und Peter Zander: Thomas Mann im Kino, Berlin: Bertz + Fischer 2005, S. 30f.

[8] Vgl. Michael Grisko: Heinrich Mann und der Film, München: Meidenbauer 2008, S. 422.

[9] Ebd., S. 425.

wurde dann – bei offensichtlich fehlender ›Werktreue‹ zum Roman – ein großer Erfolg. Doch stärker noch als bei seinem Bruder schlug sich die Auseinandersetzung mit dem neuen Medium Film schließlich auch in seinen literarischen Werken nieder, etwa 1930 im Roman *Die große Sache*, in dem eine »partielle filmische Schreibweise« auch zur Reflexion medialer Darstellungstechniken genutzt wird.[10] Wichtig wurde der Film für Heinrich Mann dann im Exil in den USA, als seine Anstellung bei Warner Bros. für ihn zunächst lebensrettend wurde, wenngleich er sich, trotz seiner Arbeit an Filmtreatments, auf Hollywood selbst doch nicht so ganz einlassen wollte.[11] Die Verhandlungen über die DEFA-Verfilmung des *Untertan* konnte er noch von den USA aus führen; den fertigen Film konnte er aber nicht mehr sehen. Hat Yahya Elsaghe jüngst festgehalten, dass der »National*schriftsteller*« Thomas Mann paradoxerweise »auch durch den Film zu einem solchen geworden ist«[12], so gilt doch gerade auch (und vielleicht mehr noch) für Heinrich Mann, dass der Film für sein Werk zum »essentiellen Bestandteil seiner bis heute anhaltenden Rezeptionsgeschichte«[13] wurde.

2. Verfilmungen der Werke Heinrich und Thomas Manns

Die Geschichte der Mann-Verfilmungen ist lang und deckt das Weimarer Kino in Stumm- und Tonfilm ebenso ab wie das DDR- und das bundesdeutsche Nachkriegskino, den internationalen Kino-, Fernseh- und Serienfilm, den Experimentalfilm wie den Film der Gegenwart. Dabei gilt, was für filmische Adaptionen (ebenso wie für theatrale Drameninszenierungen) so häufig gilt: »[J]ede filmische Aktualisierung vor der Mannschen Welt [erzählt] zuerst von ihrer eigenen«[14].

Die Verfilmungsgeschichte der Werke Thomas Manns ist erstaunlich lang und vielfältig. Zu 34 bekannten Verfilmungsprojekten kommen u.a. eine Reihe mehrteiliger Serialisierungen, die unterschiedlichen Kino- und Fernsehvarianten mancher Filme gar nicht eingerechnet.[15] Die *Buddenbrooks* führen dabei die Liste an, sie wurden insgesamt sechsmal verfilmt; die jüngste Thomas

---

10 Ebd., S. 428.

11 Vgl. ebd., S. 429.

12 Yahya Elsaghe: Thomas Mann auf Leinwand und Bildschirm. Zur deutschen Aneignung seines Erzählwerks in der langen Nachkriegszeit, Berlin/Boston: de Gruyter 2019, S. 18.

13 Ebd., S. 431.

14 Meder: Thomas Mann und der Film (Anm. 2).

15 Vgl. die Übersicht bei: Andreas Blödorn/Stephan Brössel: Mediale Wirkung, in: TM Hb (2015), 389f.

Mann-Verfilmung stellt Michael Blumes filmische Interpretation des *Kleider-schranks* unter dem Titel HEILIGENDAMM (D 2009) dar.

Die Geschichte der Heinrich Mann-Verfilmungen ist mit 12 zahlenmäßig zwar übersichtlicher, aber auch sie reicht von der ersten, dem BLAUEN ENGEL (D 1930) bis in die Gegenwart, zu Jo Baiers Verfilmung HENRI 4 (2010). Am bekanntesten ist neben der *Unrat*-Verfilmung bis heute wohl Wolfgang Staudtes DEFA-Verfilmung des *Untertan* von 1951.

Schon die ersten beiden Verfilmungen von Werken der Brüder Mann, um die es mir im Folgenden beispielhaft gehen soll, bilden – mit allen angelagerten Fragen und Problemen – die Entwicklung des frühen Films vom Stummfilm zum Tonfilm ab. So ist etwa das Fehlen oder Vorhandensein von Ton nicht nur für filmdramaturgische Aspekte relevant (etwa hinsichtlich der Zwischentexttafeln im Stummfilm, die Erklärungen und Dialoge lieferten), sondern beeinflusst zugleich auch filmpolitische sowie ökonomische Aspekte (wie etwa die aufwändige und kostspielige Produktion der sogenannten Mehrsprachenversionen in der frühen Tonfilmzeit zeigt, für die DER BLAUE ENGEL/THE BLUE ANGEL ein frühes Beispiel ist). Zugleich aber richtet sich das Weimarer Kino im Verlauf der 1920er Jahre auch filmästhetisch neu aus, wenn es sich zwischen expressionistischem und neusachlichem Film einen eigenen Weg in die Tonfilmära sucht. Innovationen bezieht der Film dabei vor allem aus dem Thema der Großstadt, in erster Linie Berlins, mit der Inszenierung des modernen öffentlichen Straßen- und Schienenverkehrs, von Autos, Bussen, Eisen- und Straßenbahnen und Menschenmassen (prominent etwa 1927 in Walter Ruttmanns BERLIN – DIE SINFONIE DER GROSSSTADT oder 1930 in MENSCHEN AM SONNTAG). Daneben spielt das urbane Nachtleben mit moderner Großstadtbeleuchtung, spielen aber auch Kriminalität und Verbrechen eine wichtige Rolle, etwa in den Fritz Lang-Filmen DR. MABUSE, DER SPIELER (D 1922), METROPOLIS (D 1927) und M (D 1931). In diesem Kontext nehmen die ersten beiden Verfilmungen von Werken der Manns, die beide im eher kleinstädtischen Milieu lokalisiert sind, ganz unterschiedliche Positionen ein: Ist die *Buddenbrooks*-Verfilmung von 1923 noch dem expressionistischen Stummfilmdrama verhaftet, das sie auf neusachliche Weise zu überformen sucht, so lässt sich in der *Unrat*-Verfilmung DER BLAUE ENGEL, einem der ersten abendfüllenden deutschen Tonfilme, deutlich die parallele Ausrichtung auf den englischsprachigen und US-amerikanischen Filmmarkt erkennen.

3. Vom literarischen Text zum audiovisuellen Film: Grundfragen der Literaturadaption

Literaturverfilmungen wurden lange Zeit (und werden oft immer noch) als von ihrer literarischen Vorlage abhängige, unselbständige Filme betrachtet. Das Hauptkriterium ihrer dann zumeist normativen Beurteilung stellte dabei die sogenannte ›Werktreue‹ dar, das heißt die Frage nach der ›Adäquatheit‹ der Verfilmung in Bezug auf ihr ›Original‹, den literarischen Ausgangstext, dem sich die Verfilmung subordinierend anzulehnen habe. Einer solchen Betrachtungsweise, die Formen einer eher subjektiven und ›freieren‹ Anverwandlung der literarischen Vorlage prinzipiell ablehnend gegenübersteht, ist in der literatur- ebenso wie in der filmwissenschaftlichen Diskussion längst widersprochen worden, doch halten sich die kritischen Vorbehalte gegenüber Verfilmungen literarischer Werke ebenso hartnäckig wie zugleich das marktgängige Interesse an immer neuen Adaptionen bekannter Werke der Weltliteratur bis in die Gegenwart fortbesteht. Die Forschung hat seit den 1980er Jahren daher versucht, das Kriterium der ›Werktreue‹ zu verabschieden und einen objektiveren, deskriptiven Zugang zu entwickeln, der sich auch in der vorgeschlagenen Ersetzung des Begriffs ›Literaturverfilmung‹ durch ›Transformation‹ bzw. ›Adap(ta)tion‹ niederschlägt.[16] Segeberg beispielsweise fasst die Adaption dabei genauer als »Übersetzung[ ] aus dem einen Zeichensystem in das andere Zeichensystem« im Rahmen von »produktive[n] Umformungsprozesse[n]«, die die literarische Vorlage ›ergänzen‹ und ›verwandeln‹ oder aber gänzlich neu modellieren könne (von ihm als »Neuschöpfung« bezeichnet).[17] Impliziert wird dabei stets, dass sich der entstehende Film als Ergebnis des Umformungsprozesses ›näher‹ oder ›ferner‹ zur Vorlage positionieren könne. Diese Vorstellung modellierter Distanz zwischen audiovisueller ›Transformation‹ (Verfilmung) und ›Transform‹ (literarischer Vorlage) hatte bereits Schanze näher zu bestim-

---

[16] Programmatisch etwa bei Michaela Mundt: Transformationsanalyse. Methodologische Probleme der Literaturverfilmung, Tübingen: Niemeyer 1994. – Zwar wird der Begriff ›Literaturverfilmung‹ auch in der literatur- und filmwissenschaftlichen Forschung nach wie vor auch synonym zu ›Transformation‹ oder ›Adaption‹ genutzt, doch hat sich der Begriff der ›Adaption‹ dabei gerade im Kontext zunehmend transmedialer Inszenierungs- und Vermarktungsstrategien der letzten Jahrzehnte, die Buchvorlagen, Verfilmungen, Comics, Videospiele, Fernsehadaptionen, Fan Fiction und anderes mehr als transmediale ›storyworlds‹ konzipieren, und insbesondere im internationalen Bereich durchgesetzt – sichtbar auch in der Herausbildung des neuen Forschungsfelds der Adaptation Studies.
[17] Harro Segeberg: Literatur im Film – Modelle der Adaption (am Beispiel des bundesdeutschen Kinos der 50er Jahre), in: Thomas Beutelschmidt u.a. (Hg.): Das literarische Fernsehen. Beiträge zur deutsch-deutschen Medienkultur, Frankfurt/M. u.a.: Lang 2007, S. 29–46, hier S. 34f. – Den Begriff der ›Übersetzung‹ und die Analogien der Diskussion um die Literaturverfilmung zur Übersetzungsforschung reflektiert auch Anne Bohnenkamp in ihrem »Vorwort« zum von ihr herausgegebenen Band »Literaturverfilmungen«, Stuttgart: Reclam 2005, S. 9–38, hier S. 22–27.

men versucht, indem er vier idealtypische »Verfahren der Literaturverfilmung«
unterschied: »Transponieren«, »Adaptieren«, »Transformieren« und »Trans-
figurieren«, wobei sich das letztere Verfahren am weitesten von der Vorlage
entferne.[18] Als grundlegende Parameter für diese Ausbildung unterschied-
licher Verfahren bestimmt Schanze vier charakteristische Transformations-
modi, mit denen, schrittweise aneinander gekoppelt, die Vorlage jeweils in
Bild und Ton übersetzt werden könne: Dialogisierung bzw. Dramatisierung,
Perspektivierung, Episierung und Symbolisierung.[19] Unabhängig aber von der
je spezifischen Modellierung von ›Transformation‹ oder ›Adaption‹ zeigt sich
bei all diesen Theoretisierungsversuchen, dass es echte ›Äquivalenz‹ zwischen
an sich divergenten Medien, zwischen Literatur und Film, nicht geben kann.
Ein literarischer Text kann nur mit seinen eigenen medialen Möglichkeiten
(das heißt in der Regel mit abstrakten Schriftzeichen) erzählen – genauso wie
umgekehrt der Film nur mit den ihm zur Verfügung stehenden Mitteln seines
audiovisuellen Zeichensystems erzählen (und das heißt Bild-, Ton- und Schrif-
tebene korrelieren) kann. Hans Krah hat daher, dies schon voraussetzend, am
Beispiel von Storm-Verfilmungen einen anderen Zugang zu filmischen Adaptionen vorgeschlagen, der zwei Prinzipien folgt: dem rezeptiven »Prinzip der
›textuellen Dekonstruktion‹«, mit dem die Adaption den ›Prätext‹ der Vorlage
erst einmal ›dekonstruiert‹, und dem anschließenden, produktiven Vorgang
der »systemische[n] Integration« innerhalb des neu entstehenden ›Folgetexts‹.[20]
Gemeint ist hiermit, dass zwar bestimmte Textelemente der Vorlage adaptie-
rend ausgewählt werden, dass sich aber »durch Differenz ihres ko- und kontex-
tuellen Bezuges, ihrer relationalen Beziehungen und ihres Status ihr bisheriger
Sinnrahmen auflöst und sie in ein neues Kodesystem integriert werden«[21]. Die
Integration und Neuanordnung ausgewählter Einzelelemente der Vorlage also
geschieht in der entstehenden Verfilmung im Rahmen eines neuen semanti-
schen Gefüges, eines die Vorlage neu interpretierenden und gänzlich neu kon-
zipierten fiktionalen Weltentwurfs. Was dabei in den Blick gerät, sind jedoch
nicht nur die ausgewählten Elemente der jeweiligen erzählten Welt eines Textes, ihre Geschichte, Handlungsräume und Figuren, sondern zugleich immer
auch die Erzähltechniken und Verfahren, mit denen Filme ihre Geschichten

---

[18] Zur genaueren Bestimmung dieser vier Verfahren vgl. Helmut Schanze: Literatur – Film
– Fernsehen. Transformationsprozesse, in: Ders. (Hg.): Fernsehgeschichte der Literatur. Voraussetzungen – Fallstudien – Kanon, München: Fink 1996, S. 82–92; hier S. 86–88.

[19] Ebd.; vgl. auch das zusammenfassende Schaubild auf S. 88.

[20] Hans Krah: Textuelle Dekonstruktion als systemische Integration. Storm-Verfilmungen
als ›Ideologisierung‹ am Beispiel von »Viola tricolor/Ich werde Dich auf Händen tragen« (BRD
1958, Veit Harlan, in: Harro Segeberg/Gerd Eversberg (Hg.): Theodor Storm und die Medien.
Zur Mediengeschichte eines poetischen Realisten, Berlin: Schmidt 1999, S. 269–297; hier S. 295.

[21] Ebd., S. 271.

präsentieren und durch spezifische Semantiken, Metaphoriken oder Symboliken anreichern bzw. auch durch Formen der Ambiguisierung verunsichern (und damit in den Status des nur uneigentlich Erzählten verweisen) können.

Wie aber lassen sich unter diesem Blickwinkel ›Literaturverfilmungen‹ sinnvollerweise rezipieren? Anne Bohnenkamp hat dazu mit Blick auf die filmische Adaption als »Übersetzung« vorgeschlagen, die Adaption nicht mehr länger als »Überführung eines als identisch gedachten Inhalts von der einen Form in die andere« aufzufassen, sondern »als Antwort, Echo oder Fortsetzung, die das Original nicht ersetzen, sondern ergänzen, weiterführen oder weiter-›spielen‹ will«[22]. Die Abweichungen und Unterschiede zwischen literarischer Vorlage und filmischer Umsetzung sollten daher »nicht als Mangel, sondern als Gewinn« betrachtet werden, um die »wechselseitige Erhellung des Unterschiedlichen« wahrzunehmen.[23] Der für ein breiteres Publikum von ›Literaturverfilmungen‹ zweifellos motivierende Reiz, Romanfiguren und ihre Geschichten auf der Leinwand inszeniert zu sehen, erhält mit diesem auf Oskar Walzels *Wechselseitige Erhellung der Künste* (1917) anspielenden Postulat einer ›wechselseitigen Erhellung‹ eine neue Perspektive, unter der ein Vergleich von Vorlage und Adaption erfolgen könnte: als doppelt abgleichender Blick vom Roman auf den Film *und* umgekehrt vom Film auf den Roman zurück. Doch ließe sich dem andererseits die Frage entgegenhalten, inwiefern das Wissen, *dass* es eine literarische Vorlage gibt, überhaupt zum Verständnis eines Films und zu dessen eigenständigen Interpretation beitragen könne? Rolf Günter Renner hat dazu einen entscheidenden Hinweis gegeben: Er hebt hervor, dass es für die ästhetische Strategie von Literaturverfilmungen entscheidend sei, wie sie die Vorlagen (a) zu bebildern, und wie sie sie (b) durch Bilder zu aktualisieren – und das heißt in eine jeweilige zeitgenössische Rezeptionsgegenwart zu überführen – versuchen.[24] Eine wechselseitig erhellende, im gegenseitigen Abgleich reflektierende Ko-Lektüre von Film und Vorlage könnte in diesem Sinne immer wieder zwischen der notwendig abstrakt und pointiert bleibenden Zeichenwelt der Literatur und der unausweichlich in Bildern (und Tönen) *konkretisierten* Zeichenwelt des Films vermitteln.

Dass Adaptionen bei der Überführung der Textwelt in die jeweilige lückenlose Bilder-(und Ton-)welt des Films alles Dargestellte notwendig konkretisieren müssen, impliziert eine Reihe von Folgeproblemen bei der filmischen Adaption von Erzähltexten. An erster Stelle eines, das aus dem genuinen Kennzeichen der literarischen Erzählung herrührt: die mit der Diegese stets

---

[22] Anne Bohnenkamp (Hg.): Literaturverfilmungen. Interpretationen, Stuttgart: Reclam 2005, S. 26.
[23] Ebd., S. 27.
[24] Vgl. Rolf Günter Renner: Verfilmungen der Werke von Thomas Mann, in: TM Hb (2005), S. 799–822, hier S. 822.

gegebene Vermittlungsebene einer Geschichte durch eine Erzählinstanz. Diese kann nun, so das Spezifikum der epischen Fiktion, die Geschichte weiterer, dritter Personen nicht nur aus der Außensicht, sondern gleichzeitig – etwa mittels erlebter Rede und also zugleich auch aus deren Innensicht – präsentieren. Käte Hamburger hat in *Die Logik der Dichtung* (1957) auf diesen erzähltheoretischen Sachverhalt hingewiesen, dass die epische Fiktion »der einzige sowohl sprach- wie erkenntnistheoretische Ort« sei, »wo von dritten Personen nicht oder nicht nur als Objekten, sondern auch als Subjekten gesprochen [...] werden kann«.[25] Literarische Erzählungen können dabei die »Subjektivität einer dritten Person *als* einer dritten«[26] darstellen. Erzählungen können folglich die Innensicht, die Wahrnehmung, das Bewusstsein, die Gedanken und Gefühle dritter Personen darstellen, und zwar nicht nur in Form der Innenperspektive einer Ich-Erzählung, sondern eben auch aus der eigentlichen Außenperspektive eines (in der älteren narratologischen Terminologie Stanzels) sogenannten personalen oder auktorialen Erzählers, der sich in diese Figur ›hineinversetzt‹. Erzählungen präsentieren ihre Geschichten darüber hinaus durch eine Erzählrede vermittelt, die dem Erzählten zusätzliche Bedeutungen hinzufügen kann, etwa durch Kommentare und Bewertungen, sei dies explizit oder implizit (etwa durch Metaphern oder weitere Semantiken, die das Erzählte spezifizieren).

Wie aber lassen sich diese Momente – die vermittelte Innenschau und die Semantisierung des Erzählten durch eine Erzählinstanz – filmisch adaptieren? Die Medialität audiovisuellen Erzählens ist nicht – wie bei der Literatur – primär durch ›Sagen‹, sondern durch ›Zeigen‹ gekennzeichnet: Filme erzählen ihre Geschichten primär über *äußere* Bilder (sowie über die Tonebene, die neben der Sprache über Geräusche, den Atmo-Ton, und Musik verfügt). Zwar gehören Verfahren der Inszenierung von subjektiven Blickpositionen und Wahrnehmungseindrücken zum Standardrepertoire filmischen Erzählens (u.a. mit Blickachsenanschlüssen, *point-of-view-Shots*, motivierter bzw. subjektiver Kamera), doch bedarf die Darstellung subjektiver Innenwahrnehmung (von Bewusstsein, Wahrnehmung, Wissen, Gedanken und Gefühlen) besonderer Verfahren, die stets mit einer auffälligen Abweichung vom Standardfall filmischen Erzählens aus der visuellen Außenperspektive (und häufig von der Kohärenz von Bild- und Tonebene) verbunden sind. Zielt das sogenannte ›Kontinuitätssystem‹ des Films seit seiner Frühzeit – und vor allem im ›Illusionskino‹ als dem Standardfall des Realfilms – auf Immersionswirkung beim Zuschauer, um möglichst keinerlei Aufmerksamkeit auf die Gemachtheit des

---

[25] Käte Hamburger: Die Logik der Dichtung, ungek. Ausg. nach der 3. Aufl. von 1977, Frankfurt/Main u.a.: Ullstein 1980, S. 126.
[26] Ebd.

Films zu lenken,[27] so ›stören‹ allzu auffällig oder avantgardistisch inszenierte Formen der Innendarstellung häufig die konventionalisierte Filmwahrnehmung (auch wenn solche Verfahren wiederum natürlich längst über Genres wie den Experimentalfilm oder vielfache Formen des Autorenfilms im *mainstream*-Kino integriert worden sind). Angesprochen ist damit insbesondere das Verhältnis von auktorialer Erzählerposition und subjektiver Figurenperspektive. Als Pendants ›epischer‹ Erzählinstanzen sind im Filmmedium – über die technischen Entsprechungen zur narratorischen Wahrnehmungslenkung via Kameraperspektive und Kamerahandlung hinaus – denkbar: (a) der Einsatz eines übergeordneten Erzählers, der/die als *voice-over* die Filmbilder aus dem Off erläutert, ergänzt oder kommentiert (oder ihnen widerspricht), und – seltener – (b) das diegetische Auftreten von tatsächlichen Erzählerfiguren innerhalb der dargestellten Welt. Daneben kann der Film zum Beispiel über seine Bildkomposition, die Anordnung im Bildkader (Kadrierung) und die Ausgestaltung des filmischen Raums – analog zur Kommentierung einer deutenden Erzählinstanz in der epischen Fiktion – visuelle Metaphern erzeugen, um der dargestellten Handlung auf einer übergeordneten Deutungsebene Kommentare an die Seite zu stellen. Auch können Einstellungen oder ganze Sequenzen in den Film einmontiert werden, die den Film semantisch ergänzen, erweitern, kommentieren. Es kann nicht überraschen, dass gerade Literaturverfilmungen von solchen – die handlungsbasierte Illusionswirkung des Films mit Mitteln, wie sie auch das epische Theater kennt, immer wieder durchbrechenden – Verfahren auffällig oft Gebrauch machen, um neben dem Erzählten immer wieder auch das Erzählen als Vermittlungsakt bewusst zu halten. Exemplarisch möchte ich nun zwei Beispiele für unterschiedlich ausgerichtete filmnarratologische Visualisierungs-, Subjektivierungs- und Deutungsverfahren aus den ersten beiden filmischen Mann-Adaptionen der 1920er Jahre betrachten.

4. Beispiel 1: BUDDENBROOKS *(D 1923, Gerhard Lamprecht)*

Schon auf seinen ersten beiden Texttafeln nach dem Titel weist der Stummfilm BUDDENBROOKS von 1923 auf seinen freien Umgang mit der Vorlage hin: »Nach Motiven / des gleichnamigen Romans / von Thomas Mann.«, »Für den Film ins Moderne / übertragen / von Alfred Fekete und / L. Heilborn-Körbitz.«. Im Rückblick, nach den späteren Adaptionen der *Buddenbrooks* von 1959, 1979 und 2008, vermag die erste filmische Adaption unter der Regie von Gerhard

---

[27] Schnitt und Montage der Filmbilder sollen im Illusionskino möglichst ›unsichtbar‹ sein, irritierende Bild- und Achsensprünge ebenso wie etwa störende Erzählerkommentare aus dem Off möglichst vermieden werden.

Lamprecht als eigenständiger Film »in seiner unverfrorenen Modernität und seinem Experimentierwillen mehr als alle späteren Versuche«[28] zu überzeugen. Peter Zander attestiert dem im Inflationsjahr 1923 entstandenen Film gar den Geist einer »radikalen Modernisierung und Aktualisierung«[29] und verortet ihn präziser im Zusammenhang mit der Adaptionsdebatte des frühen Films als »Bastard zwischen Adaption und Avantgarde«[30], der sich mit seinen Zwischentiteln einerseits eng am dichterischen Wort der Vorlage orientierte und andererseits doch eine neue Bildsprache suchte.[31] Der etwa eineinhalbstündige, im neusachlichen Stil gehaltene Stummfilm wurde am 31.8.1923 im Berliner Tauentzienpalast der Ufa uraufgeführt.[32] An seinem Beispiel möchte ich genauer auf das erörterte Problem der Darstellung figuraler Innensicht in der filmischen Adaption eingehen.

Im Zehnten Teil, 5. Kapitel der *Buddenbrooks* wird Thomas' Eifersucht auf René von Throta, den »Galan« seiner Frau Gerda (GKFA 1.1, 713), dargestellt. Fast durchweg wird dort aus der auf Thomas fokalisierten Innensicht erzählt, in einer Mischung aus erlebter und indirekter Rede, Bewusstseins- und Gedankenbericht: Thomas beginnt zu begreifen, dass es mit ihm zu Ende geht; die mit René von Throta ins Haus eingetretene ›Entstellung‹ seiner Ehe, seines öffentlichen Erscheinungsbildes und seines Selbstbewusstseins führt ihn schließlich zu seiner Grübelei über den Tod, zur Schopenhauerlektüre und zum Abfassen seines Testaments. Der Erzähler hält dort Thomas' psychologischen Angstprozess fest, der mit dem vermeintlichen Betrogenwerden und seiner damit verbunden gesellschaftlichen Herabwürdigung beginnt und ihn schließlich zur Angst vor dem Tode führt:

Niemand ahnte, was in Thomas Buddenbrook vorging, niemand durfte es ahnen, und gerade dies: alle Welt über seinen Gram, seinen Haß, seine Ohnmacht in Unwissenheit zu erhalten, war so fürchterlich schwer! Die Leute fingen an, ihn ein wenig lächerlich zu finden, aber vielleicht hätten sie Mitleid verspürt, und solche Gefühle unterdrückt, wenn sie im Entferntesten vermutet hätten, mit welcher angstvollen Reizbarkeit er vor dem Lächerlichen auf der Hut war, wie er es längst von Weitem hatte nahen sehen und es vorausempfunden hatte […]. (GKFA 1.1., 711)

Was fürchtete er? […] Was fürchtete Thomas Buddenbrook? Nichts … Nichts Nennbares. […] Manchmal, wenn er hinaus auf die grauen Giebel und die vorübergehenden

---

[28] Meder: Thomas Mann und der Film (Anm. 2).

[29] Zander: Thomas Mann im Kino (Anm. 7), S. 197.

[30] Ebd., S. 62.

[31] Vgl. ebd., S. 64f.

[32] Zu Dramaturgie und Stil des Films vgl. neben Zander außerdem Christiane Schönfeld: Die Rezeption im Stummfilm, in: Nicole Mattern/Stefan Neuhaus (Hg.): Buddenbrooks-Handbuch, Stuttgart: Metzler 2018, S. 58–63. – Die 1999/2000 restaurierte Fassung des Films umfasst insgesamt 84.06 Minuten (vgl. ebd., S. 58).

Bürger blickte, wenn er [...] der Geschichte seines Hauses gedachte, so sagte er sich, daß all dies das Ende von Allem sei [...]. (GKFA 1.1, 712f.)

Empfand er Eifersucht? Auf wen? Auf was? Ach, weit entfernt! [...] Ach nein, nur ein wenig Angst empfand er, ein wenig quälende und jagende Angst vor dem Ganzen ... (GKFA 1.1, 714)

Er ging [...] niedergedrückt und umhergetrieben von dieser Furcht vor dem heimlichen und vor dem öffentlichen Skandal... (GKFA 1.1, 715)

Denn es war an dem, daß Thomas Buddenbrook, achtundvierzig Jahre alt, seine Tage mehr und mehr als gezählt betrachtete und mit seinem nahen Tode zu rechnen begann. (GKFA 1.1, 717)

Etwas Anderes, Neues kam über ihn, bemächtigte sich seiner und trieb seine müden Gedanken vor sich her ... Sobald er nämlich sein zeitliches Ende [...] als etwas ganz Nahes und Greifbares betrachtete [...], begann er, zu grübeln, in sich zu forschen, sein Verhältnis zum Tode und den unirdischen Fragen zu prüfen ... (GKFA 1.1, 718)

Darauf folgt Thomas' Schopenhauerlektüre, die ihn aufrührt, erregt, völlig gefangen nimmt und schließlich ohnmächtig, verwirrt und leer zurücklässt. Wie erzählt nun der Film seine innere Bewegung, auf die der Roman hier abzielt?

Auch der Stummfilm platziert das Eifersuchtsmotiv prominent: Kurz vor dem Ende, im 6. Akt, verliert Thomas die Besinnung: Er vermutet seine abwesende Frau, die ihn des Nachts verlassen hat, im Hause Throtas, besteigt impulsiv eine Kutsche und rast durch die Nacht. Doch er irrt, wie der Film schon vorwegnimmt, wenn er parallel und in Opposition zu Thomas' Raserei in statischen Bildern Gerda und ihren Vater zeigt, die zur selben Zeit ruhig in ihrem Haus am Tisch sitzen. Bei Throta angekommen findet Thomas diesen allein vor und bittet um Verzeihung, die Throta, ihm die Hand reichend, auch gewährt. Anschließend begibt sich Thomas zum Haus von Gerdas Vater und findet dort seine Frau, die ihm nun ebenfalls verzeiht, nachdem er seine Schuld gegenüber ihr, Tony und Christian eingestanden hat. Seine innere Bewegung von der eifersüchtigen Raserei zum reumütigen Schuldeingeständnis wird nun im Film jedoch gerade nicht primär über die Zwischentexte transportiert, die seine Gedanken, Ängste und Gefühle mitteilen könnten, sondern der Film findet eine andere, *visuelle* Lösung, um die innere Bewegung Thomas' in eine äußere Bildsequenz zu übersetzen, die seine wilde Jagd durch die Nacht in aller Dynamik zeigt. Denn der Film korreliert mit Thomas' Eifersucht die neu eingeführte Semantik der ›Verirrung‹, die im Film auch explizit benannt wird, wenn Throta den rasenden Thomas bei seinem Eintreffen fragt: »Herr Buddenbrook – wohin verirren Sie sich?« (01:18:29). Doch Thomas' Verwirrung und Verirrung, seine innere Raserei, wird im Film gerade nicht aus seiner Innensicht erfahrbar. Der Film übersetzt sie vielmehr in eine nahezu avantgardistische Sequenz, welche die Kutschfahrt nicht in einer kontinuierlichen

Bildfolge inszeniert, sondern diese mittels Schnitt und Montage gerade diskontinuierlich zeigt und damit die Logik der Wahrnehmung irritiert: Eingesetzt werden auf Thomas' wilder Kutschfahrt dreimal sogenannte Achsensprünge, bei denen ein Objekt plötzlich so aus der Gegenperspektive gezeigt wird, dass sich die Bewegungsrichtung im Bild umdreht. So sehen wir ihn zunächst von links nach rechts durchs Bild fahren, in der folgenden Einstellung aber umgekehrt von rechts nach links (und so fort). Verbunden wir damit zudem ein Wechsel der Einstellungsgrößen, Kamerapositionen und Kamerawinkel, so dass der Zuschauer weder einen kontinuierlichen filmischen Raum rekonstruieren noch wissen kann, in welche Richtung Thomas überhaupt unterwegs ist. Die Kutschfahrt in Lamprechts Film, eingebettet in eine übergeordnete dramaturgische »Montage gegensätzlicher Bewegungen«[33], stellt damit eines der frühesten Beispiele für die Durchbrechung filmischer Illusionsbildung dar, bei der man Thomas quasi von allen Seiten und in alle Richtungen durch die Nacht rasen sieht. Zander und Schönfeld weisen darauf hin, dass insbesondere die dazwischen geschnittene »innovative[] Nahaufnahme der galoppierenden Pferdebeine«[34], als Thomas von Eifersucht getrieben mit der Kutsche zu Throta rast, nicht nur auf die bekannten Chronofotografien Eadweard Muybridges (der 1870/80er Jahre) zurückgreift, sondern zugleich vorausweist auf Einstellungen, wie sie etwa später in Eisensteins PANZERKREUZER POTEMKIN (UdSSR 1925) oder in Stadtfilmen wie BERLIN – DIE SINFONIE DER GROSSSTADT weiter ausgebaut werden.[35]

5. Beispiel 2: DER BLAUE ENGEL (D 1930, Josef von Sternberg)

Die Verfilmung DER BLAUE ENGEL (D 1930) von Heinrich Manns Roman *Professor Unrat oder das Ende eines Tyrannen* (1905) gehört zu den großen Kinoerfolgen des deutschen Films in der Weimarer Republik. Produziert von Erich Pommer und unter der Regie von Josef von Sternberg, den die Ufa für diesen Film eigens aus den USA geholt hatte, war DER BLAUE ENGEL nicht nur die erste vollständig geplante deutsche Tonfilmproduktion, sondern mit fast zwei Millionen Reichsmark auch der bis dahin teuerste deutsche Film (was auch daran lag, dass er eine der ersten Mehrsprachenversionen des Weimarer Kinos werden sollte; die zweite, englischsprachige Fassung THE BLUE ANGEL wurde für den internationalen Markt produziert). Die Dreharbeiten fanden von No-

---

[33] Schönfeld: Die Rezeption im Stummfilm (Anm. 32), S. 61.
[34] Ebd., S.
[35] Zander weist hier außerdem auch auf die zeichenhafte Funktion dieser Bildsprache hin, bei der »ein[] Ausschnitt als *pars pro toto* für einen äußeren und inneren Bewegungsablauf« fungiere; Zander: Thomas Mann im Kino (Anm. 7), S. 65.

vember 1929 bis Januar 1930 statt; auch Heinrich Mann besuchte die Babels-
berger Studios, um sich vor Ort ein Bild zu machen. Am 31. März 1930 gab es
eine Voraufführung für das Filmteam, der auch Erika Mann beiwohnte, und
am darauffolgenden 1. April 1930 wurde DER BLAUE ENGEL dann im Berliner
Gloria-Palast am Kurfürstendamm uraufgeführt.

An einem kurzen zweiten Beispiel aus dieser Verfilmung lässt sich nachvollziehen, wie die erzählerische Vermittlung von Subjektivität über die
Kameraperspektivierung im Film erfolgen – und damit ein Pendant zur erlebten Rede in der Literatur (als Doppelung von Erzähler- und Figurenrede) geschaffen werden – kann, bei der die »Subjektivität einer dritten Figur *als* einer
dritten« nicht nur sprachlich evoziert, sondern sie vor Augen geführt, das heißt
gezeigt (und der Zuschauer in diesen Wahrnehmungs- und Erkenntnisprozess
einbezogen) wird. Der Film realisiert dieses Pendant zur erlebten Rede der
Erzählprosa, indem er sogenannte *point-of-view-Shots* mit dem Blick einer
subjektiven Kamera verknüpft und dabei von objektiven (stellenweise über
halbsubjektive) zu subjektiven Einstellungen übergeht: Man sieht zunächst,
wie eine Filmfigur etwas außerhalb des Bildkaders Liegendes beobachtet, aber
erst in der Folgeeinstellung das, was beobachtet wird. DER BLAUE ENGEL stei-
gert dieses Verfahren gelegentlich noch, indem er die beobachtete Figur (in
der Szene im Klassenraum) wiederum auf etwas blicken lässt, das dem Zuschauerblick entzogen ist. Es handelt sich hier um die leitmotivisch inszenierte
›Pustekarte‹ Lolas, von der Unrat bald darauf nachhaltig fasziniert ist. Bevor
der Zuschauer endlich die Vorderansicht der Karte präsentiert bekommt, wird
mehrfach nur gezeigt, wie Unrat (bzw. die Schüler) die Karte betrachten, ohne
dass der Zuschauer erfährt, was auf der Karte zu sehen ist. Schließlich aber
wird in die subjektive Perspektive Rats gewechselt – und folglich auch dem
Zuschauer endlich die Vorderansicht Lolas präsentiert. Die visuelle Evidenz
dieses subjektiven Blicks mit den Augen Unrats vermag hier, anders als die
epische Fiktion, nicht nur zwei, sondern drei Positionen zusammenfallen zu
lassen (und damit die vierte Wand zum Zuschauer zu durchbrechen): Kamerablick (der filmischen Erzähl- bzw. Zeigeinstanz), Figurenblick (Unrats) und
der Zuschauerblick fallen dabei in einer Einstellung zusammen. Was in der Erzählliteratur als Wechsel von der externen in die interne Fokalisierung lediglich
beschreibbar wäre, vermag der Film an dieser Stelle in Form eines Wechsels
von der externen in die interne Okularisierung zu *zeigen* – und damit zugleich
visuell zu konkretisieren.

Die beiden angeführten Beispiele aus den ersten beiden Mann-Verfilmun-
gen illustrieren zwei unterschiedliche Wege, mit denen das Filmmedium die
Innenwahrnehmung von Figuren erzählen kann. Im einen Fall wurde das
Figurenbewusstsein externalisiert und die innere Bewegung in eine äußere
Bildsequenz übersetzt (BUDDENBROOKS), im anderen Fall zielte die filmische

Abb. 1: Subjektiver Kamerablick intern   Abb. 2: Außenansicht auf Unrat
fokalisiert auf Unrat

Fiktion auf den unmittelbaren visuellen Nachvollzug des Beobachtungs- und kognitiven Wahrnehmungsakts der Figur aus deren subjektiver Blickperspektive (DER BLAUE ENGEL). Unabhängig von ihrer vermeintlichen ›Nähe‹ oder ›Ferne‹ zur jeweiligen literarischen Vorlage machen beide Verfahren damit in Abgrenzung zur Erzählliteratur deutlich, dass Roman und Film *medienbedingt* über unterschiedliche Bedingungen des Sagens und Zeigens und damit über unterschiedliche ästhetische Modi der Wirklichkeitserzeugung verfügen, die es bei der abgleichenden Betrachtung von Roman und Verfilmung stets mitzudenken gilt.[36] ›Vergleichen‹ im Wortsinne aber lassen sich Vorlage und Verfilmung in dieser Hinsicht nicht: Sie erhellen, ergänzen und interpretieren sich vielmehr wechselseitig. Thomas Mann hat dies bei aller Ambivalenz, mit der er dem Film gegenüberstand, sehr wohl in Rechnung gestellt und daraus für die ›kalte‹ Kunst der Literatur zu lernen versucht: »Der Film kennt eine Erinnerungstechnik, er kennt psychologische Suggestionen, kennt eine Genauigkeit des menschlichen und dinglichen Details, daß [...] sehr oft der Erzähler davon lernen kann.« (GW X, 900).

---

[36] Holger Pils führt dies am Beispiel der *Buddenbrooks*-Verfilmungen von 1959 und 1979 sehr überzeugend vor, indem er die Erzählsituationen in Roman und Film zum *tertium comparationis* seiner Analyse nimmt; vgl. Holger Pils: Thomas Manns »Buddenbrooks« in Bildern. Bemerkungen zur Erzählsituation in filmischen Adaptionen des Romans, in: Der Deutschunterricht 1/2002, S. 86–92.

Aglaia Kister

Kino als Totentanz. Thomas Manns Überblendung von mittelalterlichem *Danse Macabre* und modernem Film

»Totentanz« heißt jenes Kapitel aus dem *Zauberberg*, in welchem der Protagonist Hans Castorp gemeinsam mit seinem Vetter Joachim Ziemßen und der Moribunden Karen Karstedt eine Kinoaufführung in Davos-Platz besucht. Mit dem *Danse Macabre* wird ein Motiv aufgegriffen, das nicht nur in Thomas Manns Roman, sondern auch in zahlreichen Filmen seit dem späten 19. Jahrhundert eine wichtige Rolle spielt.[1] Dass das neue Medium der Moderne ausgerechnet die spätmittelalterliche Bildgattung des Totentanzes zum bevorzugten Thema wählt, mag auf den ersten Blick erstaunen. Wie es im Folgenden zu zeigen gilt, offenbart die Kinoszene im *Zauberberg* jedoch zahlreiche Affinitäten zwischen den beiden Medien, die auch erhellen, weshalb der Filmbesuch ausgerechnet im Kapitel »Totentanz« stattfindet. Um die Gemeinsamkeiten sichtbar zu machen, werden zunächst zentrale Gattungsmerkmale des *Danse Macabre* am Beispiel des berühmten Lübecker Totentanzes erläutert, dessen Anblick Thomas Mann so tief beeindruckte, dass er Lübeck als seine »Totentanz-Heimat« (15.1, 435) bezeichnete und in einem Brief an Ernst Bertram schrieb: »L[übeck] ist überhaupt die Stadt des Totentanzes, und ich habe viel davon abbekommen.« (29.9.1921, BrB 103f.) Daraufhin soll die These entfaltet werden, dass im *Zauberberg* eine Überblendung von mittelalterlichem *Danse Macabre* und modernem Film stattfindet. Abschließend gilt es die Frage zu beantworten, welche Bewertung des neuen Mediums der Roman vornimmt, wenn er das Kino als modernen Wiedergänger des Totentanzes darstellt.

I. Zentrale Gattungsmerkmale des Totentanzes

Der Totentanz – oder auch *Danse Macabre* – ist eine bildlich-literarische Gattung, die im ausgehenden 14. Jahrhundert vermutlich in französischen Bettelordenskreisen entstand und sich von dort aus über ganz Europa verbreitete. Einen der berühmtesten und wirkmächtigsten mittelalterlichen Totentänze schuf 1463 der Maler Bernt Notke in der Bußkapelle der Lübecker Kirche St.

---

[1] Zu *Danse-Macabre*-Motiven im Film vgl. Jessica Nitsche (Hg.): Mit dem Tod tanzen. Tod und Totentanz im Film, Berlin: Neofelis 2015.

Marien. 1701 wurde das beschädigte Original, unter dem ursprünglich mittelniederdeutsche Verse zu lesen waren, durch eine Kopie des Malers Anton Wortmann und einen neuen, hochdeutschen Text ersetzt. Thomas Mann, der in St. Marien getauft und konfirmiert wurde und dessen Geburtshaus nur wenige Minuten von der Kirche entfernt lag, hatte vielfach Gelegenheit, den eindrucksvollen, 30 Meter langen Totentanzfries mit den lebensgroßen Figuren zu betrachten. Als er 1921 bei einem Heimatbesuch die von dem Maler Hans Holtdorf inszenierte Aufführung des Lübecker Totentanzes in der Aegidienkirche besuchte, äußerte er sich gegenüber Ernst Bertram begeistert von dem Gesehenen: »In Lübeck sehr freundliche Eindrücke und solche, die mehr waren, als das. Der Totentanz in St. Aegidien wäre etwas für Sie gewesen und war etwas für mich.« (29.9.1921, BrB 103) Bei einem Luftangriff 1942 wurde das Kunstwerk vollständig zerstört – denselben Bomben fielen in dieser Nacht auch Teile des Buddenbrookhauses zum Opfer. Seitdem existieren von dem wohl bedeutendsten deutschen Totentanz nur noch Fotografien aus der Zeit vor dem Zweiten Weltkrieg (Abb. 1).

Wie für die Gattung typisch, zeigt der Lübecker Totentanz einen Reigen aus Skeletten, die mit Vertretern verschiedener Altersgruppen, Geschlechter und gesellschaftlicher Stände in den Tod tanzen und so die Unausweichlichkeit des Sterbens vor Augen führen. Die Verse unter dem Bilderfries schildern Dialoge zwischen dem personifizierten Tod und den verschiedenen Menschen, die dem eigenen Ende – abhängig davon, ob sie ein sündhaftes oder bußfertiges Leben geführt haben – mal mit Furcht und Feigheit, mal voller Gottvertrauen und Demut entgegensehen. Ängstlich antwortet etwa der lebenslustige Edelmann auf die Tanzaufforderung des Skeletts: »Tod, ich bitte dich um Aufschub. / Laß mich mein (bisheriges) Leben wieder gut machen. / Ich habe Böses vollführt. / An das Sterben habe ich kaum gedacht. / Meine Gedanken waren davon erfüllt, / Lust an eitlen Dingen zu befriedigen.«[2] Hierauf erwidert der Tod: »Hättest du deinen Besitz ausgeteilt / an die Armen, so wäre dir wohl zumute. / Denen, die kläglich ihre Not vorbringen, / wolltest du nie Gehör schenken. / Dir wird das gegeben, was dir zusteht.«[3] Während der Tod den Edelmann, den Arzt, den Domherrn und die Kaiserin unverhohlen für ihre Vergnügungssucht und ihren Geiz gegenüber Armen tadelt und ihnen eine gerechte Strafe im Jenseits ankündigt, lobt er einzig den Bauer sowie den Klausner für ihren vorbildlichen Lebenswandel und spendet ihnen Trost und Zuversicht. Damit wird der *Danse Macabre* auch zum Medium der Sozialkritik: Im Sterben sind alle Menschen

---

[2] Hartmut Freytag (Hg.): Der Totentanz der Marienkirche in Lübeck und der Nikolaikirche in Reval (Tallinn). Edition, Kommentar, Rezeption, Köln/Weimar/Wien: Böhlau 1993 (= Niederdeutsche Studien, Bd. 39), S. 207.
[3] Ebd., S. 213.

Abb. 1: Anton Wortmann (nach Bernt Notke): Lübecker Totentanz, 1701, ehemals St. Marien Lübeck (zerstört), Fotografie von Wilhelm Castelli. © Fotoarchiv der Hansestadt Lübeck

gleich und nicht Besitz, Ansehen oder gesellschaftlicher Rang, sondern einzig die individuelle Tugendhaftigkeit entscheiden über Verdammung oder Begnadigung durch Gott. Der Gleichmacher Tod löst die das Leben strukturierenden Grenzen des Alters, des Geschlechts und der sozialen Stellung auf und vereint alle Menschen im *einen* Stand der Sterblichen.[4] Diesen genuin demokratischen Grundzug der Totentänze hob die kunsthistorische und literaturwissenschaftliche Forschung immer wieder hervor – viel diskutiert wurde etwa Johannes Werners These von der »revolutionären Melodie der mittelalterlichen Totentänze«[5] sowie deren feudalismuskritischer und antiklerikaler Stoßrichtung. Während die Aufforderung, der eigenen Sterblichkeit zu gedenken und sich von den irdischen Verführungen abzuwenden, die Gattung des Totentanzes mit der Bußpredigt verbindet, verleiht das Motiv der ausgelassen-ekstatisch tanzenden Skelette den Bildern einen grotesken, anarchisch-lustvollen Charakter, der einen subversiven Kontrast zur offiziellen Memento-mori-Mahnung

---

[4] Vgl. Irmgard Wilhelm-Schaffer: »Ir mußet alle in diß dantzhus«. Zu Aussage, Kontext und Interpretation des mittelalterlichen Totentanzes. In: Winfried Frey/Hartmut Freytag (Hg.): »Ihr müßt alle nach meiner Pfeife tanzen«. Totentänze vom 15. bis 20. Jahrhundert aus den Beständen der Herzog-August-Bibliothek Wolfenbüttel und der Bibliothek Otto Schäfer Schweinfurt, Wiesbaden: Harrassowitz 2000, S. 9–24, hier S. 10.

[5] Johannes Werner: Im Sterben gleich. Die revolutionäre Melodie des mittelalterlichen Totentanzes. In: Das Münster, Bd. 28, Regensburg: Schnell + Steiner 1975, S. 189–190.

darstellt. Auf diese Weise entsteht ein »Spannungsverhältnis zwischen didaktisch-stereotyper Grundaussage und visuell-assoziativem Sinnüberschuß, das andere, verwandte Typen der Contemptus-mundi- und Ars-moriendi-Literatur so nicht kennen.«[6] Die übermütigen Todesfiguren, die den geistlichen und weltlichen Würdenträgern ihre Insignien der Macht entreißen und sie zum wilden Tanz auffordern, umgibt eine Aura »der Anarchie. Sie ironisieren und imitieren, verspotten und verwirren, oszillieren zwischen Nähe und Ferne, Fremdheit und Vertrautheit, Ähnlichkeit und Unähnlichkeit.«[7] Wie Gert Kaiser gezeigt hat, begegnet in vielen *Danses Macabres* das genuin karnevaleske Thema der verkehrten Welt: Erotische Avancen und den Tanz als Inbegriff dynamischer Lebendigkeit vollführen die Skelette, wohingegen die Menschen in totenähnlicher Starre verharren.[8] Dass die Darstellung der vergnügt umherspringenden Knochenmänner keineswegs nur besinnlichen Ernst und frommen Vergänglichkeitsschmerz, sondern auch Lachreiz und Schaulust erweckt, bezeugt Thomas Manns Schilderung der »humoristisch-makabren Schauer, die von der Totentanzmalerei in der Marienkirche ausgingen.« (Ess V, 263) Lebenslust und Todesangst, Lachreiz und Grauen, lebendige Bewegung und tödliche Erstarrung, karnevalistische Groteske und theologischer Ernst verbinden sich in den Totentänzen zu einer schillernden Ambivalenz, die Christian Kiening zufolge den spezifischen ästhetischen Reiz der Gattung begründet.[9] Diese Vieldeutigkeit und das aus ihr erwachsende Faszinationspotential mag erklären, weshalb die mittelalterliche Bildtradition die Schwelle zur säkularen Neuzeit mühelos überwand und bis hin zur Moderne in den verschiedensten Medien fortlebte. Ursprünglich hervorgegangen aus einer komplexen Gemengelage von Pesterfahrung, Feudalismuskrise, sozialer Destabilisierung und religiöser Verunsicherung, wurde das mittelalterliche Motiv bevorzugt in Zeiten der Krise aufgegriffen: Die vermutlich höchste Zahl an Totentänzen entstand im Zeitraum zwischen 1914 und den 1930er Jahren als Reaktion auf das traumatische Massensterben im Ersten Weltkrieg. Interessanterweise war es gerade das junge Medium des Films, das sich intensiv mit der alten Bildtradition beschäftigte und sie vielfach zitierte: Der tanzende Tod hat seinen Auftritt u.a. im Trickfilm *Le squelette joyeux* (1898) der Gebrüder Lumière, Georges Méliès' *Le Palais des mille et une nuits* (1905), Urban Gads *Der Totentanz* (1912), Joe Mays *Hilde Warren und der Tod* (1917), Otto

---

[6] Christian Kiening: Totentänze – Ambivalenzen des Typus. In: Jahrbuch für internationale Germanistik, Bd. 27, Bern u.a.: Peter Lang 1995, S. 38–56, hier S. 42.

[7] Christian Kiening: Das andere Selbst. Figuren des Todes an der Schwelle zur Neuzeit, München: Wilhelm Fink 2003, S. 57.

[8] Gert Kaiser: Totentanz und verkehrte Welt. In: Franz Link (Hg.): Tanz und Tod in Kunst und Literatur, Berlin: Duncker & Humblot 1993, S. 93–118.

[9] Kiening: Ambivalenzen des Typus, S. 38ff.

Ripperts *Totentanz* (1919), Fritz Langs *Der müde Tod* (1921) sowie *Metropolis* (1927), Fred Niblos *Totentanz der Liebe* (1926), Walt Disneys *The Skeleton Dance* (1929) und Sergej Eisensteins *Que viva Mexico!* (1932).[10] Auch Siegfried Kracauers *Theorie des Films*, die sich vornehmlich dem Kino der Weimarer Republik widmet, rekurriert auf die Tradition des Totentanzes, um das neue Medium zu charakterisieren: »Das Gesicht gilt dem Film nichts, wenn nicht der *Totenkopf* dahinter *einbezogen* ist: ›Danse macabre‹.«[11] Angesichts dieser Häufung von *Danse-Macabre*-Motiven im frühen Film erscheint es stimmig, dass Hans Castorps Kinobesuch gerade im Kapitel »Totentanz« stattfindet. Bisherige Untersuchungen zur Totentanz-Thematik im *Zauberberg* verwiesen vor allem auf die – für den Roman wie für die mittelalterliche Bildtradition gleichermaßen charakteristische – »Verbindung von Todesnähe und Lebenslust«[12], auf die Tatsache, dass in dem Kapitel »Totentanz« eine Reihe von Moribunden unterschiedlichster sozialer Herkunft nacheinander stirbt, sowie auf die Schlussworte des Erzählers, der den Weltkrieg ein »arge[s] Tanzvergnügen« nennt, das »noch manches Sündenjährchen« (5.1, 1085) dauern werde. Einen Bezug zwischen der Totentanz-Thematik und dem geschilderten Kinobesuch hat Eckhard Heftrich hergestellt, demzufolge der Film im *Zauberberg* als »moderne Version des Totentanzes«[13] erscheint. An diese Beobachtung, die Heftrich allerdings nicht weiter ausführt, soll im Folgenden angeknüpft werden, um zu zeigen, dass die beschriebenen Gattungsmerkmale des Totentanzes zugleich Grundmotive der Kinoszene in Thomas Manns Roman sind.

[10] Eine Zusammenstellung der *Danse Macabre*-Motive in Filmen seit dem 19. Jahrhundert findet sich auf der Homepage der Europäischen Totentanz-Vereinigung: https://www.toten tanz-online.de/medien/film.php, abgerufen am 15.01.2020.

[11] Siegfried Kracauer: »Marseiller Entwurf« zu einer Theorie des Films. In: Ders.: Werke, Bd. 3. Hg. v. Inka Mülder-Bach und Ingrid Belke, Frankfurt/Main: Suhrkamp 2005, S. 531.

[12] Tilmann Köppe, Olaf Krämer: Memento vivere? Der Totentanz in Thomas Manns Roman *Der Zauberberg*. In: L'Art Macabre, Bd. 3, Düsseldorf: Europäische Totentanz-Vereinigung 2002, S. 117–134, hier S. 119.

[13] Eckhard Heftrich: Der Totentanz in Thomas Manns Roman *Der Zauberberg*. In: Franz Link (Hg.): Tanz und Tod in Kunst und Literatur, Berlin: Duncker & Humblot 1993 (= Schriften zur Literaturwissenschaft, Bd. 8), S. 335–350, hier S. 346.

II. Die Überblendung von mittelalterlichem Totentanz und modernem Film im Zauberberg

II.1. Gleichzeitigkeit von dynamischer Lebendigkeit und Memento-mori-Mahnung

Eine makabre Rahmung erhält die Kinovorstellung im *Zauberberg* bereits durch die Tatsache, dass Hans Castorp und Joachim Ziemßen sie in Begleitung der moribunden Karen Karstedt besuchen, die kurze Zeit später sterben wird. Wie *Danse-Macabre*-Bilder den letzten Tanz vor der Totenstarre festhalten, den Abschiedsmoment, in dem das Leben sich noch einmal von seiner verführerischsten Seite zeigt und mit Musik und Tanz gleichermaßen sinnesaffizierende wie augenblicksbezogene, vergängliche Künste aufspielen lässt, so stehen auch die Vergnügungen, zu denen die Vettern die Moribunde ausführen, im Zeichen des nahen Todes. Denn trotz des Genusses, den die Zerstreuungen ihr bereiten, gibt sich Karen Karstedt »nicht den Selbsttäuschungen des letzten Stadiums hin, sondern wußte Bescheid, wie es mit ihr stand und was es mit der Nekrose ihrer Fingerspitzen auf sich hatte.« (5.1, 485) Lebensfülle und Todesbewusstsein verbinden sich bei ihren Ausflügen in die Davoser Unterhaltungskultur zu einer Ambivalenz, die deutlich an mittelalterliche Totentänze erinnert – diesen Eindruck verstärkt die unsägliche Frau Stöhr, wenn sie erklärt, dass in dem Tanzcafé, das die Vettern mit der Moribunden besuchen, schon »manche Hochgradige [...] in die Ewigkeit hinübergetanzt [sei], indem sie den Becher der Lebenslust gekippt und den finalen Blutsturz in dulci jubilo erlitten habe.« (5.1, 482) Den ekstatisch musizierenden Todesfiguren auf *Danse-Macabre*-Bildern ähnelt auch der Primgeiger im Kurhaus-Café, der »zwischen tanzenden Paaren stand und unter feurigen Körperwindungen sein Instrument bearbeitete.« (5.1, 482) Am intensivsten verdichtet sich die totentanztypische Gleichzeitigkeit von dynamischer Lebendigkeit und Memento mori jedoch in der Kinoszene: Wie die Knochenmänner auf der Leinwand des Lübecker Totentanzes zum Klang ihrer Instrumente wilde Sprünge vollführen und in einer Mischung aus Brutalität und erotischen Annäherungsversuchen die Menschen mit sich fortziehen, so

[...] flirrte eine Menge Leben, kleingehackt, kurzweilig und beeilt, in aufspringender, zappelnd verweilender und wegzuckender Unruhe, zu einer kleinen Musik, die ihre gegenwärtige Zeitgliederung auf die Erscheinungsflucht der Vergangenheit anwandte und bei beschränkten Mitteln alle Register der Feierlichkeit und des Pompes, der Leidenschaft, Wildheit und girrenden Sinnlichkeit zu ziehen wußte, auf der Leinwand vor ihren [Castorps, Ziemßens und Karstedts, A.K.] schmerzenden Augen vorüber. Es war eine aufgeregte Liebes- und Mordgeschichte, die sie sahen, stumm sich abhaspelnd am Hofe eines orientalischen Despoten, gejagte Vorgänge voll Pracht und Nacktheit, voll

Herrscherbrunst und religiöser Wut der Unterwürfigkeit, voll Grausamkeit, Begierde, tödlicher Lust und von verweilender Anschaulichkeit, wenn es die Muskulatur von Henkersarmen zu besichtigen galt [...]. (5.1, 479f.)

Dynamik, Erotik und Todesnähe – Grundmotive sämtlicher *Danses Macabres* – sind in den vorgeführten Filmen besonders stark ausgeprägt: So wird wenig später

[...][e]in junges marokkanisches Weib, in gestreifter Seide, aufgeschirrt mit Ketten, Spangen und Ringen, die strotzende Brust halb entblößt, [...] in Lebensgröße angenähert. Ihre Nüstern waren breit, ihre Augen voll tierischen Lebens, ihre Züge in Bewegung [...] (5.1, 481)

Mit der »Bewegung« wird ein Phänomen akzentuiert, um dessen plastische Darstellung sich bereits mittelalterliche Totentänze bemühen, dem aber erst die medialen Möglichkeiten des Films Leben einzuhauchen vermögen[14]: Denn während die Skelette der *Danse-Macabre*-Gemälde trotz aller ekstatischen Verrenkungen ihrer Glieder doch immer starr ins Bild gebannt bleiben, befinden sich die »reizvollen Schatten[]« (5.1, 481) auf der Davoser Leinwand tatsächlich »in Bewegung« (5.1, 481). Das Kino fasziniert im *Zauberberg* durch sein Vermögen, intensive Präsenzeffekte zu zeitigen, das Vergangene wieder gegenwärtig werden zu lassen und »das Dort und Damals in ein huschendes, gaukelndes, von Musik umspieltes Hier und Jetzt« (5.1, 481) zu verwandeln. Die Fähigkeit, das Leben der Vergänglichkeit zu entziehen und zu konservieren, verbindet den Film – wie Bernhard Dotzler treffend festgestellt hat[15] – mit jenen Weckgläsern der Castorp'schen Haushälterin Schalleen, die Hans Castorp gegenüber Naphta erwähnt. Es handelt sich hierbei um »[...] hermetisch verschlossene Gläser mit Früchten und Fleisch und allem möglichen darin. Sie stehen Jahr und Tag, und wenn man eines aufmacht, nach Bedarf, so ist der Inhalt ganz frisch und unberührt, weder Jahr noch Tag hat ihm was anhaben können, man kann ihn genießen, wie er da ist.« (5.1, 770) In ähnlicher Weise bietet das Bioskop-Theater, dessen Name das griechische Wort »bios« (Leben) enthält, Konserven voll sinnesbeglückender Vitalität und eröffnet den

---

[14] Dass erst das Medium des Films das Potential besitzt, die auf Totentanz-*Gemälden* stets nur angedeutete Bewegung realistisch darzustellen, beschreibt auch Jessica Nitsche: »Da es eine mediale Eigenschaft des Films ist, stillgestellte (›tote‹) Bilder in (›lebendige‹) Bewegung zu versetzen, ergibt sich bereits medienontologisch eine Affinität zum Totentanz. Anders als Gemälde, Fresken, Graphiken etc. birgt der Film die Möglichkeit, den Tod tatsächlich ›zum Tanzen zu bringen‹.« Jessica Nitsche: Einleitung. In: Dies. (Hg.): Mit dem Tod tanzen. Tod und Totentanz im Film, Berlin: Neofelis 2015, S. 7–13, hier S. 11.

[15] Bernhard Dotzler: Der Hochstapler. Thomas Mann und die Simulakren der Literatur, München: Wilhelm Fink 1991, S. 81.

Zuschauern die Möglichkeit, »Dinge, die ihre Zeit gehabt, in frische Zeit verpflanzt und aufgeschminkt mit Musik, sich wieder begeben zu sehen.« (5.1, 481)
Mit der Musik, die den Stummfilm untermalt und ihm Lebendigkeit verleiht,
klingt ein Motiv an, das im Kapitel *Fülle des Wohllauts* weiter entfaltet wird:
Abermals ist es hier ein neues technisches Speichermedium, das die Möglichkeit eröffnet, den Fluss der Zeit zu sistieren und das Vergängliche wiederholbar
zu machen. Um »den ganzen Zauber« des Grammophons vorzuführen, lässt
Hofrat Behrens die »gliederwerfenden Takte einer Ouvertüre von Offenbach«
(5.1, 966) erklingen:

Das Musikstück, talentstraff und prickelnd, spielte sich ab in allem Witz seiner leicht-
sinnigen Erfindung. Den Schluß machte die Ausgelassenheit selbst, ein drollig zögernd
ansetzender Galopp, ein unverschämter Cancan, der die Vision in der Luft geschüttel-
ter Zylinder, schleudernder Knie, aufstiebender Röcke erzeugte und im komisch-tri-
umphalen Enden kein Ende fand. Dann schnappte das Drehwerk selbsttätig ein. Es
war aus. (5.1, 967)

Dass gerade der *galop infernal* aus Jacques Offenbachs Oper *Orphée aux en-
fers* ertönt, lässt sich einerseits als Anspielung auf Orpheus' Abstieg in die
Unterwelt lesen, mit dem Settembrini bereits an früherer Stelle Hans Castorps
Verweilen im »Schattenreich« (5.1, 536) des Sanatoriums vergleicht.[16] Zum anderen stiftet der Roman auf diese Weise abermals eine enge Verbindung zwischen einem modernen Speichermedium – diesmal nicht dem Kino, sondern
dem Grammophon – und dem mittelalterlichen Totentanz: Denn der von Un-
terweltbewohnern getanzte Höllen-Cancan, der aus dem Schallplattenspieler
ertönt, nimmt deutlich auf die Tradition des *Danse Macabre* Bezug. Nach
dem *galop infernal* werden weitere »Tanzplatten« (5.1, 968) eingelegt und die
Sanatoriumspatienten beginnen, im Takt der Musik Tangoschritte zu vollführen. Wie die Knochenmänner der *Danse-Macabre*-Bilder den Todgeweihten
zu einem letzten, ekstatischen Tanz aufspielen, so bewegen sich die Kranken
ausgelassen zum Klang des Schallplattenspielers, bevor »das arge Tanzvergnügen« (5.1, 1085) des Ersten Weltkrieges das Leben auf dem Zauberberg wenig
später jäh beendet. Dass das Grammophon zugleich »Fülle des Wohllauts«
(5.1, 963) und »Musiksarge« (5.1, 990) ist, verbindet es mit dem Kino, das im
Zauberberg einerseits als Speicherort bestrickender Lebensintensität, andererseits jedoch auch als Totenreich erscheint. Denn trotz der Illusion vitalster
Präsenz wissen die Zuschauer, dass das Lachen und Winken der über die

---

[16] Vor den Verführungen auf dem Zauberberg warnt Settembrini seinen Schützling mit den
Worten: »Götter und Sterbliche haben zuweilen das Schattenreich besucht und den Rückweg
gefunden. Aber die Unterirdischen wissen, daß, wer von den Früchten ihres Reiches kostet,
ihnen verfallen bleibt.« (5.1, 536)

Leinwand tanzenden »reizvollen Schatten[ ] [...] nicht die Gegenwart meinte, sondern im Dort und Damals zu Hause war, so daß es sinnlos gewesen wäre, es zu erwidern. Dies mischte [...] der Lust ein Gefühl der Ohnmacht bei.« (5.1, 481f.) Unter Ohnmacht und Handlungsunfähigkeit leiden in mittelalterlichen Totentänzen die angstvoll erstarrten Menschen, denen es trotz aller Bemühungen niemals gelingt, der Tanzaufforderung der wild umherspringenden Skelette Widerstand zu leisten. Wie in der karnevalistisch verkehrten Welt der *Danses Macabres* Vitalität, Dynamik und Tanz einzig aufseiten der Knochenmänner zu sehen sind, deren entfleischte Körper nur noch entfernt an Menschen erinnern, so sitzen die Zuschauer im Davoser Kino reglos und gebannt vor der Leinwand und betrachten die Bewegungen der Schauspieler, die in Wirklichkeit »längst in alle Winde zerstoben [waren]; nur die Schattenbilder ihrer Produktion hatte man gesehen, Millionen Bilder und kürzeste Fixierungen, in die man ihr Handeln aufnehmend zerlegt hatte, um es beliebig oft, zu rasch blinzelndem Ablauf, dem Elemente der Zeit zurückzugeben.« (5.1, 480) Das Zurückholen einer eigentlich unwiderruflich verlorenen Vergangenheit verbindet die Kinoszene mit der fragwürdigen spiritistischen Sitzung[17], bei welcher Joachim Ziemßen aus dem Totenreich heraufbeschworen wird – wobei bis zuletzt unentscheidbar bleibt, ob es sich bei seinem phantasmagorischen Auftritt um Projektionen der Séance-Teilnehmer oder um eine Realpräsenz handelt. Damit erscheint das Kino auch als Raum des Totengedenkens und der Film als Gedächtniskunst, der Momente glückhafter Lebensfülle konserviert, zugleich jedoch ihre Verflossenheit bezeugt. Die bewegten »Schattenbilder« (5.1, 480), deren dynamische Lebendigkeit schließlich dem auf die leichentuchhafte Leinwand projizierten Wort »Ende« (5.1, 482) weicht, vermitteln eine ähnliche Todesahnung wie die tanzenden Skelette mittelalterlicher *Danses Macabres*. Eine strukturelle Affinität besteht schließlich auch zwischen dem Filmbesuch und der Röntgenszene, bei der ebenfalls eine moderne optische Technik zum Medium der jahrtausendealten Memento-mori-Mahnung wird: Unter den Röntgenstrahlen sieht Hans Castorp das »spätere Geschäft der Verwesung [...] vorweggenommen durch die Kraft des Lichtes, das Fleisch, worin er wandelte, zersetzt, vertilgt, zu nichtigem Nebel gelöst, und darin das kleinlich gedrechselte Skelett seiner rechten Hand« – die neue Technik ermöglicht den Blick in das »eigene[ ] Grab« (5.1, 333). Der letzte Ausflug, den die Vettern nach dem Kinobesuch mit der Moribunden unternehmen, führt denn auch auf den Friedhof, wo die drei gemeinsam ein leeres Grab betrachten, in dem – wie sie ahnen – bald Karen Karstedt ruhen wird. Über die Kinovorstellung im *Zau-*

---

17 Zur Affinität zwischen der Kinoszene und der spiritistischen Sitzung vgl. Bernhard Dotzler: »...diese ganze Geistertummelage«. Thomas Mann, der alte Fontane und die jungen Medien. In: TM Jb 9, 1996, S. 189–205, hier S. 194.

berberg schreibt Peter Zander, sie gerate zu einer »Allegorie aufs Sterben«[18], der Film erscheine »nicht als Synonym für das Leben, sondern als Chiffre für den Tod«[19]. Damit löst er das für die Bioskop-Theater-Szene charakteristische Ineinander von Lebensfülle und Todesnähe jedoch einseitig zugunsten der letzteren auf – demgegenüber soll hier die These vertreten werden, dass sich in der Kinovorstellung eben jene paradoxe und zutiefst ambivalente Gleichzeitigkeit von dynamischster Vitalität und Memento-mori-Mahnung verdichtet, welche die Schwellensituation des Totentanzes charakterisiert.

II.2. Demokratischer Grundzug

Neben dem Oszillieren zwischen plastischer, sinnesaffizierender Lebenspräsenz und melancholischer Todesahnung teilen *Danse Macabre* und Kino zweitens ihren genuin demokratischen Grundzug. »Der Film, die demokratische Macht« (15.1, 697) lautet der Titel eines Essays, in dem Thomas Mann erklärt: »Der Film ist eine ungeheure demokratische Macht, der meinem Wesen zu fern bleibt, als daß ich je produktiv daran werden könnte [...].« (15.1, 697) Gegenüber der vielfach bekundeten kritischen Distanz zu dem »demokratische[n] Glücksmittel« (X, 291) gesteht Thomas Mann jedoch auch in mehreren Tagebucheinträgen und Essays, sich der Faszinationskraft des neuen Mediums nicht entziehen zu können. So schreibt er, das Kino wirke auf ihn ähnlich tränentreibend »wie Zwiebel und Nieswurz« (X, 900) und sinniert über die Frage, »warum man im Cinema jeden Augenblick weint oder vielmehr heult wie ein Dienstmädchen.« (X, 899) Dass der aristokratisch gesinnte Dichterfürst angesichts des »Schattenspiels« (15.1, 698) zu heulen beginnt »wie ein Dienstmädchen«, verleiht dem Kino eine Schichtengrenzen nivellierende Macht, die auf mittelalterlichen *Danse-Macabre*-Bildern dem Gleichmacher Tod zukommt: Wie dieser alle Menschen unabhängig von Alter, Geschlecht und sozialer Herkunft zu seinem makaber-erotischen Tanz auffordert, so zieht das Schattenreich des Kinos im *Zauberberg* nicht nur die gehobenen Bürgersöhne Castorp und Ziemßen, sondern auch die ungebildete Frau Stöhr und die mittellose Karen Karstedt in seinen Bann. Als vormoderne Massenmedien[20], die nicht

---

18 Peter Zander: Thomas Mann im Kino, Berlin: Bertz und Fischer 2005, S. 22.
19 Ebd., S. 21.
20 Die immense Verbreitung und Erfolgsgeschichte der Totentänze vom Mittelalter bis in die Moderne führt Hartmut Freytag darauf zurück, dass sie wichtige Kriterien eines Massenmediums erfüllten: »The Danse Macabre is easily understood by many different audiences because it encompasses both text and image, and even when one component is lacking the other still manages to fill the gap. Furthermore, the language of the Danse Macabre is not that of literary and academic texts – viz. Latin – but that of the vernacular, which means that nobody is excluded from

auf Latein, sondern in der Volkssprache verfasst waren, an öffentlichen, für jedermann zugänglichen Orten hingen und mit ihren plastisch gemalten Bildern ein breites Publikum – unabhängig von dessen Bildungsstand und Lesefähigkeiten – erreichten, besitzen mittelalterliche *Danse Macabre* ein zutiefst egalitäres Moment, das in ähnlicher Weise auch das gemeinschaftliche Kinoerlebnis auf dem Zauberberg bestimmt. An die demokratische Grundbewegung des Totentanzes, bei dem die Angehörigen verschiedenster Altersklassen und Gesellschaftsschichten einen langen Reigen bilden, erinnert zudem die parataktische Aneinanderreihung von »Bilder[n] aus aller Welt« (5.1, 481), die auf der Davoser Leinwand gezeigt werden: Die Zuschauer sehen »den Präsidenten der französischen Republik in Zylinder und Großkordon«, »den Vizekönig von Indien bei der Hochzeit eines Radscha«, »den deutschen Kronprinzen«, »nackte Wilde, die auf Nasenflöten bliesen«, »Geishas hinter hölzernen Käfiggittern«, »vermummte Samojeden im Renntierschlitten«, »russische Pilger« und einen »persischen Delinquenten« (5.1, 481). Ein bunter, Stände- und Nationengrenzen übergreifender Bilderreigen zieht am Auge der Betrachter vorbei, bevor »das letzte Flimmerbild einer Szenenfolge wegzuckt[]« (5.1, 480), die »Phantom[e]« (5.1, 482) verschwinden und die Zuschauer »ohnmächtig vor dem Nichts« (5.1, 480) der leeren Tafel sitzen. Wie der Totentanz alle Menschen auf ihre Körperlichkeit und deren Vergänglichkeit zurückwirft, an der kein gesellschaftlicher Rang etwas zu ändern vermag, so wirkt das Kino im *Zauberberg* nicht auf den Intellekt, sondern auf die Sinne: Die Flimmerbilder lassen die Augen »schmerzen[]« (5.1, 480), befriedigen zugleich jedoch die Schaulust und erfüllen in ihrer plastischen Opulenz so vollständig die »geheimen Wünsche[]« der zuschauenden internationalen Zivilisation« (5.1, 480), dass nicht nur Frau Stöhrs »rotes, ungebildetes Gesicht«, sondern auch das aller anderen Kinobesucher »ganz Hingabe« und »im Genusse verzerrt« (5.1, 480) ist.

II.3. Kritik an der Stadt

Ein letztes Motiv schließlich, das sich sowohl auf dem Lübecker Totentanz als auch in der Kinoszene des *Zauberbergs* andeutet, bildet die Kritik an der Stadt als Ballungsraum weltlicher Genüsse und Zerstreuungen. Was den Lübecker Totentanz von allen anderen aus dem Mittelalter überlieferten *Danses Macabres* unterscheidet, ist die Tatsache, dass im Hintergrund nicht – wie sonst üblich – eine unbestimmte Landschaft zu sehen ist, sondern eine klar als Lübeck

the lesson transmitted through its words.« Hartmut Freytag: Preface. In: Sophie Oosterwijk/ Stephanie Knöll (Hg.): Mixed Metaphors. The Danse Macabre in Medieval and Early Modern Europe, Newcastle upon Tyne: Cambridge Scholars Publishing 2011, S. xxi–xxiii, hier S. xxi.

identifizierbare Stadtsilhouette. Dieser Kunstgriff bewirkt Hartmut Freytag zufolge eine stärkere Identifizierung des Betrachters mit den Sterbenden und konfrontiert ihn »mit der Vergänglichkeit von Macht, Reichtum und Schönheit [...], die die Stadt Lübeck zur Zeit ihrer wirtschaftlichen und politischen Blüte verkörperte.«[21] Eine dezidiert städtische Atmosphäre, ein »[m]ondänes Leben« (5.1, 482) herrscht nun auch in den menschenüberfüllten Straßen von Davos-Platz, wo das Bioskop-Theater liegt. Beim Betreten des Kinosaals umgibt Castorp, Ziemßen und Karstedt schlagartig eine »schlechte[ ] Luft, die alle drei physisch stark befremdete, da sie nur das Reinste gewohnt waren, sich ihnen schwer auf die Brust legte und einen trüben Nebel in ihren Köpfen erzeugte [...].« (5.1, 479) In seiner Analyse der Bioskoptheater-Szene schreibt Christoph Schmidt, hier werde ein »ironisch-bissiges, kulturkritisches Psychogramm der modernen Décadence-Zivilisation«[22] gezeichnet, das Kinokritik mit Elementen der Großstadtkritik verschmelze, wie sie etwa Oswald Spengler formulierte. Dieser hatte in seinem zutiefst reaktionären Werk *Der Untergang des Abendlandes* »Kino, *Expressionismus*, Theosophie, Boxkämpfe, *Niggertänze*, Poker und Rennwetten«[23] als dekadente Auswüchse der modernen Großstadt angeprangert. Eine problematische Verbindung von Totentanz, modernem Film und antiurbanistischen Impulsen findet sich nicht nur im *Zauberberg*, sondern auch in Fritz Langs drei Jahre nach dem Roman entstandenen Monumentalepos *Metropolis*. In dem Film tritt ein zum Leben erweckter Spielmann Tod auf und Vertreter aller Klassen tanzen gemeinsam durch die Straßen der Großstadt – die biblischen Erzählungen von der Apokalypse, der Hure Babylon und den sieben Todsünden werden mit der *Danse Macabre*-Tradition verschmolzen.[24] »Bald mittelalterlicher Totentanz, bald moderner Totentanz«[25], schrieb denn auch Herbert Ihering in einer Rezension von *Metropolis* und Fritz Lang verwies in einem Selbstkommentar zu seinem Film auf ein damals in Berlin

[21] Hartmut Freytag: Literatur- und kulturhistorische Anmerkungen und Untersuchungen zum Lübecker und Revaler Totentanz. In: Ders. (Hg.): Der Totentanz der Marienkirche in Lübeck und der Nikolaikirche in Reval (Tallinn). Edition, Kommentar, Interpretation, Rezeption, Köln/Weimar/Wien: Böhlau 1993, S. 13–57, hier S. 43.

[22] Christoph Schmidt: »Gejagte Vorgänge voll Pracht und Nacktheit«. Eine unbekannte kinematographische Quelle zu Thomas Manns Roman *Der Zauberberg*. In: Wirkendes Wort, Bd. 38, Bonn: Bouvier 1988, S. 1–5, hier S. 3.

[23] Oswald Spengler: Der Untergang des Abendlandes. Umrisse einer Morphologie der Weltgeschichte. Mit einem Nachwort von Detlef Felken, München: C.H. Beck 1998, S. 678.

[24] Zur Funktion des Totentanzes in *Metropolis* als Kritik an der großstädtischen Unterhaltungskultur vgl. Silke Hoklas: Todesbilder. Das Motiv des Totentanzes in den Stummfilmen Fritz Langs. In: Jessica Nitsche (Hg.): Mit dem Tod tanzen. Tod und Totentanz im Film, Berlin: Neofelis 2015, S. 15–30.

[25] Herbert Ihering: Berliner Börsen-Curier, 11.1.1927; zit. n. Silke Hoklas: Todesbilder, S. 27.

Abb. 2: Unbekannter Künstler: »Berlin, halt ein! Besinne dich. Dein Tänzer ist der Tod.«, Berlin: Nauck & Hartmann 1919, Farbdruck auf Papier, 70 x 94 cm, Inv.Nr.: SM 2015-0601, Reproduktion: Oliver Ziebe, Berlin.
© Stiftung Stadtmuseum Berlin

aushängendes Plakat, dessen Aufschrift lautete: »Berlin, halt ein! Besinne dich. Dein Tänzer ist der Tod«[26] (Abb. 2).

Der Bezug auf den mittelalterlichen *Danse Macabre* wird hier zum Medium einer fragwürdigen Kritik an der großstädtischen Unterhaltungskultur[27] und der Verteufelung eben jener vergnügungssüchtigen Gesellschaft, die bekanntlich auch den Zauberberg bevölkert. Die Kritik an der Stadt und deren weltlichen Genüssen ist also ein drittes Motiv, das den Lübecker Totentanz mit dem Davoser Kino verbindet und die These stützt, dass in dem Roman eine Überblendung der beiden Medien stattfindet. Es wäre übrigens nicht das erste Mal, dass Thomas Mann den modernen Film

---

[26] Fritz Lang über *Metropolis*. In: Atlas-Filmheft Bd. 38: Der deutsche Film I. Die zwanziger Jahre – Atlas-Retro-Programm von Erwin Leiser, Frankfurt/Main: Atlas Film + Medien 1964, unpaginiert; zit. n. Silke Hoklas: Todesbilder, S. 27.

[27] Problematisch ist die Kritik an der Großstadt insofern, als sich der Antiurbanismus in der Weimarer Republik oftmals mit Demokratiefeindlichkeit, Antisemitismus und einer reaktionären Abwehr der Moderne verband. Vgl. hierzu Ulrich Linse: Antiurbane Bestrebungen in der Weimarer Republik. In: Peter Alter (Hg.): Im Banne der Metropolen, Göttingen: Vandenhoeck & Ruprecht 1993, S. 314–344.

als Spurengänger einer mittelalterlichen Bildtradition darstellte: So schreibt er in der Einleitung zu dem *Stundenbuch* des belgischen Graphikers Frans Masereel, dass ihn dessen Holzschnitte einerseits an »altes, edles, frommes [...] Meisterhandwerk«[28] aus dem Mittelalter erinnerten, andererseits aber an ein »gewisse[s] schwarz-weiße[s] Schauvergnügen, dessen demokratischen Reizen der strengste Geistesaristokrat heute sich nicht zu entziehen vermöchte«[29] – das Kino. Auf die Frage nach seinem Lieblingsfilm gab Thomas Mann die überraschende Antwort: »Frans Masereels Stundenbuch«[30]. In seinen Darstellungen des Zweiten Weltkriegs nimmt der Graphiker immer wieder explizit auf den mittelalterlichen *Danse Macabre* Bezug, den er sogar zum Titel einer Sammlung von Zeichnungen wählte. Über die eigentümliche Mischung von modernen und mittelalterlichen Motiven im Schaffen Masereels schreibt Thomas Mann:

Die Menschen fassen schwerlich Vertrauen zu einer Daseinsform, die nur alt ist oder nur neu und jung, nur historisch oder nur modern, nur aristokratisch oder auschließ-lich [sic] das krasse Gegenteil davon; deren Sinn nur dem Vergangenen in würdiger Verstocktheit zugewandt ist und das Heutige als gemein verschmäht oder, ganz frei und frech, nur das Heutige und Zukünftige weiß und will, überlieferungslos, gründlich un-fromm ohne Wurzeln und Herkunft. Es muß beides da sein, wenn sie vertrauen sollen: Vornehmheit und Freiheit, Geschichte und Gegenwärtigkeit. Und eben diese Mischung ist es, die man in dem Künstlertum Masereels aufs glücklichste verwirklicht findet.[31]

Auch Thomas Manns Überblendung von mittelalterlichem Totentanz und modernem Film lässt sich als Versuch deuten, für Vertrauen zu dem jungen Medium zu werben, indem dieses nicht als provokanter Bruch mit der Hochkultur, sondern vielmehr als Fortführung altehrwürdiger Kunsttraditionen mit neuen Mitteln dargestellt wird: Wenn die medialen Möglichkeiten des Films die alte Gattung des *Danse Macabre* zu neuem Leben erwecken, da sie die Figuren tatsächlich tanzen lassen, so befördern sie – anders als in der kulturpessimistischen Diagnose Oswald Spenglers – gerade nicht den »Untergang des Abendlandes«, sondern bewahren im Gegenteil dessen Traditionen vor Stillstand und Versteinerung. Indem Thomas Mann die Verwandtschaft zwischen dem jungen Medium der Moderne und der vergangenheitsschweren Gattung des Mittelalters sichtbar macht, vollzieht er selbst jene »Durchdringung des demokratischen Kino-Geistes mit dem aristokratischen Geiste der Kunst«[32],

---

[28] Thomas Mann: Einleitung. In: Frans Masereel: Mein Stundenbuch. 165 Holzschnitte, München: Kurt Wolff, S. 7–39, hier S. 13.
[29] Ebd., S. 18.
[30] Ebd., S. 19.
[31] Ebd., S. 13.
[32] Ebd., S. 21.

die er an Masereels *Stundenbuch* lobend hervorhebt. Dass es gerade die zutiefst ambivalente Kunstform des Totentanzes ist, mit der Thomas Mann den Film assoziiert, könnte auf die Zwiespältigkeit verweisen, die sein eigenes Verhältnis zum »fremd-vertraute[n] Schattenspiel« (15.1, 698) des Kinos prägt und die abschließend genauer betrachtet werden soll.

III. Zwischen öffentlicher Ablehnung und heimlicher Faszination – Thomas Manns ambivalente Bewertung des Kinos

Man könnte die Verschmelzung von Totentanz, Kino und antiurbanistischer Zivilisationskritik im *Zauberberg* natürlich einseitig als kulturkonservative Verteufelung des neuen Mediums auslegen. So sieht Erkme Joseph in der Bioskoptheater-Szene den Versuch Thomas Manns, das Kino »als niedrige, demokratische Massenunterhaltung ab[zu]qualifizier[en] [...], al fresco in die lange Reihe seiner Totentanz-Darstellungen einzufügen«[33] und die »Film-Kunst als abgelebt und dekadent«[34] darzustellen. Auch Peter Zander deutet die Tatsache, dass der Kinobesuch ausgerechnet im Kapitel »Totentanz« stattfindet und damit »als makabres Element ein[geführt]«[35] wird, als »wertkonservative« Kritik am »Kult[] der Zerstreuung«[36]. Wie aber die Mahnung, des Todes zu gedenken und sich von den vergänglichen, weltlichen Vergnügungen abzuwenden, nur eine Schicht mittelalterlicher Totentänze darstellt, die eine subversiv-anarchische Unterströmung umspült – eine Mischung aus Sozialkritik, demokratischen Impulsen und der Lust an der offiziell verworfenen Körperlichkeit, an ungezügeltem Tanz und wilder Bewegung –, so bildet auch die Verurteilung der dekadenten, »humanitätswidrige[n] Darbietung« (5.1, 480) lediglich eine Facette der Kinoschilderung im *Zauberberg*. Ebenso spürbar bleibt das Beglückende und Faszinierende, das die plastischen, sinnesaffizierenden Bilder auf die Zuschauer ausüben. Das Oszillieren der Totentänze zwischen der offiziellen Verurteilung aller ephemeren, sinnlichen Genüsse und einer gleichzeitigen detailverliebten Darstellung der ausgelassenen Tänze gleicht der ambivalenten Haltung Thomas Manns, der in öffentlichen Äußerungen immer wieder eine kritische, kulturkonservative Distanz zu dem neuen Medium bekundete, zugleich jedoch ein passionierter Filmbesucher war, der im dunklen Schattenreich des Kinosaals lustvoll die schönen Körper der Schauspieler betrachtete und dazu heulte wie ein Dienstmädchen.

---

[33] Erkme Joseph: Nietzsche im »Zauberberg«, Frankfurt/Main: Vittorio Klostermann 1996 (= TMS XIV), S. 139.

[34] Ebd., S. 147.

[35] Peter Zander: Thomas Mann im Kino, S. 21.

[36] Ebd., S. 23.

Yahya Elsaghe

Egon Günthers *Lotte in Weimar* und die Geschichte der deutschen Thomas-Mann-Verfilmungen

Sofern man darunter nur diejenigen Texte rechnet, die im eigentlichen, erzwungenen Exil konzipiert oder zumindest zum größeren Teil geschrieben wurden, hatten es Thomas Manns Exilwerke in den deutschen Massenmedien viel schwerer als die früheren Romane und Novellen des Autors. Dieser wurde in der Nachkriegszeit häufiger verfilmt als irgendein anderer Deutscher. Schon in den Fünfzigerjahren kamen nicht weniger als drei seiner Romane ins deutsche Kino: *Königliche Hoheit* (1953); *Felix Krull* (1957); *Buddenbrooks* (1959). Es folgten Jahr auf Jahr Verfilmungen wiederum gleich dreier Erzählungen: *Herr und Hund* (1963); *Tonio Kröger* (1964); *Wälsungenblut* (1965). Die *Exil*romane dagegen mussten sehr viel länger warten als die Romane des Frühwerks: *Lotte in Weimar* (1975) zwei, der *Doktor Faustus* (1982) fast drei Jahrzehnte länger.

Diese Verzögerungen sind so schwer zu verstehen nicht. Man hat sie als Komplement der maximalen Popularität zu begreifen, deren sich Manns *frühere* Texte im Medium Film erfreuten. Bei allen auch qualitativen Unterschieden war den zuerst verfilmten Texten eines gemeinsam. Schon aus entstehungsgeschichtlichen Gründen konnten sie nicht an die schlimmen Zeiten gemahnen, die zu vergessen die Film- und Unterhaltungsindustrie den Deutschen mit allen Mitteln zu helfen hatte. Und wo sie sich, von wie fern auch immer, dennoch mit der Vor- oder Vorvorgeschichte dieser schlimmen Zeiten berührten, wurden solche Berührungsstellen gezielt retuschiert.

Solange das deutsche Kino- und später das Fernsehpublikum zu einem größten Teil aus solchen bestand, die an ihre unmittelbare Vergangenheit nicht erinnert sein wollten, war es nicht ratsam, es mit Manns Exilwerken zu konfrontieren. Denn diese sind im Exil nicht nur eben entstanden; sondern sie alle machen dessen Bedingungen zum Thema, ohne Ausnahme und einschließlich selbst noch der »Legende« von den *Vertauschten Köpfen*.[1] Zumal die beiden Exilromane eigneten sich daher denkbar schlecht zur nationalen Selbstgratulation, der die deutschen Thomas-Mann-Verfilmungen eh und je zu dienen

---

[1] Vgl. Bernd Hamacher: »Die vertauschten Köpfe«, in: Andreas Blödorn / Friedhelm Marx (Hgg.): Thomas Mann Handbuch. Leben – Werk – Wirkung, Stuttgart: Metzler 2015, S. 140–142, hier S. 141; Yahya Elsaghe: »Die vertauschten Köpfe« und Thomas Manns politische Bachofen-Rezeption, in: ders. / Ulrich Boss / Florian Heiniger (Hgg.): Matriarchatsfiktionen. Johann Jakob Bachofen und die deutsche Literatur des 20. Jahrhunderts, Basel: Schwabe 2018, S. 221–245, hier S. 243–245.

hatten: angefangen beim Stummfilm *Die* [sic!] *Buddenbrooks* und seiner er-
klärungsbedürftig euphorischen Presserezeption[2] bis zur vorderhand letzten
Buddenbrooks-Verfilmung, deren Premiere der Bundespräsident mit seiner
Gegenwart beehrte, mit den Worten: »Für uns Deutsche ist dieses Buch immer noch wie ein Spiegel unseres Wesens und unserer Kultur – wenn auch aus
einer vergangenen Zeit.«[3]

Jeder Versuch, einen oder den anderen der Exilromane in solch einem selbst-
gerechten und selbstgefälligen Sinn zu vereinnahmen, hätte zwangsläufig in
eine dilemmatische Situation geführt. Er hätte dazu gezwungen, zwischen
Werktreue und einer nicht zuletzt durch die Verfilmungsgeschichte erzeug-
ten Publikumserwartung zu lavieren. Insofern ist es nicht weiter erstaunlich,
sondern für dieses Dilemma vielmehr bezeichnend, dass es Jahrzehnte dauern
sollte, bis ein erster Exilroman verfilmt wurde. Und diese Verfilmung selbst
wiederum ist für das Dilemma in gleich vierfacher Weise bezeichnend. Bezeichnend sind erstens ihr Zeitpunkt, zweitens die Wahl des verfilmten Texts,
drittens der Ort der Verfilmung und viertens die Kürzungen, die dafür in Kauf
genommen wurden.

Erstens: Es war 1975. Das freilich scheint nun mit Manns *deutscher* Verfilmungsgeschichte herzlich wenig zu tun zu haben. Denn wichtig an diesem Jahr
erscheint zunächst natürlich seine Nähe zu der nach einhelliger Meinung besten oder einzig guten Thomas-Mann-Verfilmung: Luchino Viscontis *Morte a
Venezia*, seit Mai 1971 weltberühmt, berühmt geworden in Cannes, durch die-
selben Filmfestspiele, an denen später denn auch prompt die DDR ausgerechnet
mit *Lotte in Weimar* teilnahm, zum überhaupt ersten Mal. Aber auch nur schon
die Film*musik* von *Lotte in Weimar* legt von allem Anfang an den Verdacht
aufdringlich nahe, dass sich der ganze Film plagiatorisch in den Windschatten
von Viscontis Welterfolg zu manövrieren versuchte, indem man hier beden-
kenlos im Fundus der Gustav-Mahler-Symphonien einfach eins weiterzählte:
Hier, in *Morte a Venezia*, die Dritte und vor allem die Fünfte Symphonie, in
haargenauer Abstimmung sowohl auf die erzählte Zeit der Novelle als auch in
kluger Reflexion ihrer Entstehungs- und Konzeptionsgeschichte. Denn Gustav
Aschenbach ist bekanntlich dem Komponisten nachgebildet, dessen Tod und
»fürstliches Sterben« (XIII, 149) just in die Tage fielen, da Thomas Mann im
Bäderhotel auf dem Lido für sein Teil eine ephebophile Anfechtung erdulden

---

[2] Vgl. Christiane Schönfeld: Die Rezeption im Stummfilm, in: Nicole Mattern / Stefan Neuhaus (Hgg.): Buddenbrooks-Handbuch, Stuttgart: Metzler 2018, S. 58–63, hier S. 62.

[3] Horst Köhler: Grußwort [...] anlässlich der Welturaufführung des Filmes Buddenbrooks. Essen, 16. Dezember 2008, http://www.bundespraesident.de/SharedDocs/Reden/DE/
Horst-Koehler/Reden/2008/12/20081216_Rede2.html [Zugriff: 10. September 2018]; Jörg Vog-
ler: Breloers »Buddenbrooks« uraufgeführt, 16. Dezember 2008, https://www.tagesspiegel.de/
kino-breloers-buddenbrooks-uraufgefuehrt/1397816.html [Zugriff: 10. September 2018].

musste und der Choleraepidemie von Venedig mit knapper Not noch entgehen konnte.[4] Dort hingegen, in *Lotte in Weimar*, ist es Mahlers Sechste – um den Preis nun allerdings eines hoffnungslosen, um nicht zu sagen fürchterlichen Anachronismus von nahezu einem ganzen Jahrhundert.

Soweit sie sich auf den *soundtrack* erstreckt, lässt sich die Vermutung eines hier vorliegenden Plagiarismus anhand der im Bundesarchiv gehorteten Dokumente durchaus erhärten. Das erste für die Wahl der Filmmusik einschlägige Zeugnis, das sich unter den Aktenstößen der DEFA finden lässt, sind Abklärungen der Rechte an einer bestimmten Einspielung der Sechsten Symphonie. Die entsprechenden Schreiben datieren vom Oktober, November und Dezember 1974.

Damals war Viscontis Film schon berühmt, ohne freilich in die Kinos der DDR gelangt zu sein. Wie aber wiederum aus den Akten hervorgeht, hatte man ihn in Babelsberg vermutlich noch im Jahr '73 sehr wohl autopsiert. Im November dieses Jahrs nämlich hatte Erich Albrecht, Produktionsleiter »des Spielfilms ›Lotte in Weimar‹«, und zwar ausdrücklich zu dessen »Vorbereitung« um eine »Ansichtskopie[ ]« des »Film[s]: ›Tod in Venedig‹« nachgesucht.[5]

Ansonsten jedoch, was den eigentlichen Film angeht, lässt sich der Plagiatsverdacht, so nahe ihn die Tonspur auch legen mag, ohne den geringsten Rest eines Zweifels entkräften: Das Szenarium für *Lotte in Weimar*, »1.Fass.v.30.10.73«, und das Drehbuch dazu, »1.Fass.v.10.4.74«, sind zwar jünger als Viscontis Film. Doch das erste erhaltene Dokument, das die Absicht einer DEFA-Verfilmung von *Lotte in Weimar* bezeugt, ist beinahe gleichalt. Es datiert vom 30. April 1971. Das war zwar schon zwei Monate nach der Weltpremiere von *Death in Venice*, die am 1. März '71 in London stattgefunden hatte; aber eben noch bevor der Film im Mai desselben Jahres am Festival de Cannes Sensation machen sollte. Noch kurz vor dieser Sensation also schrieb in Sachen des Verfilmungsprojekts dessen spiritus rector, Walter Janka, an Albert Wilkening, den »Hauptdirektor« des Filmstudios Babelsberg. Über die Dienstreise, die er in derselben Angelegenheit und in demselben Frühjahr nach Zürich unternahm, um sich bei den Rechteinhabern um die Verfilmungsrechte an *Lotte in Weimar* zu bemühen, legte Janka am 3. Juni Rechenschaft ab, einen Tag vor der bundesdeutschen Uraufführung von *Morte a Venezia*.

---

[4] Vgl. Thomas Rütten: Die Cholera und Thomas Mann. *Der Tod in Venedig*, in: Thomas Sprecher (Hg.): Liebe und Tod – in Venedig und anderswo. Die Davoser Literaturtage 2004, Frankfurt/Main: Klostermann 2005 (= TMS XXXIII), S. 125–170.

[5] [Erich] Albrecht: Mitteilung vom 21. November 1973 an die Endfertigung, Bundesarchiv, Berlin-Lichterfelde. Mit gleicher Post und zum selben Zweck wurde übrigens noch ein weiterer Film bestellt: Reminiscences of a Journey to Lithuania (R: Jonas Mekas, USA 1972). Ob die Autopsie auch dieses Films in der Verfilmung von *Lotte in Weimar* Spuren hinterlassen hat – und gegebenenfalls: welche –, das ist eine noch offene bzw. noch gar nie gestellte Frage.

Schon nur diese Daten lassen eine Inspiration durch Viscontis Film nicht mehr plausibel erscheinen. Die Annahme einer Abhängigkeit der einen von der anderen Verfilmung kann man indessen auch stringent und restlos falsifizieren. Denn ein Zufall wollte es, dass Jankas Zürcher Aufenthalt in die Zeit der *Schweizer* Erstaufführung von *Morte a Venezia* fiel. Janka ließ sich die Gelegenheit nicht entgehen, an der Premiere teilzunehmen. In seinem Bericht beurteilte er Viscontis Film und seine Eignung für das heimische Publikum sehr skeptisch. Er brachte hierfür gewisse homophobe Ressentiments in Anschlag, wie sie dann auch wieder bei der anderen Verfilmung ins Spiel kommen sollten, die man in der DDR in Angriff nahm, *Der kleine Herr Friedemann*:[6]

Knabenliebe – auch kunstverpackt – ist kein Filmthema für unser Publikum. Ganz sicher sind wir schon heute, daß unser Film [scil. *Lotte in Weimar*] ein thematisch weit größeres und künstlerisch wertvolleres Ereignis werden wird als dieser Visconti [sic!] Film. [...] Dieser Film von Visconti hat unser filmisches Selbstbewußtsein enorm gefestigt.[7]

Wenn es also doch nicht Viscontis *Tod in Venedig* gewesen sein kann, der die DDR-Verfilmung von *Lotte in Weimar* inspirierte, – wer oder was war es dann?

Erstens also nochmals mit Blick auf die *deutschen* Verhältnisse: 1975, das war auch die Zeit, als in der DDR das nationale Kulturerbe »NKE« für kritischere Aneignungen freigegeben wurde, unter einer nun spürbar weniger restriktiven Kulturpolitik.[8] Und außerdem war es eine Zeit, da eine schon große Minderheit des heimischen Publikums die Epoche des Nationalsozialismus bereits nicht mehr bewusst miterlebt hatte.

Gewählt wurde *zweitens* ausgerechnet derjenige Exilroman, *Lotte in Weimar* eben, der mit dieser Epoche vordergründig gar nichts zu tun haben *konnte*. Denn seine erzählte Zeit kommt ja mehr als ein volles Jahrhundert vor die sogenannte Machtergreifung zu liegen.

Drittens wurde *Lotte in Weimar* in demjenigen der beiden deutschen Staaten verfilmt, der für sich in Anspruch nahm, die einzige wahre Alternative zu dem Deutschland zu sein, das Thomas Mann aus dem Exil und mit seinen Exilwerken bekämpft hatte und das in die Nähe der Bundesrepublik zu rücken man in der DDR nicht müde wurde, der Bundesrepublik als des Folgestaats des Dritten, Großdeutschen oder Altreichs.

Dennoch aber, *viertens*, und trotz aller Kontrastbetonung, die man in der

---

[6] Vgl. Martina Schönbächler: Einer ›Herrin männisches Werben‹ – Ehekonzeption und weibliche Homosexualität in Peter Vogels Verfilmung (1990) von Thomas Manns Novelle *Der kleine Herr Friedemann*, in: TM Jb 33, 2020, S. 109–122.

[7] Walter Janka: Bericht über die Reise nach Zürich. 3. Juni 1971, Berlin-Lichterfelde, Bundesarchiv.

[8] Vgl. Peter Zander: Thomas Mann im Kino, Berlin: Bertz + Fischer 2005, S. 206–212.

DDR diesem Staat und seinem »imperialistischen Kulturbetrieb[ ]«[9] gegenüber pflegte, tat Egon Günther als Drehbuchautor und Regisseur auch hier
sein Möglichstes, um alle Assoziationen dessen zu unterbinden, was Thomas
Mann ins Exil getrieben hatte. Die Scheltreden auf die Deutschen, die Mann
seinem Goethe in den Mund legte, indem er allerdings meistens auf Äußerungen des historischen Goethe zurückgriff, sind schon im Szenarium so gut wie
vollständig weggelassen.

Dem entsprechend und erst recht im *Drehbuch*: Von Goethes innerem beziehungsweise halblaut gemurmeltem Monolog zum Beispiel, der im Roman ein
halbes Hundert Seiten füllt, blieb im Film nur gerade einmal ein ganz kurzer
Passus stehen. Darin apostrophiert Goethe die Deutschen direkt und versichert
sie trotz allem seiner Solidarität. Seine Solidaritätserklärung wird kontaminiert
mit einer Formulierung aus einer viel früheren Romanstelle: »Auch wenn ihr
meine Dichtung beschissen habt, was die Bäuche hergaben«;[10] eine Skatologie,
wie sie sonst nirgends vorkommt in der »Bügelfaltenprosa«[11] Thomas Manns,
der ja selbst in den direkten und indirekten Reden noch so ordinärer Figuren
alles Anale aus dem Deutschen herauszuhalten pflegt. (In dem Stil: »»Darf man
eintreten?‹ [...] worauf es antwortete, daß man vielmehr etwas anderes, in diesen Blättern nicht Wiederzugebendes tun dürfe.« [12.1, 37] Oder: »Sie sagten
›Merde!‹ und, da auch Deutsche dabei waren: ›Verflucht nochmal!‹ und ›Hol's
der Geier!‹« [ebd., 160])

Sinn und Zweck dieser Kontamination zweier im Roman weit auseinander-
liegenden Stellen sind leicht zu erraten. Sie folgt einer Wort für Wort doku-
mentierten Weisung des Kulturministers höchstselbst:

Goethe nicht als der unnahbare Dichterfürst, sondern als Mensch seiner Zeit, nicht
undurchschaubar und fern, gegen ein Elite- und Geniebild. Die Beziehung zum Volk.
Über den Roman hinaus soll in sparsamen Andeutungen der vierte Stand, der Hin-
terhof des »Elephanten« [scil. des Hotels, in dem Charlotte Kestner-Buff absteigt] ins
Bild gerückt werden. Zur stilistischen Intention: Volkstümlicher als der Roman [...].[12]

Daher also im Filmmonolog die ›Anreicherung‹ der übernommenen Textstelle
mit einer anderwärts besonders derben Wortwahl. Sie bot sich dazu an, den

---

[9] Dieter Wolf: Stellungnahme zum Szenarium. 22. November 1973, Bundesarchiv, Berlin-
Lichterfelde.

[10] Egon Günther: Lotte in Weimar. Drehbuch. Fassung vom 18. April 1974, Bundesarchiv,
Berlin-Lichterfelde, S. 142.

[11] Alfred Döblin: Zum Verschwinden von Thomas Mann, in: ders.: Autobiographische Schriften und letzte Aufzeichnungen, hrsg. v. Edgar Päßler, Olten/Freiburg im Breisgau: Walter 1980
(= Ausgewählte Werke in Einzelbänden), S. 575–577, hier S. 576.

[12] Dieter Wolf: Aktennotiz im Auftrag des Stellvertreters des Ministers für Kultur und Leiters
der HV Film, Genosse Günter Klein, über ein Gespräch am 16.1.74 über die Regiekonzeption
»Lotte in Weimar«, 28. Januar 1974, Bundesarchiv, Berlin-Lichterfelde.

Klassiker an dieser textgetreu verfilmten Stelle im Sinn des Ministers zu ver-
volkstümeln. Indem Goethes Diktion auf das Sprachniveau des intendierten
Publikums von Arbeitern und Bauern abgesenkt wurde, half sie ein nationales
Gemeinschaftsgefühl zu erzeugen, wie befohlen auch »[ü]ber den Roman hinaus«, weit hinaus. Denn in *dessen* Monologen wie in *diesem* überhaupt geht es
doch ganz im Gegenteil darum, wie einsam oder erratisch Goethe unter den
Weimarern war und unter den Deutschen zeit seines Lebens blieb.

Was nun aber *Thomas Manns* Verhältnis zu den Deutschen seiner Zeit betrifft und in eins damit jenes Dilemma, in das die Verfilmung des einen wie
des anderen Exilromans unweigerlich führen musste, so lässt sich der Befund
so summieren: Günther, Jahrgang '27, hat alles beseitigt, was geeignet gewesen
wäre, auch von noch so fern an die dunkelste Periode der deutschen Geschichte
zu erinnern, wie er und etliche seiner Zeitgenossen sie noch durchmachen
mussten. In seinem Film entfällt ausnahmslos alles, was ungute Erinnerungen
an diese Geschichte hätte wachrufen können.

Günthers Vermeidungsstrategie erstreckte sich A) allgemein auf den Nationalsozialismus; B) besonders auf den Typus des deutschen Mitläufers, wie er die
Machtergreifung und die Exzesse dieses Nationalsozialismus mit ermöglicht
hatte; C) auf das Judentum im Allgemeinen; und D) auf den Antisemitismus
im Besonderen.

A) also der Nationalsozialismus: Der wirft im Film, sehr anders als im Roman, keineswegs seine Schatten auf die Goethezeit voraus. So fiel etwa eine
notorische Stelle weg, die ziemlich unverhohlen auf die Entstehungszeit des
Romans anspielt und die gerade wegen ihrer also ganz offensichtlich intendierten Aktualisierbarkeit einmal ihre besondere Berühmtheit erlangen sollte.
Berühmt machte sie bekanntlich der britische Chief Prosecutor an den Nürn-
berger Prozessen, als er zwei Passagen aus *Lotte in Weimar* mehr oder minder
wörtlich in sein Schlussplädoyer aufnahm, im festen, wenn eben auch irrigen
Glauben, hier die authentischen und als solche geradezu hellseherischen Worte
Goethes zu verlesen; eine für Thomas Mann natürlich sehr schmeichelhafte
Verwechslung:

… daß sie [scil. die Deutschen] sich jedem verzückten [im Plädoyer: »verrückten«[13]]
Schurken gläubig hingeben, der ihr Niedrigstes aufruft, sie in ihren Lastern bestärkt
und sie lehrt, Nationalität als Isolierung und Roheit zu begreifen, – daß sie sich immer
erst groß und herrlich vorkommen, wenn all ihre Würde gründlich verspielt, und mit

---

[13] Hartley Shawcross: Plädoyer vom Samstag, 27. Juli 1946, in: Internationaler Militärgerichtshof Nürnberg (Hg.): Der Prozess gegen die Hauptkriegsverbrecher vor dem internationalen Militärgerichtshof. Nürnberg 14. November 1945–1. Oktober 1946, Bd. 19: Ver-
handlungsniederschriften 19. Juli 1946–29. Juli 1946, Nürnberg: o. V. 1948 [Nachdruck: o. O.:
Reichenbach 1994], S. 534–594, hier S. 592.

so hämischer Galle auf Die blicken, in denen die Fremden Deutschland sehn und ehren, ist miserabel. Ich will sie garnicht versöhnen. Sie mögen mich nicht – recht so, ich mag sie auch nicht, so sind wir quitt. (9.1, 327)

Diese wie andere Worte, in denen Thomas Mann seinen Goethe über die Deutschen herziehen ließ, indem er sich so überaus deutlich auf den Nationalsozialismus und seinen Führer bezog, sollten den Bewohnern oder Insassen des neuen oder sich als neues ausgebenden Deutschland erspart bleiben.

Erspart blieb dem Kinopublikum B) auch die Gegenüberstellung mit dem typischen deutschen Mitläufer und Wendehals, den im Roman der Schreiber John verkörpert; Ernst Carl John, der zwar, was Thomas Mann nach Ausweis seiner Korrespondenz sehr wohl wusste (DüD II, 456), zur erzählten Zeit eigentlich gar nicht mehr für Goethe arbeitete, von dem aber ein sinniger Zufall wollte, dass er denselben Geschlechtsnamen trug wie sein Nachfolger, der zu dieser Zeit tatsächlich bei Goethe in Diensten stand, *Johann August Friedrich* John.

Ernst Carl John, dessen Auftritt im famosen siebenten Romankapitel sehr bezeichnenderweise Goethes »»Gemurmel«« [14] über den Selbstverrat der Deutschen unterbricht, bringt in seiner Person und Gestalt all das mit, was Goethe an den Deutschen soeben verflucht hat. Zu diesem Zweck werden auf John etliche, historisch nur einenteils belegbare und anderenteils sogar *wider*legbare Merkmale versammelt, die Goethes Unwillen hervorrufen: Tabak- und Schnapskonsum; Kränklichkeit und Langschläferei; Stubenhockerei und die schlechte Haltung eines ohnedies disproportionierten Körpers; eine Brille im blatternarbigen Gesicht und nicht zuletzt »revolutionäre[] Grillen« (9.1, 339). Hingegen fängt die Partie von *Dichtung und Wahrheit*, die Goethe seinem John gleich diktieren wird, im Gegenteil mit dem selbstzufriedenen Hinweis darauf an, dass seine, Goethes, »Stellung gegen die oberen Stände – sehr günstig« (ebd., 347) [15] war. Dabei geht der »verunnaturende[] Drang[]« des Roman-John »nach Weltverbesserung« (ebd., 339) vermutlich auf ein Missverständnis zurück, welches indessen schon in Manns Quellen so vorgegeben war. (Denn eine pseudoliberale Schrift, deren Verfasserschaft Ernst Carl John nachgesagt wurde, scheint dieser als Denunziant [9.2, 634] oder agent provocateur [16] geschrieben zu haben.)

---

[14] Thomas Mann: Brief vom 29. Januar 1940 an Jonas Lesser, in: ders.: Selbstkommentare: »Lotte in Weimar«, hrsg. v. Hans Wysling, Frankfurt/Main: Fischer 1996 (= Informationen und Materialien zur Literatur), S. 46 f., hier S. 47.

[15] Vgl. Johann Wolfgang von Goethe: Werke, hrsg. i. A. der Großherzogin Sophie von Sachsen, Weimar: Böhlau 1887–1919, Abt. I, Bd. 29, S. 71.

[16] Vgl. Walter Gruppe: Goethes Sekretär Ernst Carl John. Sein Bild in der Forschung und bei Thomas Mann, in: Goethe, Neue Folge des Jahrbuchs der Goethe-Gesellschaft 24, 1962, S. 202–223, hier S. 213.

Johns also wohl nur angeblicher »Widersprechungsgeist[ ]« (9.1, 339) steht jedenfalls in einem peinlichen Gegensatz zu seinem historisch bezeugten Wunsch, den ihm Goethe im Roman zu erfüllen verspricht, wie er denn wirklich in Erfüllung gehen sollte, nämlich bei einer »Censur-Behörde« (ebd., 344) empfohlen zu werden. Hiermit erscheint John nicht mehr einfach nur als der willige Vollstrecker staatlicher Repression, der er offenbar in der Tat war. Sondern ihre besondere zeitgeschichtliche Brisanz bekommt die Figur über ebenjenes Missverständnis, durch ihren vermeintlichen Verrat an den revolutionären Idealen ihrer Jugend. Dadurch wird sie im Roman eben zum Typus eines politischen Opportunisten, wie er zur Entstehungszeit desselben die Situation in Deutschland mit zu verantworten hatte, um sich auch hernach noch hüben und drüben seiner Selektionsvorteile zu erfreuen.

Nichts von alledem in Günthers Film. Mit einem und demselben Streich, nämlich mit der nonchalanten Streichung der Schreiber-Rolle, schenkte Günther es sich und dem Publikum auch, sich mit Goethes entschieden antirevolutionärer Gesinnung auseinanderzusetzen. Die Abscheu des nobilitierten Patriziers vor der Ideologie oder vor den Vorläufern und Wegbereitern der Ideologie, auf die sich die DDR berief, vertrug sich nun einmal schlecht mit der aus dem Kulturministerium ergangenen Direktive, ihn »gegen ein Elite- und Geniebild« auszuspielen.

C) In Hinsicht auf Repräsentationen des deutschen Judentums kann *Lotte in Weimar* zwar nur am Rand in Betracht kommen – fast so wenig wie jener zweite und letzte in der DDR verfilmte Text des Autors, die Novelle vom *Kleinen Herrn Friedemann*. Denn hier wie dort treten Juden und Jüdinnen gar nicht erst auf, jedenfalls keine als solche markierten.[17]

Immerhin gäbe es aber doch auch in *Lotte in Weimar* nicht wenige Stellen, die man unter der Überschrift *Goethe und die Juden* rubrizieren könnte. So, *Goethe und die Juden*, lautete der Titel eines 1925 erschienen Buchs, das dessen Verfasser, Heinrich Teweles aus Prag, Thomas Mann »verehrungsvoll« gewidmet hatte. Dieses »schöne[ ], warme[ ] und kluge[ ] Buch[ ]«[18] sollte er in *Lotte in Weimar* wie auch wieder in seinen späten Goethe-Reden weidlich ausschlachten (ganz besonders in *Goethe und die Demokratie* alias *Goethe and Democracy*).

So übernahm er von Teweles neben etlichen anderen Aperçus in seinen Roman etwa das Notat: »Judensprache hat etwas Pathetisches«,[19] das er sich eigens angestrichen hatte. Daraus ließ er seinen Goethe eine größere Einlage spinnen,

---

[17] Vgl. Yahya Elsaghe: Thomas Mann auf Leinwand und Bildschirm. Zur deutschen Aneignung seines Erzählwerks in der langen Nachkriegszeit, Berlin/Boston: de Gruyter 2019, S. 227.

[18] Thomas Mann: Brief vom 1. Februar 1925 an Heinrich Teweles, TMA.

[19] Heinrich Teweles: Goethe und die Juden, Hamburg: Gente 1925, S. 29.

in der dieser dem Pathetischen freilich seine etymologische, die Bedeutung des griechischen Worts für Leid und Leiden abgewinnt oder zurückgibt; wobei diese etymologisch hergestellte Assoziation von Judentum und Leiden seinerzeit natürlich mit Blick auf die Zustände in Deutschland eine bedrückende Aktualität hatte:

> Er äußerte sich über die Eigenart jenes merkwürdigen Volkes mit abrückender Ruhe und leicht belustigter Hochachtung. Die Juden, sagte er, seien pathetisch, ohne heroisch zu sein; das Alter ihrer Rasse und Bluterfahrung mache sie weise und skeptisch, was eben das Gegenteil des Heroischen sei, und wirklich liege eine gewisse Weisheit und Ironie selbst im Tonfall des einfachsten Juden – nebst entschiedener Neigung zum Pathos. Dies Wort aber sei hier genau zu verstehen, nämlich im Sinne des Leidens, und das jüdische Pathos eine Leidensemphase [...]. (ebd., 406)

Hierher gehört des Weiteren ein bei Teweles referiertes Gespräch mit dem Hofjuristen und späteren Kanzler Friedrich von Müller. Darin soll Goethe gesagt haben: »Verpflanzt und zerstreut wie die Juden in alle Welt müssen die Deutschen werden, um die Masse des Guten, die in ihnen liegt, ganz und zum Heile aller Nationen zu entwickeln.«[20]

Die Stelle muss es Thomas Mann besonders angetan haben. Denn er hat sie sich auch nochmals in Goethes Gesammelten Gesprächen angestrichen, die er sich übrigens doppelt anschaffte. (Überhaupt stammt das Arsenal an Goethe-Zitaten, aus dem Thomas Mann zeit seines Lebens schöpfte, zu einem verstörend großen Teil aus dessen Gesprächen,[21] namentlich aus den ›Werkstattgesprächen‹ mit Eckermann,[22] die er ihrerseits mehrfach erwarb – also aus einer eigentlich eher oder sogar sehr trüben Quelle, die aber für Mann und seinesgleichen sakrosankt gewesen zu sein scheint, seitdem Friedrich Nietzsche dieses angeblich überhaupt »beste[] deutsche[] Buch[]« im Aphorimus vom *Schatz der deutschen Prosa* quasi heiliggesprochen hatte.[23])

Dem überlieferten Zitat, das er in *Lotte in Weimar* gleich zwei Mal aufgriff, gab der Exulant eine besondere Wendung. Er bezog es unter der Hand auf eine den Deutschen unmittelbar drohende Zukunft. Ihrem »Nationalismus, ihrem

---

[20] Ebd., S. 28.

[21] Yahya Elsaghe: Einleitung, in: Thomas Mann: Goethe, hrsg. v. Yahya Elsaghe und Hanspeter Affolter, Frankfurt/Main: Fischer 2019 (= Fischer Klassik), S. 7–58, hier S. 11 f.

[22] Vgl. Stephan Porombka: Der Eckermann-Workshop. Die Gespräche mit Goethe als Einübung in die Literatur der Gegenwart, in: ders. / Wolfgang Schneider / Volker Wortmann (Hgg.): Kollektive Kreativität, Tübingen: Francke 2006 (= Jahrbuch für Kulturwissenschaften und ästhetische Praxis, Bd. 1), S. 138–159.

[23] Friedrich Nietzsche: Der Schatz der deutschen Prosa, in: ders.: Menschliches, Allzumenschliches. Ein Buch für freie Geister, Zweite Abteilung: Der Wanderer und sein Schatten, Leipzig: Naumann ⁹1900 (= Werke, Abt. I, Bd. 3), S. 257, Nr. 109; mit Lesespur in Thomas Manns Handexemplar.

Hochmut, ihrer Unvergleichlichkeitspuschel, ihrem Haß auf Einreihung und Gleichstellung« (10.1, 592) hielt er eine Position entgegen, die so oder so ähnlich beim historischen Goethe ebenfalls zu finden war und die er sich bei Teweles wieder eigens markiert hatte.[24] In einer Figurenrede auch des anderen, *noch später verfilmten Exilromans* sollte sie wiederkehren, im *Doktor Faustus*; aber wiederum, wie nachgerade zu erwarten oder zu befürchten, nicht in dessen Verfilmung. Sie zählte aber auch zu den sei es ureigenen oder sei es angeeigneten Überzeugungen des späten Thomas Mann. Gemeint ist die Vorstellung von einer Wesens-, Schicksals- oder Zwangsverwandtschaft des deutschen und des jüdischen »Samens« (9.2, 735; 9.1, 410) oder »Geblütes« (9.2, 735) (auf dieses Wort, ›Geblüt‹, wich Thomas Mann zunehmend aus, seit der Begriff ›Rasse‹ mehr und mehr kompromittiert wurde):

… das Schicksal wird […] sie [scil. die Deutschen] über die Erde zerstreuen wie die Juden, – zu Recht, denn ihre Besten lebten immer bei ihnen im Exil, und im Exil erst, in der Zerstreuung werden sie die Masse des Guten, die in ihnen liegt, zum Heile der Nationen entwickeln und das Salz der Erde sein … (9.1, 335)

Nichts davon ist in Günthers Verfilmung der Tischreden stehen geblieben. Stehen blieb nur gerade das Wort von den Deutschen als einem vertrackten Volk, das es seinen Propheten so schwer mache wie die Juden den ihren – eine von Thomas Mann ebenfalls aus Teweles herangezogene und dort eigenhändig unterstrichene Stelle[25] –, mitsamt dem Eigenlob der deutschen Weine (ebd., 397). Weiter wird der bei Mann sehr viel breiter angelegte Vergleich der Deutschen mit den Juden nicht ausgezogen. Alles andere fällt buchstäblich unter den Tisch.

Und unter den Tisch fiel vor allem auch, was in *Lotte in Weimar* D) direkt auf den deutschen Antisemitismus gemünzt war. So in Form von Goethes übrigens wiederum weitgehend authentischer Schilderung des spätmittelalterlichen Pogroms von Eger (wobei diese Erzählung hier ausführlicher und einlässlicher, auch sarkastischer gehalten bleibt als in der bei Teweles zitierten Quelle, einer Konversation Goethes mit einem Egerländer Lokalhistoriker[26]). Damit nahm Thomas Mann indirekt, aber unmissverständlich und dezidiert Stellung zu dem, was sich im Deutschland der späteren Dreißigerjahre abspielte; was eben auch mit erklärt, warum *Lotte in Weimar* so lange warten musste, um verfilmt

---

[24] Vgl. Teweles: Goethe und die Juden, S. 28; in Thomas Manns Handexemplar mit zwei Ausrufezeichen versehen und ebenso angestrichen wie die Originalstelle des Gesprächs vom 14.12.1808 mit Friedrich von Müller, das Teweles hier (etwas ungenau) zitiert: Woldemar von Biedermann (Hg.): Goethes Gespräche, Leipzig: Biedermann 1889–1896, Bd. 2: 1805–1810, S. 232.

[25] Vgl. Teweles: Goethe und die Juden, S. 29 f.

[26] Vgl. Teweles: Goethe und die Juden, S. 48.

zu werden, mehr als zwei Jahrzehnte länger denn ein vom literaturkritischen Standpunkt aus sicherlich nicht ebenbürtiger Roman wie *Königliche Hoheit*, – vom *chef d'œuvre* des *Doktor Faustus* ganz zu schweigen, bei dem es ja beinahe drei Jahrzehnte werden sollten.

In Günthers Film fehlen alle Stellen, an denen der Roman hätte vor Augen führen können, dass der antisemitische Rassismus in deutschen Landen eine längere Vorgeschichte hatte und dass folglich auch die sogenannte Dimitroff-These von der Wesensidentität des Faschismus und des Finanzkapitalismus vielleicht doch nicht so ganz stimmte. – Man könnte solchen Streichungen natürlich zugutehalten, dass die gespielte Zeit der Romanverfilmung die Erzählzeit des Romans notgedrungen stark raffen müsse; und um hinter solchen zwangsläufigen Kürzungen gleich Methode und System auszuwittern, müsse einer zu paranoiden Konspirationstheorien neigen. Ein bequemer Einwand, der sich aber in diesem besonderen Fall hieb- und stichfest widerlegen lässt.

Die Unterdrückung der Stellen, welche die schändlichste Episode der deutsch-jüdischen Geschichte evozieren, passierte nachweislich nicht einfach aus zeitökonomischen Gründen, aus einer Notwendigkeit, die Erzählzeit des Hunderte von Seiten starken Romans auf die Spielzeit eines Kinofilms zu verjüngen. Sondern sie erfolgten von allem Anfang an ganz gezielt und ideologisch kalkuliert. Die Systematik und die Einmütigkeit, die dahinter stehen, sind wieder schwarz auf weiß dokumentiert. Sie sind geradeso aktenkundig wie in der früheren, bundesrepublikanischen Verfilmungsgeschichte zum Beispiel eine Vertragsklausel, die dem vormals jüdischen Personal von *Wälsungenblut* zu einer lupenrein arischen Genealogie verhalf,[27] oder wie der bei der Verfilmung von *Königliche Hoheit* a limine gefasste Vorsatz, das »nationale Unterbewusstsein« quoad Judentum und Antisemitismus nicht weiter zu behelligen.[28] Denn Dieter Wolf, Hauptdramaturg der ›Gruppe Babelsberg‹, schrieb schon in seiner Stellungnahme zu Günthers Szenarium des geplanten Films, indem er von einer »Ausweitung der gedanklichen Disputation« abriet und dafür zwischen Klammern »beispielsweise« einzig und allein nur dieses eine Beispiel anführte: »die Diskussion des Antisemitismus und seiner Ursachen und Folgen«, die der Hauptdramaturg im gebilligten Szenarium demnach durchaus nicht vermisste, sei »nicht nur aus Längegründen überaus problematisch«.[29]

Quid erat demonstrandum? Gerade auch in ihrer Vorsätzlichkeit entspre-

---

[27] Vgl. Elsaghe: Thomas Mann auf Leinwand und Bildschirm, S. 110.

[28] Jochen Huth: Anmerkungen zum Blueprint »Königliche Hoheit« VI, Seiten 44–56 vom 24. Januar 1953, S. 1, Filminstitut Hannover, Signatur FAB 101, »Königliche Hoheit«. Treatment von Jochen Huth.

[29] Dieter Wolf: Stellungnahme zum Szenarium, 22. November 1973, Bundesarchiv, Berlin-Lichterfelde.

chen die Kürzungen und Verkürzungen des Romantexts dem, was schon in
der anderen Hälfte Deutschlands geleistet respektive versäumt worden war.[30]
Mochte sich die deutsch-deutsche Rivalität auch und noch so erbittert als Streit
um eine Deutungshoheit über das Werk Thomas Manns abspielen: In der Art
und Weise, wie Günther mit den heiklen, für die Deutschen wenig schmei-
chelhaften Stellen des Romans verfuhr, hat der Film *Lotte in Weimar* den
Thomas-Mann-Verfilmungen des bundesdeutschen Klassenfeinds nicht viel
voraus.

Auch hier ist alles bereinigt, was irgendwie an das infame Intervall der deutschen Geschichte erinnern konnte, in das die formativen Jahre des Regisseurs
und seinesgleichen gefallen waren. In Hinblick namentlich auf die Konfrontation mit dem Nationalsozialismus oder auf die Adressierung »des Antisemitismus und seiner Ursachen und Folgen« unterscheidet sich sein Film kaum von
den bundesrepublikanischen Thomas-Mann-Verfilmungen, weder von dem
halben Dutzend, das ihm vorausgegangen war, noch auch von dem ›guten‹
halben Dutzend, das noch folgen sollte. Während dort, in der Bundesrepublik,
Manns frühe Affirmationen antisemitischer Vorurteile eskamotiert sind, ist es
hier, in der DDR, sogar der kritische Abstand, den der spätere Thomas Mann
zu solchen Vorurteilen und ihrer politischen Ausbeutung gewann.

---

[30] Vgl. Elsaghe: Thomas Mann auf Leinwand und Bildschirm, S. 78–224.

Michael Grisko

Visuelle Kanonisierung in Film und Fernsehen und ein inszeniertes Staatsbegräbnis als Teil deutsch-deutscher Kulturpolitik. Heinrich Mann, der Autor und sein Werk im Kalten Krieg

Der spätestens im Zuge der doppelten deutsch-deutschen Staatsgründung[1] im Mai und Oktober 1949 einsetzende »Kalte Krieg« wurde nicht nur auf dem »Schlachtfeld« der Diplomatie, der Spionage oder der politischen Institutionen ausgetragen. Alle Bereiche der Kultur – vom Theater über den Film und die bildende Kunst bis hin zur Literatur – wurden nach und nach von der symbolischen und ganz realen Konfrontation der gesellschaftlichen Ideen und Systeme erfasst.

Diese Konfrontation zielte nicht nur auf intellektuelle Deutungshoheiten und Meinungsführerschaften, auf Fragen der nationalen Identitätspolitiken, die auf mentale Narrative hinarbeiteten und damit auf der Ebene symbolischer Akte zu verorten waren, sondern sich auch in ganz konkreten institutionellen und damit materiellen Verortungen – von dem Archiv über das Denkmal bis hin zum Kinofilm – niederschlagen konnten. Im Falle Heinrich Manns waren es beide Ebenen, die sich systematisch ergänzten.[2]

Dieser im Laufe der staatlichen Entwicklung unterschiedliche Themen und Ziele ausprägende »Kampf der Systeme« wurde – letztlich nicht militärisch, sondern – in den Feuilletons und in den kulturellen und politischen Institutionen über Beschäftigung und Verurteilung, über Veröffentlichung und Verbote, über Auszeichnung und Verdammung ausgetragen. Vor dem Hintergrund einer Wiedereröffnung und dem Weiterbetrieb kultureller Institutionen – vom Kino über die Literatur bis zum Theater – erhielt dieser Prozess seine spezielle personelle und institutionelle Dynamik; einerseits durch die Bedeutung, Stimme und mögliche Rückkehr der Exilanten[3] und andererseits durch die in Deutschland verbliebenen, z.T. für die Nationalsozialisten arbeitenden Künstlerinnen und Künstler, die nun auch ihren Anteil bei Neuanfang bzw.

---

[1] Christoph Kleßmann: Die doppelte Staatsgründung. Deutsche Geschichte 1945–1955. Göttingen: Vandenhoeck und Ruprecht 1991.

[2] Dabei kann die Frage, ob ein zentralistisch organisierter Staat, der über zahlreiche direkte Regel- und Kontrollmechanismen verfügt, diese Diskussion gezielter und aktiver steuern kann als ein dezentral organisiertes System nicht beantwortet werden.

[3] Vgl. zu Re-Migration: Michael Grisko/Henrike Walter (Hg.): Verfolgt und umstritten. Remigrierte Künstler im Nachkriegsdeutschland. Frankfurt/Main: Lang 2011.

Fortführung beanspruchten. Neben diesen personellen Fragen wurden auch Themen und Ästhetiken zur Debatte gestellt – ggf. auch in Fortführung des durch die Nationalsozialisten initiierten Bruchs mit der Kulturgeschichte der Moderne, der Avantgarde der 1910er- und 1920er-Jahre, aber auch in Abgleich und Unterordnung der Themen und Ästhetiken im Hinblick auf neue gesellschaftliche Ideen und deren zugrundeliegenden Ideologien.

In dieser Gemengelage des kulturpolitischen Felds suchte die Deutsche Demokratische Republik, der neugegründete und zunächst ohne geschichtliche Verortung und Wurzeln auftretende sozialistische Staat, nach Ahnherren und adaptierbaren Traditionen, die Legitimation, Selbstbewusstsein und ein eigenes Narrativ bzw. Narrative nach innen und außen versprachen und begründen sollten.[4]

Zu den wichtigsten im Laufe der 40 Jahre währenden Staatsgeschichte aufgerufenen Narrative zählten der »Kampf für den Sozialismus«, der von Völkerverständigung und Kampf für den Weltfrieden geleitete »Antifaschismus« und »Antiimperialismus«, der als Teil des Klassenkampfes natürlich auch ein Kampf gegen den Kapitalismus und den ihm innewohnenden Drang zur Entfremdung und Ausbeutung der Werktätigen beinhaltete.[5] Kulturpolitik ist vor diesem Hintergrund als integraler und flankierender Bestandteil einer auf die Veränderung der politischen und wirtschaftlichen Grundlage zielenden gesamtstaatlichen Handlungsweise zu verstehen.

Vor diesem Hintergrund wird klar, dass diese Form der Kulturpolitik zwar auf die Gegenwart und die in der Gegenwart gelegten Wurzeln für die Zukunft zielt, sie aber gleichzeitig eine Haltung zur Geschichte entwickeln muss – noch viel mehr, wenn man davon ausging, dass der Sozialismus als Vorstufe des Kommunismus nur eine Phase in einem geschichtlichen Prozess sei.

Da Politik in modernen Gesellschaften vielfach ein öffentlicher Prozess ist, wenn nicht der Aushandlung doch mindestens der Umsetzung, braucht es geeignete mediale Verbreitungsmöglichkeiten und Manifestationen, um diese Angebote, die ggf. auch als symbolische Inszenierungen bereitgestellt werden, zur Diskussion zu stellen und zu verbreiten. Der Kinofilm und ab Mitte der 1950er-Jahre das Fernsehen boten dafür hervorragende Voraussetzungen. Im Folgenden sollen zwei Zeugnisse des audio-visuellen Diskurses, zum einen der Film *Der Untertan* (1951), zum anderen ein Fernsehbericht aus dem Jahr 1961 anlässlich der Heimkehr der Urne Heinrich Manns aus Amerika nach Ost-Berlin, als markante Angelpunkte eines Diskurses um die Person des Schrift-

---

[4] Vgl. zur Kulturpolitik und -geschichte neuerdings: Gerd Dietrich: Kulturgeschichte der DDR. Göttingen: Vanderhoeck und Ruprecht 2018.
[5] Die auf alle Bereiche des gesellschaftlichen Lebens der DDR übertragene Metapher des Kampfes ist bislang in ihrer politischen Instrumentalisierung, ihrer Wirkungsdimension und Diskursmächtigkeit noch nicht untersucht worden.

stellers genutzt werden, der im Kern auf die Frage von Deutungshoheiten, Vereinnahmungspolitiken und Instrumentalisierungen im Kalten Krieg zielt.[6] Und natürlich war dieser Umgang mit der »Aneignung des kulturellen Erbes« ein dynamischer Vorgang. Die Rezeption von Künstlerinnen und Künstlern aller Art – ob lebend oder bereits verstorben – und deren Werk erfolgte vor dem Hintergrund aktueller gesellschaftlicher Notwendigkeiten und politischer Zielstellungen. Dies konnte bedeuten, dass nur bestimmte Ausschnitte aus dem jeweiligen Œuvre und/oder der Biografie und das in bestimmter Weise in den wissenschaftlichen und öffentlichen Diskurs eingebracht – oder auch gezielt vergessen bzw. weggelassen – wurden.[7]

Rechts oder links, West oder Ost? »Heinrich Mann ist unser.«[8]

Auch der 1871 in Lübeck geborene und 1950 in Santa Monica (USA) gestorbene Kaufmannssohn Luiz Heinrich Mann wurde Teil dieser konfrontativen und ideologischen Kulturpolitik der Nachkriegszeit. Er war von der Ostberliner Regierung »dazu ausersehen, der neuen Einheit von linkem Geist und fortschrittlicher Volksmacht zu präsidieren.«[9]

Schon während des seit Februar 1933 währenden Exils, das er zunächst in Frankreich und schließlich in den USA verbrachte, gab es aufgrund seiner dortigen Aktivitäten, etwa in der Volksfront, verschiedene Kontakte mit den später in der DDR verantwortlichen Funktionären, z.B. mit Walter Ulbricht

---

[6] Dieser Aufsatz ist Teil eines Forschungsprojektes, das einerseits frühere Forschungen zum Film *Der Untertan* fortsetzt (Michael Grisko: Der Untertan – revisited. Berlin: Berz + Fischer 2007 und ders.: Heinrich Mann und der Film. München: Meidenbauer 2008), andererseits erstmals die konkrete institutionelle Rezeption Heinrich Manns von 1945 bis zum Mauerbau 1961 in Ostdeutschland aufarbeitet.

[7] Ein überaus plastisches Beispiel für die mit einzelnen Personen verbundenen Rezeptionsdynamiken bietet einerseits der Blick auf Martin Luther, der verbunden mit den großen Lutherfeierlichkeiten in der DDR ab 1983 salonfähig wurde, und andererseits der Wandel der medialen Darstellung eines anderen Protagonisten der ›frühbürgerlichen Revolution‹, Thomas Müntzer (vgl. dazu etwa: Michael Grisko: Thomas Müntzer in Film und Fernsehen. Mühlhausen: Thomas-Müntzer-Gesellschaft 2012). Eine erste Bestandsaufnahme der audiovisuellen Auseinandersetzung mit historischen und gegenwärtigen Persönlichkeiten im Kino der DDR liefert der in Arbeit befindliche Band: Michael Grisko/Günther Helmes (Hg.): Biografische Filme der DEFA. Leipzig: Leipziger Universitätsverlag (voraussichtlich 2020).

[8] »Wir, die wir das Glück hatten, mit Heinrich Mann zusammenzuarbeiten, wissen seine edle Gesinnung, seine tiefe Überzeugung vom endlichen Sieg des Antiimperialismus, der Demokratie und des Sozialismus hoch zu schätzen … Heinrich Mann ist unser.« Walter Ulbricht, zitiert nach: DDR. Heinrich Mann. Nur im Osten. Spiegel, Nr. 6/1971, S. 59.

[9] Manfred Jäger: Kultur und Politik in der DDR. 1945–1990. Köln: Edition Deutschland Archiv 1994, S. 17.

(1893–1973)[10], Paul Wandel (1905–1995)[11]oder Alexander Abusch (1902–1982)[12], der bereits 1942 im Exil mit Heinrich Mann Kontakt aufgenommen hatte, damit sich dieser für inhaftierte Schriftsteller verwenden solle.[13] Daran und an seine engagierte und kritische Haltung knüpften die öffentlichen und inoffiziellen Bemühungen an, ihn nach dem Ende des Krieges zur Rückkehr in die DDR zu bewegen.[14]

Zusammen mit Arnold Zweig stand Heinrich Mann für eine links-liberale Tradition bürgerlicher Literatur, die in Kaiserreich und Weimarer Republik für eine kritische Haltung stand.[15] Beide hatte den Vorteil einer herausragenden Popularität, die den Krieg überdauert hatte, auch wenn Heinrich Mann im amerikanischen Exil immer stärker von Möglichkeiten der Veröffentlichung und damit verbundener literarischer Öffentlichkeit ausgeschlossen war. Bekannt geworden durch zahlreiche Romane, Erzählungen, Theaterstücke und Essays, die sich kritisch mit der Gegenwartsgesellschaft in Kaiserreich und Weimarer Republik beschäftigten, etwa mit den Romanen *Professor Unrat oder Das Ende eines Tyrannen* (1905), *Der Untertan* (1914/18) und *Die große Sache* (1930) gehörte Heinrich Mann tatsächlich nicht nur zu den Autorinnen und Autoren, die gegen das autoritäre Kaiserreich opponierten und sich für die Räterepublik in München engagierten. Im Laufe der 14 Jahre währenden Demokratie von Weimar setzte er sich u.a. für den Dialog mit Frankreich und nicht zuletzt für eine demokratische, allen Bevölkerungsschichten zugängliche Kultur ein.[16]

Dies wird in der offiziellen Stellungnahme der DDR-Regierung anlässlich seines Todes deutlich:

---

[10] Von 1950 bis 1971 stand Walter Ulbricht an der Spitze des Zentralkomitees der SED und besaß die höchste politische Entscheidungsgewalt.

[11] Von 1945 bis 1949 war Paul Wandel Präsident der Deutschen Zentralverwaltung für Volksbildung und von 1949 bis 1952 der erste Minister für Volksbildung der DDR.

[12] Von 1948 bis 1950 war Alexander Abusch Mitglied des Parteivorstandes der SED. 1949 wurde er Vizepräsident des Kulturbundes und hauptamtlicher Mitarbeiter des Zentralkomitees der SED.

[13] Brief von Alexander Abusch an Heinrich Mann, 6.2.1942, hier zitiert nach: Sigrid Anger (Hg.): Heinrich Mann 1871–1950. Werk und Leben in Dokumenten und Bildern. Berlin/Weimar: Aufbau, 2. Aufl. 1977, S. 318–320.

[14] Vgl. Jörg Bernhard Bilke: Heinrich Mann und die DDR. In: Klaus Matthias (Hg.): Heinrich Mann 1871/1971. München: Fink 1973, S. 367–384.

[15] Diese nahm in der Rezeption eine Sonderstellung ein, weil sie eben nicht auf explizit linken bzw. sozialistischen Traditionen fußte.

[16] Dazu gehörte u.a. sein kurzes Engagement beim »Volksverband für Filmkunst«, der sich gegen den Kino-Mainstream und für ein kritisches Kino einsetzte und später von der linken Filmbewegung übernommen wurde. Vgl. dazu: Michael Grisko: Heinrich Mann und der Film. München: Meidenbauer 2008, S. 81–129.

Heinrich Mann hat durch seine gesellschaftskritischen Romane dem imperialistischen kaiserlichen Deutschland die Maske vom Gesicht gerissen. Er gehörte zu der allzu geringen Schar jener führenden deutschen Intellektuellen, die sich zusammen mit der Arbeiterschaft bemühten, die Weimarer Republik in eine wirkliche Volksrepublik zu verwandeln. Auf ihn konzentrierte sich der Haß der Nazidiktatur, die ihn, den Präsidenten der Deutschen Dichterakademie, außer Landes trieb.[17]

Dabei wurden die unterschiedlichsten inhaltlichen und persönlichen Anknüpfungspunkte als Argumente bemüht. So weist der »Spiegel« 1971 im Zuge einer Abrechnung mit den Feierlichkeiten der DDR zu Heinrich Manns 100. Geburtstag darauf hin:

Denn stärker als Bruder Thomas hatte sich Heinrich Mann in der Emigration mit Kommunisten wie Sozialisten verbunden. 1936 war er schließlich in Paris vom sozialistischen ›Emigrantenausschuß zur Vorbereitung einer deutschen Volksfront‹ zum Präsidenten gewählt worden.[18]

Nach dem Exil ist vor der Entscheidung – Strategien der kulturpolitischen Vereinnahmung

Nach dem Ende des Zweiten Weltkriegs ist neben der (bekennenden und damit zwingend aktiven) Haltung in der Tagespolitik ein wichtiger Bezugspunkt die Frage der Veröffentlichung der Werke Heinrich Manns. Während sich das englischsprachige Ausland von 1933 bis 1945 schwer tat mit seinen Romanen und Essaybänden, druckt und überweist die Sowjetunion während des Krieges – wenn auch unregelmäßig – Honorare.

Nach 1945 ist es vor allem der ostdeutsche Teil, genauer der am 16. August 1945 gegründete »Aufbau-Verlag«, der schnell und in hohen Auflagen Teile aus Heinrich Manns Werk nachdruckt – zunächst die Romane *Der Untertan*[19] und *Professor Unrat* – und somit für Aufmerksamkeit, Reputation und erste Honorarzahlungen sorgt. Heinrich Manns *Untertan* gehörte zu den Top 5 der DDR-Belletristik der ersten Stunde im Aufbau-Verlag.[20] Ziel dieser von Seiten der Regierung verfolgten Strategie, dieses »Rufs an die Emigranten« war es, die Kultur »als Dolmetscher der Erneuerung«[21] einzusetzen und gleichzeitig die

---

[17] Trauerbotschaft der Regierung als Ergebnis der außerordentlichen Sitzung des Ministerrates der Deutschen Demokratischen Republik, hier zitiert nach: Klaus Matthias (Hg.): Heinrich Mann 1871/1971. München: Fink 1973, S. 351.

[18] DDR. Heinrich Mann. Nur im Osten. Spiegel, Nr. 6, 1971, S. 58.

[19] Im April 1947 war der Roman *Der Untertan* bereits 30.000 mal verkauft und die nächste Auflage von 20.000 befand sich schon in der Druckerei. Heinrich Mann hatte wieder sein Publikum. Vgl. dazu: Michael Grisko: Der Untertan – revisited. Berlin: Bertz + Fischer 2007, S. 21.

[20] Michael Grisko: Heinrich Mann und der Film. München: Meidenbauer 2008, S. 328.

[21] Werner Mittenzwei: Literatur und Politik in Ostdeutschland 1945–2000. Berlin: Aufbau 2003, S. 39 und 28.

Deutschen mit der Literatur der Zwischenkriegszeit bekanntzumachen, dafür wurde u.a. der »Kulturbund« gegründet, der ein intellektuelles Sammelbecken für Exilanten und Daheimgebliebene war.

Mit den Äußerungen zur Sowjetunion stellte sich Heinrich Mann in die Nähe der Ostzone: »Die Sowjet-Union liebe ich voll gegenwärtig. Sie ist mir nahe und ich ihr. Sie liest mich massenhaft, gibt mir zu leben, und ich sehe ihr zu, als wäre sie schon die Nachwelt, die mich kennt.«[22] Forciert wird dieses Bekenntnis durch die spätere Charakterisierung Heinrich Manns der DDR als ein »Deutschland der Zukunft.«[23] Auch wenn diese z.T. aus dem Zusammenhang gerissenen Äußerungen im Kontext manchmal anders als ideologische Bekenntnisse gelesen werden mussten, sorgte die polarisierende Stimmung doch für die nötige Zuordnung, die nur ein »entweder oder« und nicht ein »sowohl als auch« kannte.

Parallel dazu war es die Tagespolitik, in die sich Heinrich Mann einmischte. In einem »Aufruf an das Volk in Berlin«, vom 9. Mai 1945, unterschrieben von 66 Intellektuellen, entworfen von Heinrich Mann, wird ein Übergang der Industrie in die öffentliche Hand, eine revolutionäre Haltung gefordert, gegen die Unterdrückung der Arbeiter und gegen eine Klassengesellschaft opponiert. Heinrich Mann schreibt: »Kämpft unerbittlich für einen Staat, der dem Volk nicht nur verantwortlich, der verkörpert ist in ihm.«[24]

Ehrendoktor mit Zentralheizung – Deutsche Traditionen und Neuanfang in der Nachkriegszeit

Jenseits dieser Bekenntnisse engagierten sich die kulturpolitisch Verantwortlichen in der SBZ aktiv um die Rückkehr Heinrich Manns. Bereits im März 1946 erfolgt das erste öffentliche und aktive Angebot an den Schriftsteller. Dies war ein äußerst starkes Zeichen gleich in mehrfacher Hinsicht. Die in Weimar erscheinende, ›überparteiliche‹ Zeitung *Abendpost* veröffentlichte als erste deutsche Zeitung die Geburtstagsadresse des Landes Thüringen an den

---

[22] Heinrich Mann: Autobiographischer Brief, 3. März 1943, hier zitiert nach: Sigrid Anger (Hg.): Heinrich Mann 1871–1950. Werk und Leben in Dokumenten und Bildern, 2. Aufl. Berlin/Weimar: Aufbau 1977, S. 325f.

[23] Heinrich Mann an die Volksverwaltung für Volksbildung, 30. März 1949, hier zitiert nach: Sigrid Anger (Hg.): Heinrich Mann 1871–1950. Werk und Leben in Dokumenten und Bildern, 2. Aufl. Berlin/Weimar: Aufbau 1977, S. 345.

[24] An das Volk von Berlin. In Freies Deutschland, Mexiko, Sondernummer, 9. Mai 1945, hier zitiert nach: Sigrid Anger (Hg.): Heinrich Mann 1871–1950. Werk und Leben in Dokumenten und Bildern, 2. Aufl. Berlin/Weimar: Aufbau 1977, S. 321f.

in der Emigration in den Vereinigten Staaten lebenden Schriftsteller Heinrich Mann. Darin heißt es:

Zu ihrem 75. Geburtstag grüßt Sie das Land Thüringen in herzlichster Verbundenheit. Deutschland schätzt sie nicht nur als einen unserer bedeutendsten Erzähler, sondern vor allem auch als einen von tiefer Verantwortung erfüllten Essayisten. Ihre Stimme wurde zum lebendigen Gewissen Deutschlands außerhalb seiner Grenzen.

Dieser Gewissenstimme möchten wir nicht mehr entraten. Deshalb bitten Sie das Land Thüringen und sein Kulturbund im Namen aller sich dem Kultur-Aufbau verpflichtet fühlenden Deutschen, baldigst in ihr Vaterland zurück zu kehren und ihren Wohnsitz im Herzen Deutschlands zu nehmen. Wir bieten Ihnen Wohnrecht auf der Wartburg an. Von dieser Kultstätte soll ein neuer, vorwärtsweisender Geist der Humanität ausgehen. Kinder dieses Geistes zu sein, sind Sie besonders berufen.

Wir hoffen auf ein baldiges Wiedersehen![25]

Unterschrieben war dieser Aufruf von Dr. Paul, Präsident des Landes Thüringen, und Ricarda Huch, Ehrenvorsitzende des Kulturbundes zur demokratischen Erneuerung Deutschlands Landesverband Thüringen, und Theodor Plivier, Landesleitung Thüringen des Kulturbundes zur demokratischen Erneuerung Deutschlands.

Symbolträchtiger konnte die Einladung nicht sein. War die Wartburg doch nicht nur seit der Bibelübersetzung Martin Luthers 1521 das Symbol der Einheit der deutschen Nation, auch die gesuchte mediale Öffentlichkeit setzte ein entsprechendes Zeichen. Es wäre ein symbolisches Bekenntnis zu Deutschland erster Güte, mit starker öffentlicher Wirkung und ein topographisches Bekenntnis in einer imaginären Linie Martin Luther – Johann Wolfgang v. Goethe – Heinrich Mann. Schnell legte auch der Verleger Gustav Kiepenheuer aus Weimar nach und kündigte die Veröffentlichung eines Essaybandes *Geist und Tat* und des 1930 bei ihm verlegten Romans *Die große Sache* an.[26]

In der Tat entwickelten die kulturpolitisch Verantwortlichen eine Vielzahl aufeinander abgestimmter Angebote, die konkret nicht nur eine Verbesserung der materiellen Lebens- und Arbeitsbedingungen, sondern auch eine Rehabilitierung des Werkes und damit auch eine Nobilitierung des noch jungen sozialistischen Staates zur Folge haben sollte. Dies korrespondierte mit der allgemein beobachtbaren Tendenz, das nach einer Zeit des Rückblicks, der

[25] Zitiert nach: Volker Wahl: Grüße und Glückwünsche aus Thüringen für Heinrich Mann 1946 und 1949. Eine Dokumentation. In: Heinrich Mann Jahrbuch 14/1996. Lübeck 1997, S. 211–224, S. 212.

[26] Gustav Kiepenheuer an Heinrich Mann, 31. Mai 1946, hier zitiert nach: Volker Wahl: Grüße und Glückwünsche aus Thüringen für Heinrich Mann 1946 und 1949. Eine Dokumentation. In: Heinrich Mann Jahrbuch 14/1996. Lübeck 1997, S. 211–224, S.220f.

Diskussion der Wertigkeit von innerer Emigration und Exil, nun der Blick verstärkt auf das Zukunftshandeln ausgerichtet wurde; nicht zuletzt die mit der Währungsreform angekündigte Zwei-Staaten-Lösung erhöhte den Druck zum Bekenntnis.

Aber noch zweifelte Heinrich Mann:

Solange die Dinge für Deutschland gut gingen, ist meiner nur einmal gedacht worden: 1940 wurde ich totgesagt. Jetzt, 1946, soll ich erstens auf der Wartburg wohnen (mit Centralheizung). Zweimal bin ich dringend nach Berlin berufen; dort gäbe es mehr für mich zu tun. Leider sehe ich nicht deutlich, was. Und das Wiedersehen mit so vielen Feinden, die sich verstellen oder nicht, beides peinlich. Ich habe den Nachteil, daß ich nicht hassen kann, ich bin nur degouté von meinen Feinden.[27]

Bei Heinrich Mann, der sich nicht entschließen konnte oder wollte, sein Exil in den USA mit den neuen Möglichkeiten im Osten Deutschlands zu vertauschen, verstärkte man nun die Bemühungen. Im Jahr 1946 wurde ihm in Abwesenheit die Ehrendoktorwürde der Humboldt-Universität verliehen, im Oktober des gleichen Jahres trug man Heinrich Mann an, ihn bei seiner Rückkehr zum Präsidenten der Deutschen Akademie der Künste zu machen. Diese Schritte dienten der akademischen und intellektuellen Nobilitierung seiner Person. Sein Schriftstellerkollege Johannes R. Becher schrieb ein Jahr später: »Ich möchte nicht verfehlen, ihnen nochmals mitzuteilen, wie sehr wir auf Ihre Rückkehr warten.«[28]

Parallel zur Verleihung des hochdotierten und wichtigsten Kunstpreises der DDR, dem Nationalpreis 1. Klasse, schreibt der Mitbegründer der SED und spätere Präsident der DDR, Wilhelm Pieck, am 23. Mai 1949 an Heinrich Mann und verstärkt so den Druck:

In Übereinstimmung mit den fortschrittlichen Kräften des neuen Deutschland bitte ich Sie, nach Deutschland zurückzukehren und das Präsidium der Deutschen Akademie der Künste zu übernehmen. (...) In der Erkenntnis der außerordentlichen Bedeutung Ihrer Mitarbeit am demokratischen Aufbau wird es uns eine Ehrenpflicht sein, noch vor Ihrer Ankunft dafür zu sorgen, daß Ihnen die besten Arbeits- und Lebensmöglichkeiten geschaffen werden und jeder Ihrer Wünsche erfüllt wird.[29]

---

[27] Heinrich Mann an Carl Rössler, Juni 1946, zitiert nach: Christina Möller: »Nun liegen sie im Regen, meine Manuskripte.« Zur Bestandsgeschichte des Heinrich-Mann-Archivs. In: Heinrich Mann Jahrbuch 20/2002. Lübeck 2003, S. 167–196.
[28] Johannes R. Becher an Heinrich Mann, 28.10.1948, hier zitiert nach: Sigrid Anger (Hg.): Heinrich Mann 1871–1950. Werk und Leben in Dokumenten und Bildern, 2. Aufl. Berlin/Weimar: Aufbau 1977, S. 342.
[29] Paul Wandel an Heinrich Mann, 23. Mai 1949, hier zitiert nach: Sigrid Anger (Hg.): Heinrich Mann 1871–1950. Werk und Leben in Dokumenten und Bildern, 2. Aufl. Berlin/Weimar: Aufbau 1977, S. 344f.

Diese Handlungen standen im Kontext weitreichender Maßnahmen zur finanziellen Absicherung und Versorgung der Intellektuellen in der Sowjetisch-Besetzten-Zone, die neben steuerfreien Stipendien, Aufträgen und Veröffentlichungsmöglichkeiten auch Sonderläden und Ehrensold-Zahlungen (etwa über die Akademie der Künste) ermöglichte.[30] Gleichwohl offenbarte sich schon früh der Graben zwischen eingeräumten Privilegien einerseits und den verwehrten Mitspracherechten andererseits.[31]

Vom Buch zum Film, von der Ausstellung in den Kinosaal – populär-aktualisierende Kooptation eines bürgerlichen Schriftstellers

Parallel erfolgte die Anfrage, ob Heinrich Mann seinen Roman *Der Untertan* zur Verfilmung durch die DEFA freigebe[32]. Im Kontext mit den bereits erfolgten Veröffentlichungsmöglichkeiten, Angeboten und Auszeichnungen, die versorgenden, ehrenden, rehabilitierenden Charakter hatten und mehr in eine Fachöffentlichkeit wirkten, zeigte dieser Schritt, dass die DDR-Verantwortlichen nun auch eine breitere populäre Öffentlichkeit bedienen und erreichen wollten. Darüber hinaus waren mit dem Film Zahlungen weiterer Tantiemen an Heinrich Mann verbunden.

Auch die Anfrage, einer Klinik in Bad Liebenstein seinen Namen zu geben, erreichte ihn. Er stimmte dem 1949 zu und drei Jahre später wurde die Heinrich-Mann-Klinik in Bad Liebenstein eröffnet, die bis zur Wiedervereinigung als Spezialklinik für Intellektuelle geführt wurde.[33]

Heinrich Mann zweifelte, wusste, dass er nicht nur in die Mühlen des Kalten Krieges geriet, sondern sich auch mit der Vergangenheit und der revolutionären Rhetorik und Praxis der SED und deren Protagonisten auseinandersetzen musste. Die für das Frühjahr 1950 angesetzte Rückkehr verhindert sein Tod am 12. März in Santa Monica. Nur wenige Tage später reagierte die Regierung:

Der Parteivorstand der Sozialistischen Einheitspartie Deutschlands betrauert aufrichtig den Tod dieses großen Dichters und tapferen Kämpfers für die fortschrittliche Entwicklung der menschlichen Gesellschaft. Sein kritisches Werk ist eine wichtige Waffe im Kampf gegen die Überreste einer preußisch-militaristischen und nazistischen

---

[30] Werner Mittenzwei: Die Intellektuellen. Literatur und Politik in Ostdeutschland 1945–2000. Berlin: Aufbau 2003, S. 73.

[31] Diese führen zwei Jahre später in der Formalismus-Debatte, in die auch der Film *Der Untertan* (jedenfalls am Rande) geriet, zu einer Disziplinierung der Intelligenz, wobei die SED und die Sowjetische Parteiführung den Spielraum der Intellektuellen bestimmten.

[32] Vgl. dazu ausführlich: Michael Grisko: Heinrich Mann und der Film. München: Meidenbauer 2008, S. 326–340.

[33] Im Jahr 1951 wurde in Erfurt die erste Schule nach ihm benannt.

Ideologie im Deutschen Volke. Seine letzten Werke sind ein großes Zeugnis für die Gerechtigkeit der Sache, für die wir mit all unseren Kräften kämpfen.[34]

Nur 7 Tage nach Heinrich Manns Tod fand eine vom Kulturbund veranstaltete Trauerfeier im Deutschen Theater Berlin statt. Der Dichter und spätere Präsident der Akademie der Künste, Arnold Zweig, hielt die Gedenkrede. Und man hatte sich noch mehr überlegt, um den einmal eingeschlagenen Weg, das Werk und die Person Heinrich Manns als Teil der Gegenwart zu gewinnen, fortzusetzen.

So verkündete der damalige Minister für Volksbildung, Paul Wandel, den Beschluss der Regierung, Heinrich Manns literarisches Vermächtnis auf vielfältige Weise zu ehren: durch die Herausgabe der gesammelten Werke des Dichters, durch die Stiftung eines Heinrich-Mann-Preises für junge Schriftsteller und durch die Schaffung einer Büste Heinrich Manns. Eine Schule und eine Berliner Straße sollten seinen Namen erhalten.

Und der Apparat arbeitete schnell. Nur ein Jahr später erschien die erste (wenn auch knappe) Biografie[35], die Akademie der Künste veranstaltete eine große Memorial-Ausstellung[36], der Bildhauer Gustav Seitz hatte die Heinrich-Mann-Büste fertiggestellt, der DEFA-Film *Der Untertan* feierte Premiere und auch eine Schule in Erfurt erhielt einen neuen Namen. Nur der Plan eines Dokumentarfilms der DEFA über Heinrich Mann wurde aus nicht nachvollziehbaren Gründen fallengelassen. Diese Aktivitäten, vor allem die Ausstellung und die Büste, folgten einem klassischen Rezeptionsmuster bürgerlicher Memorialkultur, intellektuelle Positionen und die damit verbundenen Konnotationen über eine materielle Verortung zu sichern, verbunden mit dem Drang nach exklusiver Deutungshoheit – hier vor allem aus politischen Gründen.

Dabei markiert der Film *Der Untertan* in vielfacher Hinsicht eine Scharnierstelle. Indem die DDR-Verantwortlichen während der Dreharbeiten die Tochter von Heinrich Mann, Leonie Mann, nach Babelsberg einlädt und dieses Treffen nicht nur zu einer Dokumentenübergabe an die Akademie der Künste, sondern auch zu einer Authentifizierung der Produktion und damit einer expliziten Autorisierung des staatlichen Handelns nutzt, politisiert die DDR den eingeschlagenen Weg. Unter der Überschrift »Wenn Heinrich Mann bei uns wäre« werden aufs Eindringlichste die geistige und politische Verbundenheit mit den Zielen der DDR bestätigt. Aber die Identifikation mit den Werten der

---

[34] Die Arbeiterklasse ehrt sein Vermächtnis. Der Parteivorstand der SED gedachte Heinrich Mann auf seiner Tagung am 14. März 1950. In: Tägliche Rundschau, Jg. 6, Nr. 64, März 1950, hier zitiert nach: Sigrid Anger (Hg.): Heinrich Mann 1871–1950. Werk und Leben in Dokumenten und Bildern, 2. Aufl. Berlin/Weimar: Aufbau 1977, S. 352.
[35] Herbert Ihering: Heinrich Mann. Berlin: Aufbau 1951.
[36] Deutsche Akademie der Künste. Heinrich Mann. Berlin 1951.

Gegenwart wurde noch großzügig ausgedehnt, denn ihr Vater sei »sich des Wertes und der Bedeutung der Arbeiterklasse bewusst [gewesen] und sah ihre Zukunft voraus. In der vordersten Linie kämpfte er für den Frieden. Deshalb fühlte er sich auch in Trumans Amerika wohl.«

Mit der Amerikakritik, die gleichzeitig als Distanzierungsbewegung gegenüber dem Westen allgemein interpretiert werden kann, setzt denn auch das Bekenntnis zur DDR ein: »Er sehnte sich nach Hause, nach der Deutschen Demokratischen Republik. Dies war seine wirkliche Heimat, denn sie ist die Heimat der deutschen werktätigen Menschen, und er war einer von ihnen. (...) Er ist nicht zurückgekehrt. Es war ihm nicht vergönnt, die neue deutsche Jugend, die in seinem Geist heranwächst, mit eigenen Augen zu sehen. Eine Jugend, die im Geist des Kampfes für den Frieden, die Menschlichkeit und die sozialistische Zukunft erzogen wird.«[37]

Es bleibt nicht bei der Veröffentlichung im Parteiorgan *Neues Deutschland*. Der Text wird zusätzlich zu dem Bekenntnis »›Ich glaube jedoch, daß die Typen, die in diesem neuen DEFA-Film als Figuren des ›Untertan‹ dargestellt sind, genau denen entsprechen, die mein verstorbener Vater in seinem Buch charakterisieren wollte‹, sagt sie zu uns, nachdem sie einige Szenen im Vorführraum gesehen hat«[38], im Programmheft zum Film publiziert.

Indem Leonie Mann diese Aussagen trifft, deutet sich auch ein Wandel in der Legitimationsstrategie des Staates an. Heinrich Mann und der neue Staat stehen nun in einer ungebrochenen Kontinuität. Nicht Heinrich Mann und sein Werk legitimieren den Staat durch Anwesenheit, sondern in seiner Haltung sind der neue Staat und seine Ideale schon angelegt. Heinrich Mann ist damit Teil einer selbstverständlichen und geschichtsnotwendigen Existenz der DDR.[39] Diese Formen symbolischer Kooptation finden sich später immer wieder.

Am Ende war es in der differenzierten Argumentation egal, ob sich der Film durch Werktreue – was für die DDR-Offiziellen in zentralen Debatten durchaus bemüht wurde[40] – auszeichnete oder nicht, entschieden war damit die offizielle Zuschreibung.

---

[37] Leonie Mann-Askenazy: Wenn Heinrich Mann bei uns wäre. In: Neues Deutschland, 21.4.1951.

[38] Programmheft *Der Untertan*. Progress Filmillustrierte 1951.

[39] Dieses Narrativ der Kontinuität finden wir auch in zahlreichen DEFA-Historienfilmen, etwa bei der (metaphorischen) Fortschreibung der frühbürgerlichen Revolution um Thomas Müntzer (»Thomas Müntzer – Ein Film deutscher Geschichte«, 1956), bei der Parteigründung der KPD als Konsequenz aus dem verlorenen Matrosenaufstand im Anschluss an den 1. Weltkrieg (z.B. »Das Lied der Matrosen«, 1958) oder dem Gründungsnarrativ der DDR aus dem antifaschistischen Widerstandskampf in der Weimarer Republik und der Zeit des Nationalsozialismus (z.B. »Nackt unter Wölfen«, 1963).

[40] Vgl. dazu etwa die Debatten um den zeitgleich entstandenen Film *Corinna Schmidt* als Verfilmung des Romans *Frau Jenny Treibel* von Theodor Fontane: Michael Grisko: Fontane im

Damit wird auch deutlich, dass germanistische, literatur- oder medienwissenschaftliche Relationsbildungen zwischen einer vermeintlichen Vorlage und dem realisierten Film für die öffentliche Meinungsbildung als irrelevant zu bezeichnen sind, da die entscheidenden Wirkungsparameter durch außer-akademische Agenturen, in diesem Fall staatliche und publizistische Institutionen, gesetzt werden.[41]

Zwar ließ der Regisseur Wolfgang Staudte die Idee, den Film im Vorspann Heinrich Mann zu widmen, weg, jedoch war der Film über die publizistische Vorgeschichte – und auch über seine künstlerische Qualität – nun untrennbar mit dem Namen Heinrich Mann und damit auch mit seiner Rezeption verbunden. Dafür sorgten später zahlreiche Einsätze des Films im Kino, aber auch im Fernsehen, nicht zuletzt mit der Kanonisierung des Buchs als Pflichtschullektüre.

Der ohnehin gespannte Ton zwischen den beiden deutschen Staaten verschärfte sich angesichts der unmotivierten Tötung des Arbeiters und der Aktualisierung am Ende des Films, von Heinrich Mann im Roman nicht vorgesehen und in einem Brief an die Verantwortlichen auch explizit abgelehnt; verschärft durch das Horst-Wessel-Lied, das zerstörte Denkmal, die Trümmerfrauen und die nachhallende Stimme Dieterich Heßlings, der in Diktion, Tonfall und Auftreten an die autoritären Machthaber des Nationalsozialismus erinnerte und so eine Linie von Industrie, Kirche und Staat in den Zweiten Weltkrieg zieht.

Nach seiner im Osten gefeierten Premiere gerät der Film in die Mühlen des Kalten Krieges. Denn seit 1950 wurde jeder Film aus dem Osten, der im Westen gezeigt wurde, zunächst vom Wirtschaftsministerium und ab 1953 vom Interministeriellen Prüfausschuss für Ost-West-Filmfragen geprüft. Für einen Film, der aus dem Osten im Westen gezeigt wurde, mussten im Gegenzug zwei West-Filme auf die Leinwand kommen. Der erste Film, den dies betraf war das Märchen *Das kalte Herz*[42], weitere folgten. Es war der Autor Heinrich Mann und nicht etwa der Regisseur Wolfgang Staudte, den die Polarisierung traf. Obwohl sich einige Cineasten und der Filmkaufmann Erich Mehl bemühten, den Film auch in Westdeutschland zu zeigen, wurde er erst 1957 mit Schnitt-

---

DDR-Fernsehen. Historische Lesart oder ideologische Adaption. In: Der Deutschunterricht 50, Heft 4, Velber: Friedrich Verlag 1998, S. 58–68.

[41] Dies kommt nicht zuletzt bei der dann erfolgten kritischen Bewertung der Darstellung des Arbeiters Napoleon Fischer im Film zum Tragen. Ist dieser im Film durchaus ›werkgetreu‹ dargestellt, entspricht dieses Verständnis aber natürlich nicht dem progressiven Verständnis der Arbeiterschaft und deren Führungselite in der DDR insgesamt.

[42] Vgl. zu dem Film *Das kalte Herz*: Michael Grisko: Drehort Thüringen. DEFA-Produktionen 1946–1992. Leipzig 2020, zu den ›geprüften‹ und zensierten Filmen: Datenbank von Andreas Kötzing: Filmzensur West-Ost. Der interministerielle Ausschuss und die Zensur von DEFA-Filmen in Westdeutschland auf der Seite der DEFA-Stiftung: www.defa-stiftung.de.

auflagen freigeben. Diese Zensur betraf im Wesentlichen das Ende und den Tod des Arbeiters. Der Autor Heinrich Mann und sein Roman *Der Untertan* waren auch nach zahllosen institutionellen Vorbereitungen über den Umweg des Films zu einem prominenten ästhetischen Grenzzwischenfall im Kalten Krieg geworden.

Heinrich Mann – vom Autor im Kalten Krieg zum militärischen Staatsheld

Drei Tage vor Heinrich Manns 90. Geburtstag und 5 Monate vor dem Bau der Mauer vollendet die Ostberliner Regierung durch eine Inszenierung die Vereinnahmung Heinrich Manns. Am 24.3.1961 wird die eigentlich in Santa Monica/USA beigesetzte Urne über die ČSSR in die DDR überführt und am nächsten Tag in Berlin – auf dem Dorotheenstädtischen Friedhof – beigesetzt.

Die Nachrichtensendung *Aktuelle Kamera* sendete einen knapp 80-sekündigen Bericht. Leider ist der – sicher auf die Bilder live aufgesprochene Ton – nicht überliefert. Gleichwohl sprechen die Bilder eine deutliche Sprache. Nachdem die Urne im offenen Auto, die schwarzen offiziellen Wagen im Konvoi sind alle geschlossen, – ein Schutzmann salutiert –, die Grenze überquert, erweisen ihm – im Gegenschuss in der Montage – Arbeiter die Ehre, indem sie ihre Mützen abnehmen. Dann erfolgt in der Menge die Begrüßung von Leonie Mann durch Erich Wendt, 1. Stv. Minister für Kultur. Heinrich Mann war zuletzt tschechischer Staatsbürger. Hieran ließ sich anknüpfen. Der Grenzübertritt an dieser Stelle konnte als Fortsetzung des antifaschistischen Kampfs bezeichnet werden.

Im nächsten Schnitt zeigen uns die Bilder eine offizielle Ansprache mit Stehpult, Nationalflagge und einem überlebensgroßen Porträt von Heinrich Mann. Dieses Porträt wird zu einem Stellvertreter der immer wieder groß ins Bild gerückten Urne. Gleichwohl erinnern das Plakat und dessen Größe an den im Umkreis totalitärer Systeme zu beobachtenden Personenkult. Mit der Fahne wird die Ansprache und Begrüßung zu einem Ereignis nationaler Bedeutung, unterstützt wird dies durch die Wahl des Grenzortes, der als Topographie hoheitlicher und nationaler Selbstbestimmung, verstärkt durch den Grenzsoldaten, verstanden werden kann. Gleichzeitig ist es die Inszenierung eines öffentlichen Ereignisses mit aktiver Elite und passiver Bevölkerung.

Vorgang und Szenerie entsprechen des von Adelheid von Saltern explizierten Begriffs der »formellen Präsentationsöffentlichkeiten«, in denen »sich die Herrschenden darstellen und sich selbst sowie die Beherrschten in Szene setzen« und in denen die physische Präsenz der (vor allem männlichen) Herrschaftsträger eine wichtige Rolle spielt für die Verkörperung der Aussagen und Losungen.[43]

Bei der Rede fällt das ausdifferenzierte Publikum auf: Neben der politischen Elite und den zu Beginn gezeigten Arbeitern (die bei der Rede anscheinend nicht anwesend waren) ist es das Militär und die Pionierjugend mit Fahnen. Es ist wohl kein Zufall, sondern vielmehr eine bestellte Öffentlichkeit, zählen diese Gruppen (Arbeiter, Militär, Jugend) doch explizit zu den symbolischen Repräsentanten der DDR.

Auch wenn hier und bei der folgenden Fahrt bis Dresden eine Form von Öffentlichkeit simuliert wurde, ist es doch eine passiv-inszenierte, die lediglich als theatrale Kulisse fungierte. Keine aktiven Trauerbekundungen etwa durch Eintragung in ein Kondolenzbuch oder ein Besuch am Grab waren geplant. Auffällig ist, dass die Menschenreihen an den Straßen im Wesentlichen geschlossen sind – lediglich in Dresden führt die Fahrt an zufällig vorbeigehenden Passanten vorbei. Die Blicke der Menschen sind auf die Straße gerichtet. Die Fahrt durch Dresden, andere Orte (mit sozialistischen Losungen an der Hauptstraße) ist ein geplantes, ein inszeniertes Ereignis, als Bestätigungsritual des eingeschlagenen Weges der Führung der DDR. Der öffentliche Raum wird durch diesen Akt zum politischen Raum erklärt, einer Politik, die auch die (Deutungs-)Hoheit über Kultur hat.

Am nächsten Tag wird die Trauerfeier in den engeren politischen Raum, den internen Zirkel der Elite übertragen. Im »Haus der Ministerien«, dem jetzigen Finanzministerium, fand eine Gedenkfeier für Heinrich Mann statt. Fahnen, Kränze, Reden und ein überlebensgroßes Porträt Heinrich Manns am Kopf bilden den Rahmen für Walter Ulbricht (Vorsitzender des Staatsrats und der Regierung der DDR), den Vorsitzenden des Ministerrats Alexander Abusch, Angehörige des Dichters, Vertreter des ZK der SED, Mitglieder des Staatsrats und der Regierung der DDR, Persönlichkeiten des kulturellen Lebens und viele ausländische Diplomaten teilnahmen. Die Urne wurde aus der Akademie der Künste durch Offiziere der NVA zum Dorotheenstädtischen Friedhof getragen, wo die Urne nach einer Gedenkrede von Prof. Ludwig Renn[44] beigesetzt wird.

Die überlieferten Fotos zeigen ein Staatsbegräbnis mit militärischen Ehren bzw. entsprechender Rahmung. Das Militär ist einerseits die selbstbewusste Bestätigung der nationalen Ordnung. Darüber hinaus lässt diese Inszenierung

---

[43] Adelheid von Saltern: Öffentlichkeit in Diktaturen. Zu den Herrschaftspraktiken im Deutschland des 20. Jahrhunderts. In: Günther Heydemann/Heinrich Oberreuter (Hg.): Diktaturen in Deutschland– Vergleichsaspekte. Bonn: Bundeszentrale für Politische Bildung 2003, S. 448.

[44] Warum die Rede nicht der Präsident der Akademie der Künste, Otto Nagel, gehalten hat, konnte bislang noch nicht geklärt werden.

den Schluss zu, dass in der Folge des Selbstverständnisses, dass staatliches Handeln Kampf, genauer Klassenkampf ist, dass Heinrich Mann im Dienste des Klassenkampfes als militärischer Staatsheld gestorben ist.

Dies passt sich nahtlos in die bislang skizzierte Deutungspolitik ein und verdeutlicht, dass Kultur in jeder Form als politisch inszeniert wurde und umgekehrt, Kultur immer auch als Bekenntnis zum Staat verstanden wurde.

Heinrich Mann und die beiden audio-visuellen Zeugnisse, der Spielfilm und der kurze Nachrichtenbeitrag, können als wesentlicher Teil dieser Entwicklung in der DDR der Nachkriegszeit gesehen und verstanden werden.

Am Ende – oder weniger Monate später

Am 13. August 1961 wurde die Mauer gebaut, die bis 1989 die beiden deutschen Staaten auch physisch voneinander trennte. Welche Folgen dies für die Rezeption von Heinrich Mann – nicht nur in der DDR – hatte, wäre ein neues Kapitel.

Stephanie Catani

Thomas Mann … GONE WILD? Alexandre Jodorowskys
La Cravate (1957), Fernando Birris *ORG* (1979) und
Katja Pratschkes/Gustzáv Hámos' *Fremdkörper/Transposed
bodies* (2001)

Im Januar 1941, Thomas Mann lebt zu diesem Zeitpunkt in Princeton, sendet er
seinem Bruder Heinrich Mann in Los Angeles ein Exemplar seiner Erzählung
Die vertauschten Köpfe mit folgender Widmung »Für Heinrich und Nelly eine
kleine Unterhaltung.« Am 3. Februar 1941 antwortet Heinrich Mann:

Lieber Tommy,
das war eine Überraschung, dieses neue Buch und schnelle Zwischenspiel! Eine »kleine«
Unterhaltung war es nicht, obwohl unterhaltsam und sogar leicht, – wenn man anstatt
leicht nicht sinnvoll, daher schwer sagen will. Das Buch vertauscht die Bedeutungen,
wie Köpfe. Das Schmerzliche wird des Öfteren zum Lachen, der Genuss und Wert zu
leben schliesst die Hinneigung zum Tode mit ein, und die Vernichtung bekommt viel
von einem galanten Spiel. Die Sinne werden verachtet und gefeiert in einem hin. […]
Liebe oder Abschlachtung schweben leichthin, in einer hohen Gleichgültigkeit des
Erlebens, vorüber […]. – Das kommt nicht oft. Es könnte sein, dass dieses kleine Buch
den unbedingten Werken gleicht; ihrer sind wenige.[1]

Heinrich Manns Lektüreeindruck und die Dialektik als Strukturprinzip, die
er in diesem »kleine[n] Buch«, das gleichzeitig ein »unbedingtes Werk« ist,
erkennt, scheint mir programmatisch – zwischen Lachen und Schmerz, zwischen Lebenslust und Todessehnsucht, zwischen Liebe und Zerstörung will
sich diese längste Erzählung Thomas Manns nicht so recht entscheiden und
verweigert sich eindeutigen Sinnangeboten. Der daraus resultierenden hermeneutischen Herausforderung hat sich in besonderer Weise das Medium Film
gestellt – und sucht eine Annäherung an den Mann'schen Text dabei gerade
nicht in einer Auflösung seiner Widersprüche, sondern in ihrer radikalen Inszenierung.

---

[1] BrHM, 329f.

Thomas Mann: DIE VERTAUSCHTEN KÖPFE

Zunächst zur Erzählung selbst, deren Handlung, so hat Helmut Koopmann treffend pointiert, »zu verwirrend sei, als daß man sie nicht noch einmal rekapitulieren müßte.«[2] Nach der Arbeit am Roman *Lotte in Weimar* liest Thomas Mann die Studie »Die indische Weltmutter« des deutschen Indologen Heinrich Zimmer, die 1938 im *Eranos Jahrbuch* (Zürich) erschienen war und eine Anekdote überliefert, die Manns Erzählung inspiriert. Mann verschiebt die geplante Arbeit am letzten Teil des *Joseph*-Romans und beginnt mit dieser, heißt es in einem Brief an Agnes Mayer (5.1.1940), »Maya-Groteske«.[3] Und grotesk geht es in dem Text tatsächlich zu: Im Mittelpunkt steht die innige Freundschaft zwischen dem jungen feingeistigen Kaufmann Schridaman und Nanda, einem athletisch gebauten Schmied und Kuhhirten. Mit dem virilen Nanda als Brautwerber gelingt es dem schüchternen Schridaman, die, heißt es, »ringsum Schöngliedrige«[4] Sita zur Frau zu nehmen. Die Ehe startet glücklich, bald wird Sita schwanger. Bei einem gemeinsamen Besuch des Felsentempels der Göttin Durga geschieht das Ungeheuerliche: Eifersüchtig auf den physisch überlegenen Freund, den die eigene Ehefrau heimlich begehrt, enthauptet sich Schridaman – als Nanda die Leiche des Freundes findet, köpft auch er sich. Die verzweifelte Sita setzt auf Geheiß der Göttin Durga die Leiber wieder zusammen – vertauscht dabei aber (ganz im Sinne einer Freud'schen Fehlleistung) die Köpfe. Der einfältige Kopf Nandas landet nun auf dem kraftlosen Körper Schridamans, dessen edler Kopf fortan auf dem maskulinen Körper Nandas ruht. Wer von beiden aber ist nun der Vater des ungeborenen Kindes – wer der legitime Ehemann Sitas?

Kopf oder Leib – so lautet die Mann'sche Gretchenfrage. Eine Frage, die in der Erzählung an den heiligen Einsiedler Kamadamana weitergeben wird. Dieser entscheidet, dass das Haupt »das höchste aller Glieder«[5] sei und folgerichtig Schridamans Kopf auf Nandas Körper den Platz an Sitas Seite einnehmen müsse. An diesem Punkt endet die indische Legende nach Zimmers Vorlage. Die Erzählung Thomas Manns aber fügt der Geschichte einen weiteren Twist hinzu. Denn das große Glück Sitas über den neu ausgestatteten Ehegatten währt nicht lange – sukzessive passt sich der einst kraftstrotzende Körper Nandas dem Kopf Schridamans an, verliert an Virilität und wandelt sich (so

---

[2] Helmut Koopmann: *Die vertauschten Köpfe.* Verwandlungszauber und das erlöste Ich, in: Thomas Sprecher (Hg.): Liebe und Tod – in Venedig und Anderswo. Die Davoser Literaturtage 2004. Frankfurt/Main: Vittorio Klostermann 2005 (= Thomas-Mann-Studien, Bd. 33), S. 209–225, hier S. 209.

[3] BrAM, 194.

[4] GW VIII, 742.

[5] GW VIII, 783.

kommentiert der Mann'sche Erzähler lakonisch) »nach und nach ins Gatten-mäßige.«[6] Und so zieht es die leidenschaftliche Sita erneut zum inzwischen ungleich männlicheren Nanda hin, den sie aufsucht und schließlich verführt. Als Schridaman den Ehebruch entdeckt, wird allen Beteiligten klar, dass diese *ménage à trois* nicht glücklich enden kann. »Wo zwei von uns sind, wird immer der dritte fehlen«[7] – sieht Sita ein und auch Schridaman weiß: »Mit uns beiden aber kann sie nicht leben, da Vielmännerei unter höheren Wesen nicht in Betracht kommt.«[8] Einvernehmlich beschließen die drei Freunde, diesem nicht möglichen Leben und Lieben ein Ende zu setzen: Während sich die Männer gegenseitig erstechen, lässt sich Sita im Anschluss, und damit einem heiligen indischen Ritus folgend, als Witwe verbrennen. Zurück bleibt ihr Sohn, der siebenjährige Samadhi, der – wohlgewachsen, klug, jedoch äußerst kurzsichtig – fortan in der Obhut eines Brahmanen aufwächst.

Die Erzählung gehört sicherlich nicht zu den populärsten Manns, ist von der Forschung jedoch ausführlich kommentiert und dabei unterschiedlich gedeutet worden. Alexander Zeug liest die »indische Legende« ausdrücklich politisch und zeigt mit Blick auf die nationalsozialistische Rassenideologie Alfred Rosenbergs, wie der Text eine »Vereinnahmung Indiens« im Kontext einer solchen Ideologie zutiefst sabotiere.[9] Michael Maar hingegen schlägt eine autobiografische Deutung vor, wenn er die Figur des begehrten Dritten mit der des Mann'schen Hausfreundes Hans Reisiger überschreibt.[10] Peter Stocker hat die intertextuellen Bezüge des Textes erarbeitet, die mit Stocker weit über die Vorlage Heinrich Zimmers hinausgehen und etwa Johann Hertels Sammlung indischer Märchen umfassen. Stocker betont zudem, dass es sich bei dem Stoff um keine einzelne Tradition, sondern um eine »schon in der klassischen indischen Literatur ziemlich breit überlieferten Sage« handelt.[11] Herbert Lehnert spiegelt den Autor Thomas Mann in Samadhi, dem »Früchtchen« der problematischen Ehe zwischen Sita und Schridaman, und erkennt in seiner Figur einen »sowohl heitere[n] wie bittere[n] Selbstspott des Exilierten.«[12] Hans Rudolf

---

[6] Ebd., 790.

[7] Ebd., 801.

[8] Ebd., 802.

[9] Vgl. Alexander Zeug: Der arische Mythos und Thomas Manns *Die vertauschten Köpfe*, in: New German Review, 14, 1998/1999, S. 5–28, hier S. 6.

[10] Vgl. Michael Maar: Im Schatten Calamus. Autobiographisches in Thomas Manns indischer Novelle *Die vertauschten Köpfe*, in: Gudrun Schury und Martin Götze (Hg.): Buchpersonen, Büchermenschen. Heinz Gockel zum Sechzigsten. Würzburg: Königshausen und Neumann 2001, S. 201–210.

[11] Peter Stocker: Theorie der intertextuellen Lektüre. Modelle und Fallstudien. Paderborn u.a.: Schöningh 1998, S. 178.

[12] Herbert Lehnert: Idyllen und Realitätseinbrüche. Ideologische Selbstkritik in Thomas Manns *Die vertauschten Köpfe*, in: Paul Michael Lützeler (Hg.): Zeitgenossenschaft. Zur deutsch-

Vaget schließlich hat auf die Schopenhauer-Bezüge aufmerksam gemacht und liest die Erzählung als indische Abwandlung der Geist-Natur-Konstellation: Nanda und Schridaman seien nichts anderes, heißt es in Vagets Kommentar mit Verweis auf eine frühe Deutung Hirschbachs zur Erzählung, als »Tonio Kröger und Hans Hansen im indischen Gewand.«[13] Auch Dieter Borchmeyer hebt die (affirmativen wie kritischen) Schopenhauer-Bezüge hervor: Hinter Manns »indisch-buddhistischen Sympathien«, pointiert Borchmeyer, stehe letztlich immer Schopenhauer – mehr noch: Dieses »schopenhauerisierte« Indertum verbinde Mann im Übrigen mit Wagner.[14]

Tatsächlich verhandelt die Erzählung ein literarisches Leitmotiv Thomas Manns, wenn sie nach »der Dialektik von Geist und Natur« fragt, wobei die beiden männlichen Protagonisten als Rollenträger eben dieser Dialektik fungieren.[15] Geradezu bezeichnend für das Mann'sche Œuvre, lässt sich die Dialektik auch hier nicht glücklich auflösen, sondern endet katastrophal mit dem kollektiven Selbstmord der Figuren. Das anthropologische Ideal eines harmonischen Miteinander von Geist und Natur, wie es Thomas Mann unter anderem in seinem Essay zu *Goethe und Tolstoi* formuliert, bleibt in den *Vertauschten Köpfen* eine ins Transzendentale verlagerte Utopie: »Mühelose Natur, das ist Rohheit. Müheloser Geist ist Wurzel- und Wesenlosigkeit. Eine hohe Begegnung von Geist und Natur auf ihrem sehnsuchtsvollen Weg zueinander: Das ist der Mensch.«[16]

Die Modernität der Mann'schen Erzählung (die sicherlich auch ein Grund für ihre Adaption durch den Film ist) liegt darin begründet, zu einem frühen Zeitpunkt Sexualität und Fortpflanzung zu entkoppeln – Sitas Begehren ist keineswegs einer stilisierten weiblichen Sehnsucht nach Mutterschaft unterstellt, sondern richtet sich ausdrücklich auf den verführerischen Körper Nandas. Schridaman vermag sie sexuell nicht zu befriedigen, obgleich er mit ihr ein Kind gezeugt hat. Damit antizipiert Mann, Irmela Krüger-Fürhoff hat darauf hingewiesen, einen reproduktionsmedizinischen Diskurs, der erst in der zweiten Hälfte des 20. Jahrhunderts durch die Einführung hormoneller Kontrarezeptive aufkommt.[17]

---

sprachigen Literatur im 20. Jahrhundert. Festschrift für Egon Schwarz zum 65. Geburtstag. Frankfurt/Main: Athenäum 1987, S. 123–139, hier S. 124.

[13] Hans R. Vaget: *Die vertauschten Köpfe*, in: Helmut Koopmann (Hg.): TM Hb (2005), S. 601–605, hier S. 604.

[14] Dieter Borchmeyer: *Die vertauschten Köpfe. Eine indische Legende.* Thomas Manns »metaphysical joke«, in: Jahrbuch der deutschen Schiller-Gesellschaft, Bd. LIV (2010), S. 378–397, hier S. 379f.

[15] Borchmeyer: *Die vertauschten Köpfe*, S. 383.

[16] Thomas Mann: *Goethe und Tolstoi* (1921), in: GKFA 15.1, 898.

[17] Vgl. Irmela Marei Krüger-Fürhoff: Verpflanzungsgebiete. Wissenskulturen und Poetik der Transplantation. München: Fink 2012, S. 242ff.

Die filmische Wirkungsgeschichte der Erzählung ist außergewöhnlich und führt zu drei Filmexperimenten, die sich jeweils an einer bemerkenswert originellen und innovativen Bildsprache versuchen und derart einen exemplarischen Einblick in die avantgardistische Filmgeschichte nach 1950 ermöglichen.

Alejandro Jodorowsky: LA CRAVATE *(1957)*

La cravate[18] ist der 1957 fertig gestellte Debutfilm des chilenisch-französischen Multitalents Alejandro Jodorowsky – eines Künstlers, der seit den 1950er Jahren als Regisseur, Schauspieler, Produzent, Komponist, Schriftsteller und Comicautor in Erscheinung getreten ist. Der Film galt lange Zeit als verschollen, wurde erst 2006 auf einem Dachboden wiedergefunden und im Jahr darauf neu veröffentlicht. Im Gegensatz zu Jodorowskys späteren, deutlich bekannteren und provokativeren Filmen wie dem Midnight-Movie *El topo* oder der zum Kultfilm avancierten mexikanisch-amerikanischen Produktion *La Montaña sagrada / The Holy Mountain*, nimmt sich dieser erste Film visuell zurückhaltender aus. Es ist ein Stummfilm, der mit Versatzstücken einer surrealistischen Filmästhetik ebenso spielt wie mit der Kunst der Pantomime: Jodorowsky (der nicht nur Regie führt, sondern auch die Hauptrolle übernimmt) hatte diese Kunst beim französischen Großmeister Étienne Decroux studiert. Die Ästhetik der Pantomime entspricht dabei dem Programm eines *cinema of body* – eines Kinos, das, wie David H. Fleming mit Blick auf *La Cravate* gezeigt hat, den Stellenwert pantomimischer Bewegungen, Gesten und Körperlichkeit über die Bedeutung des Dialogs und des Redetextes stellt.[19]

Jodorowskys Film entfernt sich, zumindest im Hinblick auf die erzählte Handlung, am weitesten von der Mann'schen Vorlage. Der pantomimische Kurzfilm zeigt das verzweifelte Werben eines Mannes um eine Frau, die offenbar nur seinen Körper, nicht aber seinen Kopf ansehnlich findet. Hilfe verspricht ein »Kopf-Geschäft«, ein Laden, in dem man den eigenen Kopf gegen einen neuen austauschen kann. Und so entscheidet sich Jodoroskys Figur für einen Kopftausch, der zumindest indirekt zum Liebesglück führt: Während der Körper des Mannes mit ausgewechseltem Kopf weiterhin erfolglos sein Glück bei der Angebeteten versucht, freundet sich der im Geschäft verbliebene Kopf mit der jungen Verkäuferin an. Am Ende finden Körper und Kopf des Mannes wieder zusammen und ihr Glück in den Armen dieser jungen Kopf-

---

[18] La Cravate. Regie: Alejandro Jodorowsky. Frankreich 1957, enthalten in: Jodorowsky Collection, Alive 2014 [DVD, 21 min.]

[19] Vgl. David H. Fleming: Unbecoming cinema. Unsettling Encounters with Ethical Event Films. Bristol/Chicago: Intellect 2017, S. 112.

verkäuferin. Der für Jodorowskys spätere Werke häufig in Anspruch genom-
mene Begriff des *head films* (ein Film also, der in seiner Entstehung mit Drogen
experimentiert oder aber mit einer Drogenerfahrung gleichgesetzt bzw. im
Drogenrausch rezipiert wird)[20] ist in seinem Debutfilm offenbar noch wörtlich
gemeint: Das filmisch inszenierte Motiv des austauschbaren Kopfes antizipiert
zudem Leittopoi (etwa den Dualismus von Kopf und Körper oder Phänomene
des *Disembodiment*, der Entkörperlichung), die nicht nur an die Mann'sche
Erzählung zurückbinden, sondern in den späteren Filmen Jodorowskys ungleich radikaler und filmästhetisch lauter umgesetzt werden.

Fernando Birri: ORG (1979)

Radikaler und lauter ist auch die Interpretation, an der sich, gut 20 Jahre nach
La Cravate, der argentinische Regisseur Fernando Birri mit seinem Film *ORG*
versucht. ORG wird im Rahmen des Filmfestivals von Venedig 1979 aufgeführt
und verschwindet danach, abgesehen von einigen wenigen Vorführungen im
Rahmen kleinerer Festivals, in der filmhistorischen Versenkung – und das,
obgleich Birri selbst zum Gründungsvater des »nuevo cine latinoamericano«
(neuen lateinamerikanischen Kinos) avanciert. So zumindest tauft ihn Gabriel
García Marquez, der mit Birri 1986 die Internationale Hochschule für Film und
Fernsehen Kuba gründet. Erst vor drei Jahren wurde der Film medienwirksam
wiederaufgeführt – im Rahmen der Berlinale 2017. Die deutsche Filmkritike-
rin Cosima Lutz hat die verstörende Wirkung des Films, dieses »Wesen aus
der filmgeschichtlichen Hölle«, in ihrer Rezension pointiert zusammengefasst:

Zwischendurch Stille und kein Bild. Oder Bild, aber kein Ton. Oder kein Bild, aber viel
Ton. Schreie, Todesschreie. Lustschreie: Grr, Grrrr, grrrrrrr. Atompilz, psychedeli-
scher Kaleidoskop-Bildermatsch, Vivaldi, Caruso, tonnige Bauhaus-Kostüme, Ruinen,
ein alter Zausel-Wahrsager. Zauberformeln, Comic-Buchstaben: »BOUM!« Und aus
dem blauen Auge von Terence Hill rinnt eine Träne.[21]

Tatsächlich, ORG ist – das kann man nicht anders sagen – eine fast dreistündige
Ungeheuerlichkeit, eine Zumutung in visueller wie auditiver Hinsicht. Birri
hat annähernd 11 Jahre an dem in Italien gedrehten Film gearbeitet, allein 10
Jahre hat der Schnitt in Anspruch genommen. Der Film enthält knapp 27.000

---

[20] Vgl. Ernest Mathijs/Jamie Sexton: Cult Cinema: An introduction. Boston, Oxford u.a.:
Wiley-Blackwell 2011, S. 166ff.

[21] Cosima Lutz: Der verstörendste Film, den Terence Hill je gedreht hat. (Welt online,
13.2.2017), online unter: https://www.welt.de/kultur/kino/article162049581/Der-verstoerends
te-Film-den-Terence-Hill-je-gedreht-hat.html (zuletzt abgerufen am 27.1.2020).

Schnitte (üblich sind bei Filmproduktionen etwa 800–1000 Schnitte) und verfügt über eine Tonspur aus annähernd 700 verschiedenen Audiotiteln.

Die Analogien zwischen Manns Erzählung und Birris Filmexperiment finden sich, obschon erst auf den zweiten Blick, jenseits der inhaltlichen Ebene in der aggressiv und grell ausgeleuchteten Bildsprache, die bereits in der Erzählung auffällt. So warnt die auktorial agierende Erzählinstanz Thomas Manns am Ende des fünften Kapitels (Schridaman und Sita haben sich gerade gefunden) die Leser*innen ausdrücklich, sich durch den bislang fröhlichen Verlauf der Erzählung nicht blenden zu lassen, denn von nun an werde sich die Erzählung mit neuem Gesicht zeigen – dieses sei nun »zu einer gräßlichen Maske verzerrt, einem verstörend, versteinernden oder zu wilden Opfertaten hinreißenden Schreckensantlitz«[22]. Entsprechend ändert sich der Erzählgestus: Die nicht zu kontrollierenden Leidenschaften, welche die Dreierkonstellation herausfordern, schreiben sich jenen Bildern ein, die Manns Text in der Folge entwirft – besonders augenfällig dort, wo der Felsentempel der Göttin Durga in den Blick genommen wird:

Der wilde Berg wuchtete über dem Eingang herab, gestützt von Säulen, die fauchende Pardeltiere bewachten, und bemalte Schildereien waren rechts und links, wie auch zu seiten des inneren Zutritts, aus den Flächen des Felsens gemetzt: Gesichte des Lebens im Fleisch, wie es auch Knochen, Haut, Sehnen und Mark, aus Samen, Schweiß, Tränen und Augenbutter, Kot, Harn und Galle zusammengeschüttet, behaftet mit Leidenschaft, Zorn, Wahn, Begierde, Neid und Verzagen, mit Trennung von Liebem, Bindung an Unliebes, Hunger, Durst, Alter, Kummer und Tod, unversieglich durchströmt vom süßen und heißen Blutstrom, in tausend Gestalten sich leidend genießt, sich wimmelnd verschlingt und ineinander sich wandelt, wo denn im fließend-allerfüllenden Gewirr des Menschlichen, Göttlichen, Tierischen ein Elefantenrüssel den Arm eines Mannes abzugeben, ein Eberkopf aber an die Stelle zu treten schien von eines Weibes Haupt.[23]

Bild- und sprachgewaltig inszeniert die Erzählinstanz hier den Schauplatz, an dem sich gleich Entsetzliches, der zweifache Selbstmord nämlich, abspielen wird – der visuelle Eindruck, der hier im Medium der Literatur aufgebaut wird, ist von den verstörenden Filmbildern Birris nicht allzu weit entfernt.

Der argentinische Regisseur allerdings versetzt den Handlungskern der indischen Legende in das beginnende 21. Jahrhundert – die Welt ist nach der Explosion eines Großen Atompilzes aus den Fugen geraten und wird als dystopische Landschaft vor einer chaotischen, gleichermaßen futuristisch wie verlassen anmutenden Kulisse inszeniert. Die fatale Dreiecksbeziehung findet hier zwischen den Protagonisten Zohommm (gespielt von Terence Hill alias Mario

[22] GW VIII, 743.
[23] GW VIII, 746.

Girotti, der auch als Produzent des Films fungiert) und Grrr (Isaac Twen Obu) sowie der schönen Shuick (Lidija Juraçik) statt und nimmt im Kern den gleichen Verlauf wie in der Mann'schen Erzählung.

Die visuellen und auditiven Gestaltungsmittel des Films lassen das narrative Grundgerüst nicht nur in den Hintergrund treten, sondern (insbesondere ohne Kenntnis des Mann'schen Textes) kaum nachvollziehen. Stattdessen dominiert eine überfordernde Bildmontage aus dokumentarischen und fiktionalen Filmfetzen, aus Comicschnipseln, Fotostills, mehrfachbelichteten Bildern oder Filmzitaten aus frühen Stumm- und Westernfilmen: Insgesamt wird eine Ästhetik bedient, die auf das Prinzip der Collage-Montage sowie auf die dadaistische Fotomontage zurückgeht. Ein geschlossenes Kunstwerk, so macht der Film unmissverständlich deutlich, soll hier gerade nicht präsentiert werden. Scheinbar willkürlich reihen Birri und sein Schnitt-Team Filmbilder aneinander, die sich einem linearen Erzählen verweigern. Leitmotivisch wird die Schwarzblende, oft sekundenlang, in den Film eingebaut – und damit das Nicht-Bild als einzige Möglichkeit etabliert, die rasende Bilderflut aufzuhalten. Untermalt wird dieses visuelle Flackern von einer nicht minder verstörenden Tonspur: Das wenige, von den Figuren Gesprochene, ist häufig nicht zu verstehen, da der Ton gedoppelt und zeitversetzt abgespielt, durch parallel eingespielter Geräusche überlagert oder von unzähligen Schnitten unterbrochen wird. Keine Frage, ORG eröffnet keinen hermeneutischen Zugang zum Erzählten, ein Sinnangebot bleibt aus. Der erzählerische Nukleus der Mann'schen Erzählung, der Dualismus zwischen Kopf und Körper, Geist und Natur, Ratio und Leidenschaft ist auf der filmdiegetischen Ebene, im Plot, durchaus herauszufiltern, wird bei Birri jedoch radikalisiert bzw. vulgarisiert: Nach der Vertauschung der Köpfe durch Shuick kommt es zu einem erbitterten Streit zwischen den neu Zusammengesetzten. Manns Gretchenfrage wird zugespitzt und bezieht sich explizit auf die Konkurrenz zwischen Kopf und männlichem Genital, wenn Zohommm behauptet: »Shuick è mia! L'uomo è la sua testa.«, und Grrr antwortet: »Shuick è mia! L'uomo è il suo uccello!«[24] Kritisch anzumerken ist hier die prekäre Figurenzeichnung: Indem Grrr (der von einem dunkelhäutigen Schauspieler gespielt wird) explizit als Repräsentant des Phallus in Szene gesetzt wird, zitiert der Film gleichermaßen kolonialistisch wie rassistisch besetzte Vorstellungen vom wilden, schwarzen Mann, die der Film an keiner Stelle aufbricht oder zumindest problematisiert. Diese stereotype Zuschreibung findet sich im Übrigen schon bei Mann vorformuliert, wenn sich in

---

[24] ORG, TC: 1:14:30. »Shuick gehört mir! Der Mann ist sein Kopf.« »Shuick gehört mir! Der Mann ist sein Schwanz!« [Deutsche Übersetzung durch die Verf.]

dessen Erzählung Nanda, »dunkel nach Haut und Haaren«[25], tief beeindruckt von der »helleren Farbe«[26] seines klugen Freundes Schridaman zeigt.

Die dualistische Struktur der Mann'schen Erzählung (angefangen vom Motiv der vertauschten Köpfe über die Opposition von Geist und Körper bis zum ironischen Erzählgestus, der die Tragik des Erzählten in Komik umformt) überträgt sich in Birris Film nicht nur auf die diegetische Ebene, sondern wird auf die extradiegetische Ebene ausgeweitet: Kopf und Körper, Geist und Sinne werden als Wahrnehmungsinstrumente gleichermaßen beansprucht. Rational ist die überfordernde Bilderorgie zunächst nicht zu verarbeiten, sondern wird zur sinnlichen, physisch spürbaren Erfahrung. »Der Körper wehrt sich gegen diesen Film« beschreibt der Rezensent Thomas Groh seine eigene physische Reaktion auf die Berlinale-Vorführung.[27] Auch Birri selbst hält in seinen eigenen Notaten zum Film ausdrücklich fest, die visuelle Wahrnehmungsfähigkeit des Publikums so sehr beanspruchen zu wollen, dass Mechanismen des analytischen Denkens ausgeschaltet bleiben. Tatsächlich fertigt Birri während der jahrelangen Arbeiten im Schneideraum ein italienischsprachiges Tagebuch an, das zum einen den kreativen Prozess der Filmarbeit beschreibt und zum anderen dokumentiert, welche filmästhetischen und -theoretischen Ideen nicht nur mit diesem Film, sondern dem Filmemachen generell verfolgt werden sollen. Der Text dieses Tagebuchs ist als pdf-Datei der vor zwei Jahren veröffentlichten DVD-Version des Films beigelegt und damit der Öffentlichkeit erstmals zugänglich gemacht worden. Programmatisch heißt es darin in einem Eintrag vom 8. Juli 1970:

»Io spettatore, l'infame voyeur cinematografico, deve mantenere in sospeso il respiro, la sua deteriorata / putrefatta [...] logica-analitica in sospeso per tutta la durata (durante) del film [...] si tratta di eccitare la capacità percettiva dell'occhio (accelerando) fino a inibire i meccanismi della memoria analitica.[28]

---

[25] GW VIII, 715.

[26] GW VIII, 715.

[27] Thomas Groh: Verspielter Furor heiligen Ernsts. Fernando Birris Experimentalfilm-Epos ORG. In: Berlinale Blog, perlentaucher. Das Kulturmagazin (9.2.2017), online unter: https://www.perlentaucher.de/berlinale-blog/2017/02/09/fernando-birri-org-1977-berlinale-2017-forum-filmkritik.html (zuletzt abgerufen am 25.1.2020).

[28] »Der Zuschauer, der berüchtigte filmische Voyeur, muss seinen Atem anhalten, seine verrottete, verkommene [...] analytische Logik anhalten für die gesamte Dauer des Films [...]. Es geht darum, die Wahrnehmungsfähigkeit des Auges zu reizen, bis die Mechanismen des analytischen Geistes außer Kraft gesetzt sind.« (Deutsche Übersetzung durch die Verf.) Fernando Birri: *Libro di Org*, S. 9, enthalten als Bonusmaterial (pdf-Datei) in: ORG. Regie: Fernando Birri. Italien 1967–1978, Arsenal Edition 2017 [DVD, 177 min. + Extras]

Birris filmpoetologischer Standpunkt wird hier klar benannt. Erst retrospektiv soll sein Kunstwerk den Zuschauerinnen einen Deutungsversuch abverlangen – gewissermaßen ›im Nachgang‹ müssen die unzähligen Schnitte und das montageartige Geflecht aus scheinbar Unzusammenhängendem interpretiert und in eine Ordnung überführt werden.

Im Gegensatz zu seinen Figuren, die an einer Synthese scheitern, entwirft der Film damit eine Wirkungspoetik, die Sinne und Verstand, Geist und Natur zusammenführt – nicht zufällig dient ein programmatisches Zitat als paratextueller Wegweiser: »Die Straße des Exzesses führt zum Palast der Weisheit.« (ORG, TC: 00:05:57) Das Zitat entstammt der Ideenschrift *The Marriage of Heaven and Hell* des englischen Dichters William Blake aus dem auslaufenden 18. Jahrhundert – ein Text, der für ein Miteinander von Leidenschaft und Erkenntnis, Gut und Böse, Himmel und Hölle eintritt, zu seiner Zeit als revolutionäre Schrift für Aufsehen sorgte und inzwischen Eingang in den popkulturellen Zitatenschatz der Gegenwart gefunden hat.[29]

Poetologisch gedeutet, wirbt das Zitat für einen Reflexionsprozess des Zuschauers, dessen Voraussetzung gerade jene Sinnenverwirrung und -überforderung darstellt, die Birris Film auslöst. Die mögliche selbstreflexive Dimension des Films wird im Verlauf deutlicher, spätestens zur Mitte des Films, wenn Ausschnitte aus Filminterviews mit namhaften Regisseuren eingeblendet werden – darunter Roberto Rossellini (Italien), Jean-Luc Godard (Frankreich), Julio García Espinosa (Kuba), Jonas Mekas (Litauen-USA), Glauber Pedro de Andrade Rocha (Brasilien) sowie Fernando Solanas und Octavio Getina (Argentien). Dieses bemerkenswerte Line-Up vergegenwärtigt das *Who ist Who* jener Filmemacher, die in den 1960er Jahren Avantgarde-Bewegungen in ihren jeweiligen Ländern maßgeblich beeinflussen, wie die *Nouvelle Vague* in Frankreich, den italienischen *Neorealismo*, das brasilianische *Cinema Novo* und die iberoamerikanische Bewegung *Tercer Cine/Drittes Kino*.

So zeigt eine Einstellung den wirkungsmächtigen französischen Regisseur Jean-Luc Godard, wie er das Neue Kino, das *Nouveau Cinéma* propagiert und dabei auch die Rolle des Filmzuschauers stark macht:

L'image enregistrée appartient moitié à qui la fait moitié à qui regarde ou écoute. Aujourd'hui la technique (8mm, tape-magnétique) est plus simple. Nouveau cinéma fait par ceux qui n'ont jamais fait de cinéma personne ne doit parler par personne interposée.[30]

---

[29] Vgl. William Blake: The Marriage of Heaven and Hell. Auckland: The Floating Press. 2014, S. 9.

[30] Deutscher Untertitel: »Das aufgezeichnete Bild gehört halb dem, der es macht, halb dem, der es schaut oder hört. Heute ist die Technik (8mm, Magnetband) einfacher. Nouveau Cinéma

Kurz darauf schließt sich eine Einstellung mit dem kubanischer Drehbuchautor Julio García Espinosa an, der die Forderung nach einem neuen, einem
nichtperfekten, innovativen und radikalen Kino programmatisch zuspitzt:
»*Por un cine imperfecto*! Cinéma »parfait« = cinéma réactionnaire. [...] Un
nouveau cinéaste doit se suicider comme cinéaste.«[31]

Birri stellt die Arbeit in die Tradition dieser jungen Cineasten, die sich alle-
samt gegen eine reaktionäre Filmsprache und das kommerzielle Kino auflehn-
nen. Das von Godard eingeforderte Neue Kino, das Ausdruck bedingungsloser
Individualität sein soll und Eigentum der Filmemacher wie ihrer Zuschauer
gleichermaßen ist, entspricht – ebenso wie das von Espinosa ausgerufene nicht
perfekte Kino, jenem unabgeschlossenen *Anti-Cinema*, dem Birri mit der
Filmsprache und -poetik von ORG gerecht zu werden versucht.[32]

In seinem aus der Arbeit an ORG resultierenden Manifest für ein *Cine
Lumpen* (deutsche Übersetzung mit ›gemeines‹ Kino trifft es nicht ganz, denn
»Lumpen« ist hier in Anlehnung an das »Lumpenproletariat« Marx' durchaus
politisch gemeint) formuliert auch Birri ein filmpoetologisches Programm, das
einen filmästhetischen Neustart ausruft:

Tabula rasa: Kino von Null an um ORG als einen Nicht-Film zu erproben das heißt
als ›expérience‹ mit jedem individuellen Zuschauer (›nur für Verrückte‹) ganz und gar
diskutierbar wegen Seiner Methoden und Aufnahmen und Montagen Als Bewahrhei-
tung eines Kinos für Mutanten eines totalen Kinos [...].[33]

Innerhalb der gesamten Filmerzählung allerdings sind auch diese filmpoetolo-
gischen Überlegungen nur bedingt seriös, weil sie als Teil der überbordenden
Bilder- und Zitatenschlacht an Ernsthaftigkeit einbüßen. Vielmehr stellt sich
die Frage, ob diese theoretischen Reflexionen nicht dort subvertiert werden,
wo der ästhetische Befreiungsschlag in pure Zumutung umschlägt.

– Neues Kino: gemacht von denen, die nie Kino gemacht haben, niemand darf sprechen in Stell-
vertretung für andere.« (TC: 1:20:44–1:22:33)

[31] Deutsche Untertitel: »*Por un cine imperfecto* – für ein nicht perfektes Kino. »Perfektes
Kino« = Reaktionäres Kino. [...] Der neue Filmemacher muss als Filmemacher Selbstmord be-
gehen.« (ORG, TC: 01:22:20–01:23:12)

[32] Vgl. Birri: Libro di Org, S. 25; 36.

[33] Fernando Birri: Manifest zu »Org«, in: Peter Kürner: Fernando Birri. Materialien und Dokumente. Hg. von der Stadt Oberhausen, Westdeutsche Kurzfilmtage Oberhausen. Oberhausen
1987, S.72–74, hier S. 72f.

Abb. 1–3: Marie, Jon und Jan in FREMDKÖRPER / TRANSPOSED BODIES
(R: Katja Pratschke, Gusztáv Hámos, Deutschland 2002)

Katja Pratschke / Gusztáv Hámos: FREMDKÖRPER / TRANSPOSED BODIES (2002)

Die dritte und bislang letzte filmische Adaption der Mann'schen Erzählung führt in das 21. Jahrhundert: Der Kurzfilm *Fremdkörper/Transposed bodies*[34] aus dem Jahr 2002 ist Teil einer medienübergreifenden Produktion aus Film, Buch und Installation, mit der die deutsche Künstlerin Katja Pratschke 2001, in Zusammenarbeit mit Gustzáv Hámos, ihr Studium der Medienkunst an der Kunsthochschule für Medien in Köln beendete und für die beide seither zahlreiche Preise erhielten. Im Folgenden werden Fotoroman und die museale Installation im Ludwig Museum, Budapest, vernachlässigt – stattdessen konzentriert sich der Beitrag auf die filmische Inszenierung.

Der Film selbst überwindet strenge Mediengrenzen: Es handelt sich um einen Fotofilm, um einen Film also, der auf das bewegte Bild weitgehend verzichtet und vorrangig aus einer Reihe von schwarz-weiß gehaltenen Einzelbildern (Fotograf: Gusztáv Hámos) besteht. Die Dynamik der filmischen Erzählung entsteht in erster Linie durch eine männliche Stimme aus dem Off, die sich als Sohn der auf den Bildern abgebildeten Protagonisten zu erkennen gibt und die Geschichte retrospektiv erzählt.

Die Protagonisten, das sind die Freunde Jan und Jon sowie Marie – zwischen diesen dreien entwickelt sich, der Mann'schen Textvorlage entsprechend, die problematische Dreierbeziehung, die mit dem gemeinsamen Selbstmord endet. Das Motiv der vertauschten Köpfe und der Dualismus von Kopf und Körper werden bei Pratschke und Hámos ins Dritte Jahrtausend übersetzt und im Kontext von Fragen der Reproduktion, der Transplantationsmedizin und der Genealogie neu verhandelt. Der Körperdiskurs wird hier nicht nur mit Blick

---

[34] FREMDKÖRPER / TRANSPOSED BODIES. Regie: Katja Pratschke. Deutschland 2002, online unter https://vimeo.com/219869336 (26:24 min, hochgeladen von der Regisseurin, zuletzt abgerufen am 27.1.2020).

 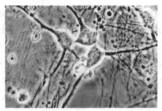 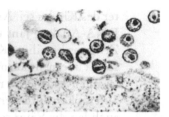

Abb. 4–6: Blick in das Körperinnere, FREMDKÖRPER / TRANSPOSED BODIES (R: Katja Pratschke, Gusztáv Hámos, Deutschland 2002)

auf das äußere Erscheinungsbild geführt, sondern beinhaltet ausdrücklich auch den Blick in das Innere des Körpers.

Dieses die Körpergrenze überwindende Schauen wird filmästhetisch markiert, da die handlungskonstituierenden Schwarz-Weiß-Stills regelmäßig unterbrochen werden von bewegten, farbigen Filmsequenzen, die das Körperinnere beleuchten.

Bei diesen Aufnahmen handelt es sich eigentlich um medizinisches Dokumentationsmaterial aus wissenschaftlichen und kommerziellen Filmarchiven – im Kontext des Films jedoch sind sie gerade nicht als wissenschaftliche Beglaubigung zu verstehen, sondern sorgen, im Gegensatz zum fiktiven, aber äußerst dokumentarisch anmutenden Bildmaterial, für die besondere Poetizität der Filmerzählung, die eine nicht nur visuelle, sondern auch auditive »Suggestivkraft«[35] erzeugt. Gerade dort, wo die ursprünglich dem medizinischen Kontext entnommenen Filmsequenzen mit klassischer Musik untermalt werden und die Stilisierung derart potenziert wird. (TC: 00:10:00 ff.)

Der Kopftausch resultiert bei Pratschke und Hámos nicht mehr aus dem Eingreifen einer höheren Macht, sondern wird in die Welt des medizinisch Möglichen überführt – die Kopftransplantation wird im Film als Erfolg der Wissenschaft gewertet. Für die falsche Zuordnung von Kopf und Körper hingegen ist Marie verantwortlich und damit, einmal mehr, das illegitime Begehren der Frau. Manns Gretchenfrage hat, wie schon bei Birri, auch in diesem Gegenwartsfilm an Relevanz nicht verloren – sie wird vielmehr im Kontext von Molekularmedizin und Neurologie neu gestellt. Kopf oder Körper heißt jetzt: Psyche oder DNA? Um Antwort auf diese Frage zu erhalten, wenden sich Jan, Jon und Marie an ausgewiesene Experten – einen Chirurgen, einen Genetiker und einen Psychologen. (TC: 00:17:30–00:18:47) Für den Chirurgen bildet der Kopf als »Sitz der Psyche« das zentrale Steuerungsorgan des menschlichen Körpers, so dass der an der Zeugung beteiligte »Kopf« der Va-

---

[35] Krüger-Fürhoff: Verpflanzungsgebiete, S. 257.

ter des Kindes sei. Anders argumentiert ein Genetiker, der seinem Urteil eine DNA-Analyse Jans und Jons zugrunde legt und entscheidet, dass der an der Zeugung beteiligte Körper und das von diesem produzierte Sperma die Vaterschaft übernehmen müsse, denn, so heißt es in seinem Gutachten, »das Gehirn ist nur 1,5 kg schwer und nur ein kleines Gewicht auf der Waagschale«. Ein zuletzt konsultierter Psychologe entscheidet schließlich, dass sowohl Jon als auch Jan die Väter seien.

Es gehört zur Ironie des Films, dass das Wissen der Medizin und ihre unterschiedlichen Disziplinen keine Entscheidung herbeizuführen vermögen: Die Figuren entscheiden sich am Ende für den Münzwurf und damit für den Zufall als Prinzip. Die Erklärungsmacht der Medizin wird hier zurückgenommen, wie sich auch der Film insgesamt, Irmela Krüger-Fürhoff hat das im Detail nachgewiesen, »gegenüber transplantations-chirurgischen Machbarkeitsphantasien [...] durchaus skeptisch«[36] verhält.

Schluss: Am Ende der Weisheit

Diese Wissensskepsis verbindet den deutschen Kurzfilm nicht nur mit Birris *ORG*, sondern führt zurück zu Thomas Manns Erzählung. Alle drei Werke (unterschiedlichen Zeiten und ästhetischen Idealen verpflichtet) wenden dort, wo die Entscheidung (Geist oder Natur – Kopf oder Genital – Psyche oder DNA) durch Stellvertreterfiguren gefällt werden soll, das Stilmittel der Ironie an. Ist es bei Pratschke/Hámos ein banaler Münzwurf, der am Ende über das Schicksal des Trios entscheidet, suchen die Figuren in Birris Film Hilfe bei einer grotesk überzeichneten, wahnsinnig anmutenden Figur namens »Alles-Gedächtnis-der-Welt«.

Die ironische Vorlage zu diesen fragwürdigen Entscheidungsfindungen und den daran beteiligten Instanzen liefert wiederum Thomas Mann. In seiner Erzählung ist es der heilige Asket Kamadamana, den die Figuren in der Wildnis aufsuchen, »wo sie denn«, kommentiert der Erzähler spottend,

seinen weißgetünchten Kopf mit aufgeflochtenem Haarwulst und seine zum Himmel gereckten Arme, die dürren Zweigen glichen, aus einem sumpfigen Wassertümpel ragen sahen, worin er, den Geist in eine Spitze gesammelt, wer weiß wie lange schon, bis zum Halse stand. (GW VIII, 777)

---

[36] Krüger-Fürhoff: Verpflanzungsgebiete, S. 256.

Kamadamana verkörpert, da ist sich die Forschung einig, »die komische Figur der Geschichte schlechthin.«[37] Dieser nackte Asket, der sich in derben
Schilderungen weiblicher Rundungen und des sexuellen Aktes ergeht, wird
als Schiedsfigur demontiert – Deutungshoheit kommt auch ihm nicht mehr
zu. Wem aber dann?

»Ein tückisches Lebewesen« hat Thomas Mann seine Erzählung genannt,
eines – schreibt er an Agnes Meyer am 18. Juni 1941 – »das schillert und oszil-
liert und nie einen bestimmten Sinn hergibt und einem aus der Hand schlüpft,
wenn man es greifen will.«[38] Diesen bestimmten Sinn, soviel ist deutlich geworden, bleiben mit dem Text Manns auch die vorgestellten Filme schuldig.
Analog zur Erzählung und mindestens ebenso »schillernd und oszillierend«
wie diese geben die Filme die Sinnfrage am Ende an den Rezipienten weiter:
Eben darin liegt ihr Verdienst – und ihre Zumutung.

---

[37] Dieter Borchmeyer: *Die vertauschten Köpfe.* Schopenhauer, Nietzsche, Wagner und Tho-
mas Manns »metaphysical joke«, in: Heinrich Detering, Maren Ermisch, Pornsan Watanangura
(Hg.): Der Buddha in der deutschen Dichtung. Zur Rezeption des Buddhismus in der frühen
Moderne. Göttingen, Wallstein 2014 (= Manhattan Manuscripts, Bd. 11), S. 51–79, hier S. 75.
Borchmeyer deutet den Mann'schen Einsiedler dabei als »genaues Abbild des Schopenhauer'schen
Asketen«, der hier ins »Grotesk-Komische« gesteigert sei. Ebd., S. 67.
[38] Br II, 198.

Martina Schönbächler

Einer »Herrin männisches Werben« – Ehekonzeption und
weibliche Homosexualität in Peter Vogels Verfilmung von
Thomas Manns Novelle *Der kleine Herr Friedemann* (1990).

Gerda von Rinnlingen in Peter Vogels Verfilmung von Thomas Manns No-
velle *Der kleine Herr Friedemann* ist eine homosexuell aktive Frau. Der in der
DDR an der Schwelle zur deutsch-deutschen Wiedervereinigung entstandene
Film[1] unterscheidet sich damit so deutlich von seiner Novellenvorlage, dass
er die Leitfragen des vorliegenden Beitrags aufbringt: Warum wird Frau von
Rinnlingen im Film unverhüllt als etwas dargestellt, was in Thomas Manns
Text höchstens ganz diskret angedeutet ist? Mag es sein, dass die Verfilmung
unter einem von der Verpflichtung zur Buchstäblichkeit losgelösten Begriff
der ›Werktreue‹[2] gerade *mittels* ihrer Abweichung vom Novellentext dessen
Interpretationsgehalt aktualisiert? Die Frage gilt damit nicht den Bedingungen und Effekten des medialen Wechsels, sondern der Wirkung im zeitgenössischen Kontext der Rezipierenden.[3] So, wirkungsästhetisch betrachtet, wirft
die Vereindeutigung von Gerdas Homosexualität ihr Schlaglicht auf beide Ent-
stehungskontexte, den des Films und den der Novelle. Sie bildet, das meine
auf diesen einen Aspekt fokussierte These, den Wandel gesellschaftlicher Vorstellungen der Ehe als Institution ab, der sich historisch zwischen den beiden
Werken vollzogen hat.

I

Für die folgenden Überlegungen gehe ich davon aus, dass sich Manns Frühwerk
– nicht ausschließlich, aber durchgängig – mit gefährdeter Männlichkeit beschäftigt.[4] *Gefallen, Der kleine Herr Friedemann, Der Bajazzo, Luischen*: Sie

---

[1] Vgl. zur Konzeption des Films in den späten 1980er-Jahren und noch vor der deutschen
Wiedervereinigung Yahya Elsaghe: Thomas Mann auf Leinwand und Bildschirm. Zur deutschen
Aneignung seines Erzählwerks in der langen Nachkriegszeit. Berlin: De Gruyter 2019, S. 333–337.

[2] Vgl. zum »ungeschriebenen Gesetz der Werktreue« für Thomas-Mann-Verfilmungen ebd.,
S. 17–41, hier S. 38.

[3] Der mediale Wechsel verdiente eine eigene Betrachtung, gerade mit Blick auf die Darstellung von weiblicher Homosexualität. Diese, auch in der Schrift Problemen des ›male gaze‹ und
der Pornographisierung begegnend, bringt im visuellen Medium noch einmal wesentlich eigene
Sensibilitäten mit sich.

[4] Vgl. übersichtlich Benedikt Wolf: Männerbilder/Frauenbilder, in: Thomas Mann-Hand-

thematisieren gesellschaftliche, ökonomische und sexuelle Versagensangst eines Künstlers und Manns innerhalb einer bürgerlich-kapitalistischen, zugleich heteronormativen Gesellschaft. Etwas schablonenhaft ließe sich sagen: Es geht in Manns Frühwerk um die Prekarität kulturellen, ökonomischen und sozialen Kapitals – zumeist mittels einer Distanzvermessung gegenüber den hegemonialen Männlichkeitsidealen.

Gerade die jüngere Thomas-Mann-Forschung beschäftigt sich nicht mehr allein mit Männlichkeit in Manns Werk und mit dem tragischen Außenseitertum seiner Figuren, von denen die meisten einem Paradigma des ›Künstlertypus‹[5] entstammen, das ein Spektrum zwischen Mittelmaß, Hochstaplertum und echter Begabung umfasst. Sondern darüber hinaus finden sich auch gender- und zunehmend queertheoretische Lektüren von Manns Werk und besonders Frühwerk.[6] Dabei kommen die Frauenfiguren auch unter dem Aspekt ihrer Spiegelung des Außenseiterkonflikts oder gar der Homosexualität in den Blick, woran ich am Ende des Beitrags anknüpfen werde.

In einem Brief vom 6. April 1897 an Otto Grautoff äußerte Mann bekanntlich, er habe im *kleinen Herrn Friedemann* die »Masken« gefunden, worin er seinen Konflikten literarischen Ausdruck verleihen könne (21, 89). Im Anschluss daran beschäftigt sich die Thomas-Mann-Forschung – zunächst auf der biographischen Suche nach Abbildern von Manns homoerotischer Neigung, jüngst aber auch in der Vorarbeit eines weiteren ›Queerings‹ der Texte selber – mit der Dechiffrierung dieser ›Autormasken‹. Gemäß des in der Forschung traditionsreichen autobiographischen Ansatzes Frau von Rinnlingen als ihren empirischen Autor einmal mehr zu demaskieren, ist hier allerdings nicht das Ziel.

Sämtlich einem misogynen Geschlechterdiskurs des 19. Jahrhunderts verpflichtet, den sie mitunter als solchen ausstellen,[7] oft jedoch bestätigen,

buch. Leben – Werk – Wirkung, hg. von Andreas Blödorn/Friedhelm Marx, Stuttgart: Metzler/Poeschel 2015, S. 322–324; Thomas Wortmann/Sebastian Zilles: Homme fragile. Zur Einleitung, in: Homme fragile. Männlichkeitsentwürfe in den Texten von Heinrich und Thomas Mann, hg. von Thomas Wortmann/Sebastian Zilles, Würzburg: Königshausen & Neumann 2016 (= Konnex, Band 12), S. 7–28; sowie ausführlicher z. B. die Beiträge in diesem Band oder Andrew J. Webber: Mann's man's world: gender and sexuality, in: The Cambridge Companion to Thomas Mann, hg. von Ritchie Robertson, Cambridge: Cambridge University Press 2001, S. 64–83, hier S. 65–70.

    5 Vgl. zum »Konnotat künstlerischer Sterilität oder Mittelmäßigkeit« von Johannes Friedemanns Geschlechtsnamen Elsaghe: Thomas Mann auf Leinwand und Bildschirm (Anm. 1), S. 343 f.

    6 Vgl. Astrid Lange-Kirchheim: Gender Studies, in: Thomas Mann-Handbuch. Leben – Werk – Wirkung, hg. von Andreas Blödorn/Friedhelm Marx, Stuttgart: Metzler/Poeschel 2015, S. 364–372, hier S. 370.

    7 Vgl. z. B. Hannelore Mundt: Female Identities and Autobiographical Impulses in Thomas Mann's Work, in: A Companion to the Works of Thomas Mann, hg. von Herbert Lehnert/Eva Wessell, Rochester (N.Y.): Camden House 2004, S. 271–295.

wären auch die meisten der frühen Frauenfiguren nur mit einigem Interpretationsaufwand als progressiv-einfühlsame Gefühlsportraits und sogenannte ›Autormasken‹ zu lesen. Besser werden sie als Projektionen jener prekären Männlichkeit, als die Ummünzung einer inneren Angst in eine Bedrohung von außen verständlich. Gerda von Rinnlingen interessiert mich hier – auch im Licht wieder ganz aktueller Fragen um Geschlecht und Geschlechterrollen[8] – mithin als die Verkörperung eines patriarchalen Phantasmas: demjenigen der unbezähmbaren Frau. Unter solchem Blickwinkel gewinnt die Homosexualität, die Vogels Verfilmung des *kleinen Herrn Friedemann* an dieser Frauenfigur ausmalt, eine über die Frage nach der sexuellen Orientierung hinausweisende Bedeutung.

Dass Gerda von Rinnlingen in der Verfilmung eine unmissverständlich sexuell aktive, homosexuell und darüber hinaus promiskuitiv begehrende Frau ist, weicht wie gesagt vom Text ihrer literarischen Vorlage in einem dort expliziten Punkt ab. Im Novellentext noch erregt sie nämlich aufgrund ihres Mangels an Koketterie und an gegengeschlechtlicher Responsivität, also eigentlich gerade aufgrund ihrer sexuellen In-Aktivität, das Missfallen zumindest der weiblichen Bevölkerung einer norddeutschen Kleinstadt.

Als »lesbische[s] Liebesspiel[ ]«[9] vermag zwar unterdessen die sensibilisierte Forschung bereits in der Novelle eine auf den ersten Blick unscheinbare kleine Szene zwischen Gerda und einem Fräulein Stephens zu interpretieren, doch gibt der Text von dieser Stelle abgesehen kaum Anhaltspunkte für eine solche Lesart:[10]

[8] Durch die Linse von Vogels Verfilmung ließen sich zusammen mit Manns Vorstellung der künstlerischen Zweigeschlechtlichkeit auch zeitaktuelle Debatten um z. B. Transsexualität aufs Korn nehmen, welche die Trennung von Sex und Gender sowie die Definition von Gender überhaupt erneut in den Blick rücken. Dass gerade die da und dort postulierte Androgynie seines Vorbilds Goethe (vgl. Heinrich Detering: Das Ewig-Weibliche. Thomas Mann über Toni Schwabe, Gabriele Reuter, Ricarda Huch, in: TM Jb 12, 1999, S. 149–169, hier S. 166–169) stets ein Grund für Mann war, »mit dem Bleistift dareinzufahren« (5.1, 415), zeigt schon ein Blick in die Bände von Manns Nachlassbibliothek (vgl. genauer Martina Schönbächler: »[F]ehlerhafte Thatsächlichkeit«? – Thomas Manns Bibliothek als Medium seiner Poetologie, in: Randkulturen. Lese- und Gebrauchsspuren in Autorenbibliotheken des 19. und 20. Jahrhunderts, hg. von Anke Jaspers/ Andreas Kilcher, Göttingen: Wallstein 2020 [im Druck]). Lesen und Schreiben sind bei Mann als wechselseitig passiv-aktiver Vorgang codiert, der sowohl gegendert als auch sexualisiert zu verstehen ist. Damit böten seine Texte – vielleicht gegen den Strich gelesen – einen Zugang zu gesellschaftlich aktuellen Problematiken.

[9] Astrid Lange-Kirchheim: Maskerade und Performanz – vom Stigma zur Provokation der Geschlechterordnung. Thomas Manns »Der kleine Herr Friedemann« und »Luischen«, in: Apokrypher Avantgardismus. Thomas Mann und die Klassische Moderne, hg. von Stefan Börnchen/ Claudia Liebrand, München: Fink 2008, S. 187–224, hier S. 195.

[10] In diese fügen sich Gerdas ›burschikose‹ Kälte gegenüber ihrem Gatten und die offenbar erklärungsbedürftige Kinderlosigkeit, die allerdings für sich genommen keine solche Interpretation nahelegen.

Im Hintergrunde des Zimmers aber, auf der Ottomane, neben der die niedrige, rot-verhüllte Lampe stand, saß im Gespräch mit dem jungen Fräulein Stephens Gerda von Rinnlingen. Sie saß ein wenig in das gelbseidene Kissen zurückgelehnt, einen Fuß über den anderen gestellt, und rauchte langsam eine Cigarette, wobei sie den Rauch durch die Nase ausatmete und die Unterlippe vorschob. Fräulein Stephens saß aufrecht und wie aus Holz geschnitzt vor ihr und antwortete ängstlich lächelnd. (2.1, 114 f.)

Die Deutung von Ottomane, roter Lampe und Zigarette einmal ausgespart: Der Film überträgt solcherlei in die Avancen, die Gerda – hier jetzt – einem frisch verlobten Fräulein Hagenström, bereits beim ersten Opernbesuch und später auf jener Ottomane sitzend, wesentlich unzweideutiger macht. Darüber hinaus aber pflegt sie eine im Novellenplot nicht vorgesehene Beziehung mit einer ganz neuen Figur, dem Dienstmädchen Emma, die ihre sexuelle Orien-tierung mehr als deutlich und auch mittels Thomas Manns eigener Chiffren inszeniert. Geläufig ist die sexuelle Konnotation des Klavierspiels von Manns Texten aus *Buddenbrooks* oder *Tristan*.[11] Hier im Film setzt sich Gerda von Rinnlingen soeben aus der Badewanne gestiegen, noch nass und kaum beklei-det direkt ans Klavier, nachdem ihr Mann sie dort beim Liebesspiel mit Emma unterbrochen hat. Ihr musikalisches Phantasieren, mit dem sie den sich alsbald von der Szene entfernenden Mann ignoriert, zitiert die als solche leicht ent-schlüsselbare Masturbationsszene Hanno Buddenbrooks.[12]

Gerdas Verhältnis zu ihrem Mann, im Text noch als kühle Distanz charak-terisierbar, schlägt so im Film in offene Ablehnung um, während er sich un-glücklich und vergebens – auch das eine Interpretation erst des Films – um sie bemüht. In einigen der Novellenvorlage frei hinzugefügten Sequenzen macht der Film Gerdas Feindseligkeit gegen den Gatten sehr deutlich: Die Hand, mit der er ihr nach einem Ausritt vom Pferd helfen will, verweigert sie ebenso wie auf seine Erkundigung nach ihrem Befinden in der neuen Stadt das Gespräch. Später formuliert sie explizit aus, dass er ihre Zweisamkeit mit Emma störe. Mit Emma sucht sie dagegen aktiv nicht nur die sexuelle Gemeinschaft, sondern sie vertraut auch ihr erst, diesmal unaufgefordert, die Antwort auf die Frage an, welche Herr von Rinnlingen zuvor vergeblich an sie gerichtet hat: Die neue Stadt findet sie »schrecklich[]« (Vf, 47–50).[13]

---

[11] Vgl. Detering: Das Ewig-Weibliche (Anm. 8), S. 151 f.; Adrian Daub: »Zwillingshafte Ge-bärden«. Zur kulturellen Wahrnehmung des vierhändigen Klavierspiels im neunzehnten Jahr-hundert, Würzburg: Königshausen & Neumann 2009, S. 50 f., 196.

[12] Peter Vogel: Der kleine Herr Friedemann. Nach der Erzählung von Thomas Mann, Deutschland: Deutscher Fernsehfunk 1991; nachfolgend unter der Sigle Vf mit Zahl der Lauf-minute; vgl. 1.1, 824–828.

[13] Anstelle einer Antwort spielt sie mit dem Zitat einer Strophe aus Emanuel Geibels Gedicht Nr. 5 *[Nun kehrt zurück die Schwalbe]* aus den *Liedern aus alter und neuer Zeit* lediglich auf Lübeck als diesen Wohnort an.

Vielleicht ist der Film mit dieser Abweichung von der Textoberfläche der Vorlage tatsächlich einer queeren Lesart des Novellentexts auf der frühen Spur, wonach die jüngere Forschung in Gerda die Spiegelung einer verklausulierten Homosexualität Friedemanns erkennt.[14] Er erspürt damit aber zunächst ein anderes Phänomen: Das Phantasma der unbezähmbaren Frau als äußere Verkörperung, als Projektion wie gesagt, prekärer Männlichkeit.

Als Vertreterin eines Figurentypus, der in Manns Frühwerk hohe Konjunktur hat, ist Gerda von Rinnlingen unterdessen vor allem auf ihre ›fatalen‹ Qualitäten hin untersucht.[15] Manns frühe Frauenfiguren ähneln sich, wofür Gerda Arnoldsen als rothaarige Wiedergängerin lediglich das prominenteste Beispiel abgibt. Die Motive, die mit diesen Figuren assoziiert sind, ihr Aussehen, die Choreographien ihres Auftritts, das Interieur ihrer Lebensräume und dergleichen wiederholen sich immer wieder.[16] Wo Figuren, die dies- und jenseits der Grenze zwischen Femme fatale und fragile anzusiedeln wären, sich solche Charakteristiken teilen, wird die Typisierung indes schwierig. Denn nicht alle der so über die sie umgebende Motivik verschwisterten Frauenfiguren sind kalte, grausame Männerverderberinnen.

Ein Beispiel: Auf dem gleichen »Lerchenberg«,[17] der in *Luischen* zum Schauplatz von Christian Jacobys Erniedrigung und Tod wird, fährt im *Bajazzo* eine äußerlich der fatalen Amra Jacoby ähnlich sehende, dabei aber wesentlich weniger bedrohliche Frauenfigur am Protagonisten vorüber.[18] Ihren »Jagdwagen« lenkt und die beiden Pferde zügelt das »junge Mädchen«, Anna Rainer, dabei so eigenhändig wie Gerda von Rinnlingen (2.1, 145 f.). Die Ähnlichkeit der beiden

---

[14] Vgl. Lange-Kirchheim: Maskerade und Performanz – vom Stigma zur Provokation der Geschlechterordnung (Anm. 9), S. 189–195; Michael Boehringer: »so gut er das vermochte«. Disability, Masculinity and Desire in Thomas Mann's *Der kleine Herr Friedemann*, in: Wortmann/Zilles: Homme fragile (Anm. 4), S. 235–256, hier S. 238.

[15] Zum Typus der Femme fatale vgl. Carola Hilmes: Die Femme fatale. Ein Weiblichkeitstypus in der nachromantischen Literatur, Stuttgart: J.B. Metzler; Metzler 1990. Zu den spezifisch männlichen Versagensängsten, welche dieser Typus in den älteren Texten Manns verkörpern kann, vgl. die Studien von Yahya Elsaghe (z. B. Die kleinen Herren Friedemänner. Familie und Geschlecht in Thomas Manns frühesten Erzählungen, in: Zerreissproben/Double Bind. Familie und Geschlecht in der deutschen Literatur des 18. und des 19. Jahrhunderts, hg. von Christine Kanz, Wettingen: eFeF-Verlag 2007 (= gender wissen, Bd. 10), S. 159–180; Konzeptionen von Männlichkeit und ihre sozialgeschichtliche Interpretierbarkeit in Thomas Manns frühesten Erzählungen: Eine Fallstudie zum *Kleinen Herrn Friedemann* und seiner Rezeptionsgeschichte, in: Wortmann/Zilles: Homme fragile (Anm. 4), S. 65–84).

[16] Vgl. Martina Schönbächler: Gerda und ihre Schwestern. Zur Herkunft und Ausprägung einer Figurenkonstellation im Frühwerk Thomas Manns (*Gefallen*, *Der kleine Herr Friedemann* und *Luischen*), in: Lectures des récits et nouvelles de jeunesse de Thomas Mann (1893–1912), hg. von Frédéric Teinturier/Jean-François Laplénie, Paris: L'Harmattan 2017, 81–101.

[17] Vgl. *Luischen*, (2.1, 163, 167, 174) mit *Der Bajazzo* (2.1, 135, 137, 144).

[18] Vgl. für die Ähnlichkeiten und Unterschiede im Zusammenhang mit der gesetzlichen Mündigkeit der jeweiligen Figur Elsaghe: Die kleinen Herren Friedemänner (Anm. 15), S. 165–167.

Auftritte bis ins Detail ist frappant. Die Signifikanz der Unterscheidung beider Figuren reicht derweil über die beiden Texte weit hinaus. Über ihren jeweiligen Zivilstand nämlich lassen sich der Verlauf und die Durchlässigkeit der Grenze zwischen fataler und fragiler Frau in einem weiten Kreis von Frauenfiguren aus Manns Texten beobachten; von Amra Jacoby und Ada von Stein über sogar Gabriele Klöterjahn, welcher Detlev Spinell mit Nachdruck ihren Ehenamen ab- und ihren »Mädchennamen« (2.1, 337) wieder zuspricht, bis erst recht zu Imma Spoelmann.[19]

Dabei zeigt sich regelmäßig, dass die harmlose oder zumindest harmlose*re* Form der Frau mit den Zügeln in Händen eben nach rechtlichen und sozialen Gesichtspunkten noch keine solche ist. Sie ist ein »Mädchen«,[20] unverheiratet also. Die fatale Frau in Manns Frühwerk ist eine *verheiratete* Frau.

II

Aus der Perspektive der Verfilmung betrachtet, gewinnt dieser Unterschied im Licht der Rechtsphilosophie an Konturschärfe. Johann Gottlieb Fichtes *Deduction der Ehe*, erschienen 1796 als Teil seiner *Grundlage des Naturrechts nach Principien der Wissenschaftslehre*, ist am Beginn des 19. Jahrhunderts ein Wendepunkt im Rechts- und Geschlechterdiskurs und von maßgeblichem Einfluss auf dessen weiteren Verlauf.[21] Sie kann daher zur Illustration eines diskursiven Hintergrunds dienen, vor welchem *Der kleine Herr Friedemann*

---

[19] Vgl. zu *Königliche Hoheit* auch Sylvia Wallinger: »Und es war kalt in dem silbernen Kerzensaal, wie in dem der Schneekönigin, wo die Herzen der Kinder erstarren«. Gesundete Männlichkeit – gezähmte Weiblichkeit in Thomas Manns *Königliche Hoheit* und *Wälsungenblut*, in: Der Widerspenstigen Zähmung. Studien zur bezwungenen Weiblichkeit in der Literatur vom Mittelalter bis zur Gegenwart, hg. von Sylvia Wallinger/Monika Jonas, Innsbruck: Institut für Germanistik Universität 1986 (= Innsbrucker Beiträge zur Kulturwissenschaft Germanistische Reihe, Bd. 31), S. 235–257.

[20] Vgl. *Der Wille zum Glück* (2.1, 55, 61); *Der kleine Herr Friedemann* (2.1, 93); *Der Bajazzo* (2.1, 146, 148, 151, 154, 155, 156).

[21] Vgl. Arne Duncker: Gleichheit und Ungleichheit in der Ehe. Persönliche Stellung von Frau und Mann im Recht der ehelichen Lebensgemeinschaft 1700–1914, Köln: Böhlau 2003 (= Rechtsgeschichte und Geschlechterforschung, Bd. 1), S. 481. Noch 2018 kann eine Eherechtsenzyklopädie ohne weiteres feststellen, das »Ideal der Ehe auf Lebenszeit« entspreche »in mehr als einer Hinsicht den Grundbedingungen der menschlichen Existenz« (Robert Battes: Eherecht, Berlin, Heidelberg: Springer 2018 (= Enzyklopädie der Rechts- und Staatswissenschaft), S. 485). Vgl. zu den preußischen Reformbestrebungen im 19. Jahrhundert auch David Lange: Der Staatsakt als konstitutives Element für Begründung und Auflösung der Ehe, Frankfurt/Main: Lang 2010, S. 47. Ob Mann Fichtes Grundtext selbst gelesen hat, bleibt für meine nachfolgend nicht quellenphilologischen, sondern diskursanalytischen Überlegungen unwesentlich. Friedrich Hegel und Friedrich Nietzsche allerdings, die Mann nachweislich kannte, greifen Fichtes Geschlechterkonzeptionen über weite Teile affirmativ auf.

spielt. Denn während ältere juristische Bestimmungen vor 1800 die Geschlechter auf oberster Ebene zunächst gleichbehandeln, ändert sich das mit Fichte: In juristischen Definitionen taucht nun das »unbestimmte ›Wesen der Ehe‹« auf, charakterisiert durch die männliche Bestimmungsgewalt, womit diese »eine Art der höheren Weihe innerhalb der Eherechtssystematik« erhält.[22]

Fichtes *Deduction* entwickelt als Teil und Ausdruck der um 1800 betriebenen Naturalisierung und gleichzeitigen ›Polarisierung der Geschlechtscharaktere‹[23] ein Verständnis der Ehe im Sinn einer quasi anthropologischen Notwendigkeit. Sie konzipiert die Ehe nicht länger als eine vertraglich-rechtliche, von den im Gesetzestext festgeschriebenen Regeln der Gesellschaft sanktionierte Zweckgemeinschaft, sondern sie verlegt das Verhältnis der Geschlechter ins ›Sittlich‹-Naturgegebene.[24] Sie schließt damit jeden Raum für eine Unterscheidung zwischen sozialem und biologischen Geschlecht und schreibt die Ehe zur unumgänglichen Organisation des Zusammenlebens fest, die tief im Wesen des Menschen angelegt ist.

Die Bildung einer solchen *vorrechtlichen* Gemeinschaft lässt die *Deduction* mit dem Vollzug des Sexualakts in eins fallen, indem sie männliche Sexualität als aktiv und als Selbstzweck, weibliche Sexualität dagegen als passiv und rein reaktiv festlegt. In schärfster Zuspitzung lautet die Argumentation, dass eine Frau sich qua ihrer reinen Passivität im Geschlechtsakt notwendig zum Mittel des Zwecks eines Anderen mache. Zur Bewahrung ihrer eigenen Vernunft und Würde müsse sie daher diesem Anderen für immer als Teil seiner Selbst – freiwillig und aus Liebe – unterworfen sein. Konzis formuliert Fichte damit die Idee einer naturgegebenen weiblichen Unterwerfung unter den männlichen Sexualtrieb aus, der dadurch erst sekundär in empfindende Liebe umgelenkt wird.

Dieses Unterwerfungsverhältnis aus Liebe, das mit dem ersten Geschlechtsakt einer Frau zustande kommt, dauert seinem Wesen nach – zumindest zwischen in Fichtes Begriffen vernünftigen und empfindungsgesunden Menschen – lebenslang. Dem Staat fällt nur noch in zweiter Linie seine rechtliche Absicherung oder Organisation zu. Zivilrechtlich leitet die *Deduction* aus dieser ›natürlichen‹ Ehe ab, dass eine Frau mit ihrer Verheiratung im Prinzip als selbständige Akteurin zu existieren aufhöre und vollkommen in der Rechtsper-

[22] Duncker: Gleichheit und Ungleichheit in der Ehe (Anm. 21), S. 252; i. O. mit Hervorhebung.
[23] Vgl. Karin Hausen: Die Polarisierung der »Geschlechtscharaktere«. Eine Spiegelung der Dissoziation von Erwerbs- und Familienleben, in: Geschlechtergeschichte als Gesellschaftsgeschichte, Göttingen: Vandenhoeck & Ruprecht 2012 (= Kritische Studien zur Geschichtswissenschaft, Bd. 202), S. 19–49.
[24] Vgl. Johann Gottlieb Fichte: Deduction der Ehe, in: Zur Rechts- und Sittenlehre, hg. von Immanuel Hermann Fichte, Berlin: Veit 1845 (= Johann Gottlieb Fichte's sämmtliche Werke, Bd. 3), S. 304–318, hier 304.

sönlichkeit, aber auch im privaten Willen ihres Mannes aufgehe, der im Gegenzug die Verantwortung für sie und die Vertretung ihrer Interessen übernehme.

Hervorzuheben ist dabei zum einen, dass hier ledigen oder verwitweten
Frauen sehr wohl ein unabhängiger Personenstatus zukommt, worin Fichte
sich gemessen an seiner Zeitgenossenschaft sogar verblüffend progressiv
zeigt.[25] Zum anderen bedeutet das auch, dass die Frau sich dem Mann aus
völlig freien Stücken unterwerfen, zugleich aber wesensbedingt gar keine andere Wahl haben soll. Der Hebel für ihre Domestizierung setzt nicht bei der
rechtlichen Regelung der Ehe an, sondern im Getriebe ihres ›natürlichen‹ Geschlechtscharakters, bei der Sexualität selber. Die empfindliche Komponente
dieser Mechanik ist, dass dafür die weibliche Wesensweise wie vorgesehen
funktionieren muss, denn Mann und Staat haben hier keinerlei Handhabe.
Der weibliche Trieb hat daher bloße Funktion des männlichen zu sein und
darf sich nicht als aktiver *Sexual*trieb äußern, sondern nur als das Bedürfnis,
einen Mann zu befriedigen.[26]

Konnte also am Beginn des 19. Jahrhunderts die Ehe statt als ein primär
rechtliches als ein ›sittliches‹ und naturnotwendiges Konstrukt gedacht werden, so haben sich zur Entstehungszeit des *kleinen Herrn Friedemann* die
Vorstellungen von ›Wesen‹ und ›Sittlichkeit‹ der Ehe aus dem rechtsphilo-
sophischen und dem Geschlechterdiskurs in Gesetzestexten wie dem neuen
Bürgerlichen Gesetzbuch (BGB)[27] normativ niedergeschlagen. Ironischerweise
zementieren die Gesetzbücher damit rechtlich zum Zwang, was als natürliches
Verhältnis nach Fichtes Verständnis eigentlich einem staatlichen Diktat niemals hätte unterliegen sollen. Derweil sind gesellschaftlich die Rollenvorstel-
lungen unter der ersten Welle der Frauenbewegung bereits in der Revision,[28]
und Männlichkeit sieht sich so vielfältig angefochten wie eingangs erwähnt.

Damit gelange ich zurück zu Gerda von Rinnlingen: In einer Vorstellungs-
welt wie der eben dargelegten, wo sich Begehren entlang heteronormativer
Strukturen von männlicher Aktivität und weiblicher Passivität organisiert,
geht von einer unverheirateten, also ›herrenlosen‹ Frau zwar durchaus eine ge-

---

[25] Vgl. Christoph Kucklick: Das unmoralische Geschlecht. Zur Geburt der negativen Andro-
logie, Frankfurt/Main: Suhrkamp 2008, S. 240–270.

[26] Dass solche Denkfiguren einen kaum zu unterschätzenden Einfluss auf die westliche Ge-
schlechterkonzeption geübt haben, bedarf hier keiner weiteren Erläuterung. Stellvertretend genügt es, Sigmund Freuds Psychoanalyse anzuführen, welche die Idee der reaktiven weiblichen
Sexualität übernommen und ins 20. Jahrhundert disseminiert hat, wo sich in der kulturellen
Bandbreite von Höhenkammliteratur über Plakatwerbung bis in die Pornographie, strafrechtlich
auch in Gesetzen bezüglich Vergewaltigungsfällen, ihre vielfältige Wirkung zeigt.

[27] Dieses wurde nach langer Entwurfsphase 1900 schließlich verabschiedet.

[28] Sie unterlagen jetzt umgekehrt einer ersten Entnaturalisierung. Ausgerechnet Katia Manns
Großmutter Hedwig Dohm wandte sich schon 1876 in *Der Frauen Natur und Recht* gegen eine
biologistische Determination des ›Geschlechtscharakters‹.

wisse Beunruhigung aus. Gefährlich ist sie aber nur insoweit, als sie potentiell jederzeit dem männlichen Sexualtrieb unterworfen – fichteanisch gedacht also geehelicht – werden kann. Ein viel existenzielleres Angstphantasma hingegen vermag die Frau zu verkörpern, die nach allen von Fichtes Prinzipien der Vernunft, der Sittlichkeit und des Rechts einem Mann angehören und bezwungen sein *sollte*, sich aber nicht danach verhält.

Gerda von Rinnlingens imaginierte Grausamkeit und ihre Bedrohlichkeit sind im Novellentext eins mit ihrer sexuellen Unverfügbarkeit. Gegenüber der Männerwelt generell und besonders gegen ihren Ehemann ist sie abweisend genug, dass die Ehe vielsagend kinderlos bleibt (2.1, 94–96). Den begehrenden Friedemann stößt sie von sich, als er sich ihr offenbart. Ihr »Sein und Wesen« ist »burschikos«, sie raucht, sie reitet, ihr Benehmen ist, auf den Punkt gebracht, »frei« (2.1, 95). Die weibliche Reaktivität, welche den männlichen Geschlechtstrieb mit liebender Unterwerfung beantworten müsste, geht ihr vollkommen ab.

Geradezu ›viril‹[29] ist Gerda von Rinnlingen, wenn sie gemäß neuerer Lektüren darüber hinaus des aktiven sexuellen Begehrens von sich aus fähig ist. Denn ihr Wechsel aus der traditionell weiblich imaginierten und per Definition passiven Position als begehrtes Objekt auf die aktiv begehrende Subjektposition ist innerhalb einer heteronormativen Codierung von weiblich-passiv und männlich-aktiv nicht vorgesehen. Erst im homosexuellen Begehren kann sie aktiv bedrohlich werden und zugleich weiblich sexuiert bleiben.

So, als Phantasma der Unbezwingbarkeit gelesen, kann sie verkörpern, was sich männlicher (Selbst-)Zügelung und Kontrolle verweigert: Friedemanns lange unterdrückten, vermutlich homosexuellen oder womöglich masochistischen[30] Trieb. Nach außen projiziert und allegorisiert kommt er im Jagdwagen peitschenbewehrt dahergefahren, gleichsam als die »Jägrin Leidenschaft« (Tb, 7.5.1954), welche die Geschlechterzuschreibungen von Aktivität und Passivität umdreht.[31]

[S]ie selbst war sein Schicksal, sie allein! […] Sie war gekommen, und ob er auch versucht hatte, seinen Frieden zu verteidigen, – für sie mußte sich alles in ihm empören, was er von Jugend auf in sich unterdrückt hatte, weil er fühlte, daß es für ihn Qual und Untergang bedeutete; es hatte ihn mit furchtbarer, unwiderstehlicher Gewalt ergriffen und richtete ihn zu Grunde! (2.1, 112)

---

29 Lange-Kirchheim: Gender Studies (Anm. 6), S. 367.
30 Vgl. detaillierter dazu Schönbächler: Gerda und ihre Schwestern (Anm. 16).
31 Wie übrigens auch Anna Rainer. Doch der Bajazzo entscheidet sich gerade *gegen* den Selbstmord, so dass die Begegnung mit der Wagenlenkerin zu keiner fatalen wird.

Deutlich genug legt also die Novelle eine Lesart Gerda von Rinnlingens vor, die »sie« als Verkörperung der männlichen Angst vor dem eigenen Trieb versteht: »*es*« »richtete ihn zu Grunde!« Was im Text dagegen erst unterschwellig mitlesbar ist, stellt wie gesehen ein Jahrhundert später der Film deutlich aus. Nicht allein Gerdas Homosexualität aber wird darin offensichtlich, sondern auch der rechtliche und gesellschaftliche Zwang, unter welchem sie steht und der in der Novelle unterschwellig mitlesbar ist, aber kaum schon unter sozialkritischer Perspektive erscheint.[32]

III

Die Ehe der von Rinnlingens ist im Film stärker als in der Novelle auf gesellschaftliche Konvention und die materielle Abhängigkeit der Frau festgelegt: Gerda leidet unter der eherechtlichen Bestimmung, am Wohnort ihres Mannes zu leben. Dort beengt sie der Stadtklatsch, der sich gegenüber der Vorlage ausführlicher mit den Vermögenswerten ihres Mannes befasst und sie immerhin materiell gut »versorgt« weiß in ihrer Ehe (Vf, 30, 45 f.; vgl. 2.1, 95). – »Warum wohl?« (Vf, 50), fragt Gerda auf seine Erkundigung, wieso sie ihn überhaupt geheiratet habe, ihren Gatten rhetorisch. Sich von ihm zu trennen, wäre für sie trotz Ende des 19. Jahrhunderts allmählich steigender Scheidungszahlen unter zeitgenössischem Recht kaum eine Option und würde mit dem 1896 in der Entwurfsphase befindlichen BGB sogar zusätzlich erschwert. Fichtes lebenslange Unterwerfung in der Form weiblicher Liebe ist es also nicht, was Gerda an ihren Ehemann bindet. »Liebe als Erlösung aus der Isolation« trägt sie erst Fräulein Hagenström in jener intimen Szene auf der Ottomane an (Vf, 86).[33]

Als Kritik an einer bürgerlich-restriktiven Ehekonzeption darf wohl die Ausfiguration von Fräulein Hagenströms Verlobung gedeutet werden. Sie doppelt Gerdas Zwangssituation, indem sie deren biographische Vorstufe spiegelt. Verlobt ist Fräulein Hagenström nämlich mit einem genauso tadellosen Offizier, wie Oberstleutnant von Rinnlingen einer ist und gewesen sein muss. Schon bei der ersten Begegnung in der Oper lässt indes ihre Reaktion auf Gerdas sprechende Blicke vermuten, dass sie ihrerseits womöglich homoerotische Gefühle unterdrückt. Vor einem Hintergrund der relativen Gleichberechtigung der Frauen in der DDR kann die Verfilmung also ein knappes Jahrhundert danach die bürgerliche Ehe als die Zwangssituation der Frau erkennbar

---

[32] Vgl. zur filmischen Politisierung von Manns ›unpolitischen‹ Texten Elsaghe: Thomas Mann auf Leinwand und Bildschirm (Anm. 1), S. 342, 366; zur Übereinstimmung von Entstehungszeit und temporalem Setting der Novelle ebd., S. 328.

[33] Vgl. zur Homoerotik der Szene ebd., S. 388.

machen, als die sie zur Entstehungszeit der Novelle rechtlich festgeschrieben ist.

Denn während der Konzeptionsphase des Films ist die Erwerbstätigkeit von Frauen in der DDR staatlich gefördertes Programm, der Anteil der berufstätigen Frauen liegt in der DDR – im großen Unterschied zur BRD – Ende der 1980er-Jahre bei fast 90%. Kinderbetreuung ist längst auch zur Aufgabe der Gesellschaft gemacht und die Verhütungspille wird gratis abgegeben. Abtreibung ist größtenteils nicht nur legal, sondern mit der Fristenlösung auch zugänglich.[34] Auf die materielle Versorgung durch einen Ehemann haben Frauen in der DDR nur noch ein beschränktes Anrecht, doch sind sie darauf auch nicht mehr notwendig angewiesen.[35] Scheidungen sind gerade in kinderlosen Beziehungen relativ unbürokratisch möglich und kostengünstiger als in der BRD.[36] Entsprechend liegt die Scheidungsquote in der DDR Ende der 1989 bei hohen rund 38%.[37]

Vergleicht man nun die jeweiligen Argumentationen für mögliche Trennungsgründe, so scheint im Scheidungsrecht der DDR ein vorrechtlich-individualistisches Eheverständnis des BGB zumindest teilweise durch eine Auffassung der Ehe als primär gesellschaftliche Institution abgelöst worden zu sein.[38] Dass diese eine juristische Gleichstellung beider Partner vorsieht, bedeutet daher keinesfalls zugleich eine Verabschiedung traditioneller Geschlechtervorstellungen. Denn gerade wenn die Ehe Staatsangelegenheit statt individueller Ausdruck eines ›natürlichen‹ Geschlechterverhältnisses ist, kann sich die Legitimation der Geschlechterrollen davon lösen und anderweitig verhandelt werden.

Auf dieser Grundlage illustriert Vogels Film mit der Entrechtung der Frau in der bürgerlichen Ehe des ausgehenden 19. Jahrhunderts und weiblicher Homosexualität also zwar viel expliziter als die Novelle spezifisch weibliche Problematiken. Sein Titel jedoch lautet nicht etwa *Gerda von Rinnlingen*, sondern nach wie vor *Der kleine Herr Friedemann*. Johannes Friedemann bleibt Prota-

---

[34] Friedrich-Ebert-Stiftung: Familienpolitik und Familienplanung in beiden deutschen Staaten, Bonn/Bad Godesberg: Neue Gesellschaft 1977, hier S. 11–35.

[35] Karin Böttcher: Scheidung in Ost- und Westdeutschland. Der Einfluss der Frauenerwerbstätigkeit auf die Ehestabilität, Rostock: Max-Plack-Institut für demografische Forschung 2006, hier S. 4; Friedrich-Ebert-Stiftung: Familienpolitik und Familienplanung (Anm. 34), S. 11–35.

[36] Böttcher: Scheidung in Ost- und Westdeutschland (Anm. 35), S. 6. In der BRD dagegen, wo noch das BGB galt, war die Frauenerwerbsquote seit den 1950er-Jahren von 44% nur auf 55% gestiegen.

[37] Gegenüber 31.8% in der BRD (Carsten Frerk: Scheidungsquoten in Deutschland und der Welt, Forschungsgruppe für Weltanschauungen in Deutschland (fowid) 2016, https://fowid.de/meldung/scheidungsquoten-deutschland-und-welt, Abrufdatum: 2. Januar 2020).

[38] Vgl. Lange: Der Staatsakt als konstitutives Element für Begründung und Auflösung der Ehe (Anm. 21), S. 64–66.

gonist im Wortsinn und Sympathieträger der Geschichte. Schon die Gestaltung des Filmvorspanns lässt daran keinen Zweifel, der noch vor dem Filmtitel als ersten Namen und einzigen Schauspieler den Hauptdarsteller Ulrich Mühe nennt.[39]

Die Darstellung von Gerdas Homosexualität setzt damit zuvörderst ein mehrfaches Interpretationsangebot um, das auch die Novelle bereits macht, indem sie Gemeinsamkeiten Johannes Friedemanns mit Gerda von Rinnlingen als nervöser Außenseiterin und Opfer des Stadtgeschwätzes andeutet: Markierungen von *Friedemanns* homoerotischem Begehren, auch sie dem Novellentext teils hinzuerfunden, lassen sich im Film einige finden.[40] Allerdings bleiben sie so bedeckt wie schon die derartigen Interpretamente der Vorlage.

Was also unter vorlagentreu männlichem Filmtitel in der Darstellung der ehelichen Unterdrückungssituation einer lesbischen Frau mitläuft, ist die doppelte und dreifache Funktionalisierung einer weiblichen Figur zur Bearbeitung eines männlichen Konflikts. Akzeptiert man die Figur Friedemanns als verkappt gleichgeschlechtlich begehrende, dient die Frauenfigur als Spiegel von Friedemanns eigener sozialer Zwangssituation und zugleich als Platzhalterin *seiner* Wünsche. Als erstens ihm verwandte Leidensgenossin lebt sie zweitens zugleich offen und aktiv ihr gleichgeschlechtliches Begehren aus. Drittens dient sie, wie ausgeführt, paradoxerweise zugleich als Agentin männlichen Verderbens. Der Film integriert die Paradoxie dieser beiden Funktionen mit der Einladung, diejenigen Szenen, in welchen Gerda besonders bedrohlich, unbändig lachend und mit wehender roter Mähne daherreitet oder fährt, als Projektionen und Phantasien Friedemanns zu deuten. Das gilt für ihre erste Vorüberfahrt, für die Strandwagen-Szene und auch für ihren Ritt durch die Brandung (Vf, 41, 54 f., 47). Letzterer beendet eine Zeitlupe mit einem besonders abrupten Schnitt von Bild und Tonspur zurück in die Realität der reitenden Gerda.

Die Überlagerung dieser Deutungen Gerdas als Figur bietet eine mögliche Antwort auf die an dieser Stelle sich aufdrängende Frage, warum Ende der 1980er-Jahre männliche Homosexualität und die gesellschaftliche Unterdrückung des homoerotisch begehrenden Mannes nicht als solche, sondern noch immer in Mann'scher Weise maskiert und anhand einer lesbischen Frauenfigur verhandelt wird:[41] Sie muss zugleich zum männlichen Trieb auch dessen vernichtende Unüberwindlichkeit verkörpern.

---

[39] Vgl. Elsaghe: Thomas Mann auf Leinwand und Bildschirm (Anm. 1), S. 391.

[40] Vgl. ebd., S. 351–357.

[41] Zumindest rechtlich war die DDR bei der Behandlung von Homosexuellen liberaler als die Bundesrepublik. Schon 1988 wurde der berüchtigte Paragraph 175 aus dem Strafgesetzbuch gestrichen, der vom Inkrafttreten des Reichsstrafgesetzbuches am 1. Januar 1872 bis zum 11. Juni 1994 in Westdeutschland überdauerte. »Vielleicht ist alles nur Maske« (Vf, 56), lautet eine dem

In der finalen Szene finden in der Novelle wie im Film die mehrfachen Funktionen Frau von Rinnlingens zusammen. Am Fluss, wo es »wärmer« ist, und im Blick auf das »jenseitige Ufer«[42] (2.1, 116; Vf, 88) offenbart sich Friedemann der Frau, weil er mit ihr Verständnis und eine Leidensgenossin gefunden zu haben glaubt. Das ist jedoch zugleich und notwendig auch ein Akt der Kapitulation vor der Übermacht seines eigenen, übermächtig gewordenen Triebs – sei es nun ein maskiert homo- oder ein offen heterosexueller. Ins Bild rückt das in Novelle und Film sein Kniefall vor der Verkörperung ebendieses Triebs, der ihn folgerichtig vernichtet. Kalt stößt Gerda ihn von sich, worauf er sich das Leben nimmt.

Hier erklärt sich, warum die Verfilmung vor dem Hintergrund eines gewandelten Eheverständnisses Gerdas Homosexualität dermaßen deutlich ausschildern muss: Zwar ist die Vorstellung einer ›natürlichen‹ heterosexuell-passiven Responsivität der Frau seit jener ›Polarisierung der Geschlechtscharaktere‹ um 1800 erstaunlich stabil geblieben. Doch klaffen diese Vorstellung und die eherechtliche Realsituation unterdessen ziemlich weit auseinander.

Während Sexualität in der Rechts- und Sittenlandschaft von 1897 unter der Vorstellung von ›Ehe‹[43] verbuchbar war und der Zivilstand daher als Platzhalter für ein fichteanisch-vorrechtliches Geschlechterverhältnis dienen konnte, hat die Ehe in der DDR der ausgehenden 8oer-Jahre einen anderen Status als Institution. Sie ist kein ›natürlicher‹ Bund mehr, sondern nur noch ein rechtlicher und als solcher sogar ein relativ gleichberechtigter. Damit vermag sie eine dauerhafte weibliche Unterwerfung schlicht nicht mehr automatisch zu gewährleisten.

Soll eine Frau als nicht nur ungezähmt, sondern als unbezwing*bare* Bedrohung[44] interpretierbar sein, kann 100 Jahre nach der Novelle und im Raum der DDR der Fokus ihrer Darstellung daher nicht mehr allein auf ihrem Zivilstand liegen. Sondern weibliche Sexualität selbst, als der Hebel zu ihrer Unterwerfung, muss der Möglichkeit eines männlichen Zugriffs deutlicher entzogen werden: Wo schon weibliche Aktivität dem Friedemann der Novelle als Prob-

---

Novellentext hinzuerfundene Spekulation des Holzhändlers Schlievogt, der sich anlässlich ihres Opernbesuchs über Gerda von Rinnlingen äußert.

[42] Vgl. für einen frühen zeitgenössischen Nachweis dieser Wendung den Brief vom 15. Januar 1892 von Hugo von Hoffmannsthal an Hermann Bahr, in: Hugo von Hofmannsthal, Gerty von Hofmannsthal, Hermann Bahr: Briefwechsel 1891–1934. Band I, Göttingen 2013, S. 31.

[43] Vgl. zu einem nicht strikt juristischen Verständnis des Begriffs der »Ehe« Hanna Szymanski: Theorie und Lebenswirklichkeit. Ehe und Eherecht im Spiegel sozialdemokratischer Forderungen zur Zeit der Zivilrechtskodifikation im deutschen Kaiserreich, Köln: Böhlau 2013 (= Rechtsgeschichte und Geschlechterforschung, Bd. 15), S. 21.

[44] Zum Ausbau von Gerda von Rinnlingens vitaler Bedrohlichkeit und der ›Aktivierung‹ ihrer Libido von der Novelle über die verschiedenen Vorstufen des Drehbuchs bis zur realisierten Version des Films vgl. Elsaghe: Thomas Mann auf Leinwand und Bildschirm (Anm. 1), S. 385–387.

lem begegnet – »War sie nicht eine Frau und er ein Mann?« (2.1, 102) –, wird es
für das Publikum der Verfilmung ihr unmissverständlich gleichgeschlechtliches Begehren, ihr in Mann'schen Begriffen »männisches« (8.1, 1181) Werben.

Um das nun kurz auf den Punkt zu bringen: Gerade *indem* der Film weibliche Homosexualität in der sozialen Zwangssituation zeigt, instrumentali-
siert er also die Frauenfigur zur Darstellung eines männlichen Konflikts. Ihre
Homosexualität bedeutet einerseits die Triebe, die Friedemann in sich selbst
unterdrückt, und andererseits ist sie die denkbar deutlichste Metapher für deren vernichtend bedrohliche Unbezwingbarkeit: weibliche Sexualität, die eben
gerade *nicht* im Dienst der männlichen steht.

Karin Andert, Martina Medolago

Alle Kinder außer Moni und Jenö Lányi.
Worüber in der Familie Thomas Mann nicht gesprochen wurde

Im Rahmen einer Promotion über den aus Ungarn stammenden Kunsthistoriker Jenö Lányi, Verlobter und Ehemann Monika Manns, wurden Briefe an
seine Mutter und Geschwister in Budapest erstmals ins Deutsche übersetzt und
ausgewertet. Daraus ergeben sich neue Erkenntnisse über den Verbleib von ihm
und Monika Mann in Europa, während ihre Familie nach Amerika emigrierte.
Als anerkannter Kunsthistoriker forschte er über den Bildhauer Donatello bis
1937 am Kunsthistorischen Institut in Florenz, wo sie sich kennenlernten. Aufgrund seiner jüdischen Herkunft war er in Italien und bald auch in Österreich
von antisemitischen Rassengesetzen bedroht, so dass er und auch Monika zu
Beginn des Jahres 1938 hauptsächlich in Zürich blieben, von wo aus sie gemeinsam im November 1938 nach London übersiedelten.

Zuvor hatte er jedoch vergeblich gehofft, gemeinsam mit Monika und ihrer
Familie in die USA übersiedeln zu können. Denn die positiven Erfahrungen
während seiner vierten und längsten Vortragsreise von Februar bis Juni 1938
in Amerika führten bei Thomas Mann zu dem Entschluss, seinen Wohnsitz
von der Schweiz in die Vereinigten Staaten zu verlegen. Vor allem die Aussicht
auf eine Stelle an der *University of Princeton* als *Lecturer in the Humanities*
sowie die tatkräftige Unterstützung von Agnes E. Meyer konnten auch Ehefrau
Katia und Tochter Erika, die ihn während der Reise begleiteten, überzeugen.
Von Kalifornien aus schrieb er an seinen Bruder, Heinrich Mann, der sich zu
diesem Zeitpunkt in Nizza aufhielt:

Amerika stellt sich überhaupt wunderbar zur Verfügung, man kennt das nicht in Europa. Wir sind entschlossen, vorläufig nicht dorthin zurückzukehren. Erika fährt Anfang Mai nach Zürich, um den Hausstand aufzulösen und den Transport unserer Habe
zu besorgen. Alle Kinder, bis auf Moni, die wohl wieder nach Florenz gehen wird,
sollen herüber kommen. Für sie alle gibt es die besten Aussichten, nur hier überhaupt
welche.[1]

Auch wenn sich einige Änderungen im Ablauf ergeben sollten, Thomas und
Katia Mann kehrten doch noch einmal in die Schweiz zurück, um sich zu
verabschieden und die Auflösung des Haushalts selbst zu betreuen, wurden
alle Kinder »bis auf Moni« in diese Pläne mit einbezogen und für sie entspre-

---

[1] BrHM, 294.

chend gesorgt. Sein Desinteresse an dem Verbleib von Monika betraf auch ihren kurz vor Weihnachten 1937 der Familie offiziell vorgestellten Verlobten Jenö Lányi. Zu diesem Anlass übergab er ihm ein Exemplar, vermutlich des *Joseph in Ägypten*, nachzulesen in Thomas Manns Tagebuch: »Widmung des ›Joseph‹ an Monis Verlobten Lanyi«[2]. Es folgen ab Februar mehrere Einträge, die zwar einen weiteren Kommentar vermissen lassen, aber darauf hinweisen, dass es keine Einwände gegen den Verlobten gab: »Zu Tische Dr. Lany«[3]. Vor allem Katia Mann war froh, dass Monika nun doch nach einigem Zögern beabsichtigte, »ihren« Lányi zu heiraten. Das bestätigen auch die Briefe Lányis, in denen er von Monikas Absicht und dem Einverständnis der Eltern schreibt. Er beklagt zwar das »etwas hektische Zusammensein«[4] in Monikas Elternhaus, bedingt durch die bevorstehende Abreise: »Aber sie sind lieb und mit dem Plan von Moni und mir unbedingt einverstanden«[5]. Der Plan beinhaltete, möglichst bald zu heiraten und Lányi bat seine Familie mehrmals darum, die für eine Eheschließung notwendigen Papiere in Budapest zu besorgen: »Monikas Papiere sind noch nicht fertig und meine sind in Florenz: wenn die Dokumente alle beisammen sind, schicke ich sie an Mutter, damit sie die nächsten Schritte einleiten kann.«[6] Das »Problem Moni« von dem schon jahrelang die Rede war, wovon die Mutter in ihren Briefen und der Vater in seinen Tagebüchern sprach, schien damit gelöst. Unberücksichtigt blieb, dass Monika nicht so recht wusste, wohin sie gehen sollte, wenn das Elternhaus aufgelöst wurde. Florenz hatten sie und Jenö Lányi bereits wegen antisemitischer Vorkommnisse verlassen und es stand, im Gegensatz zu Thomas Manns vager Annahme, Moni werde »wohl« wieder nach Florenz gehen, überhaupt nicht zur Debatte. Die Rückkehr nach Wien, wo sie und auch Jenö Lányi seit Anfang des Jahres 1937 lebten, kam nach dem Anschluss Österreichs an das Deutsche Reich im März 1938 ebenfalls nicht mehr in Frage. Unmittelbar danach schrieb Lányi an seine Familie:

Ihr könnt Euch ja vorstellen, welch aufgebrachte Zeiten wir durchlebt haben! Monika geht natürlich nun nicht mehr dorthin zurück, wo sie bisher studiert hat und wir haben zunächst gar keine Ahnung, was mit uns werden soll.[7]

Bedroht waren dort beide, er als Jude, sie als Tochter von Katia und Thomas Mann. Sie blieb vorerst bei ihren Geschwistern in Küsnacht und er bei seinem

---

[2] Tb, 21.12.1937.
[3] Tb, 4.2.1938–14.2.1938.
[4] Jenö Lányi an Bertha Lányi: Zürich, 10.2.1938.
[5] ebd.,
[6] ebd., 31.3.1938.
[7] ebd.,12.3.1938.

Freund und Gönner, Rolf Langnese[8], in Zürich. Nachdem sich abzeichnete, dass Amerika als Perspektive für Thomas Mann und Familie konkrete Formen annahm, hoffte Lányi, sich als künftiger Schwiegersohn diesem Aufbruch anschließen zu können:

Tatsache ist, dass Monis Eltern erst einmal in Amerika bleiben und was mit den hiesigen Familienangehörigen geschieht, wird auch bald entschieden. Es ist sehr wahrscheinlich, dass, wenn meine Monika nach Amerika geht, ich auch nicht hierbleiben werde. Denn früher oder später würde ich ohnehin dorthin gelangen und es scheint besser, wenn ich mit der ›Familie‹ zusammen übersetze. Ich würde auf diese Weise viel einfacher ein Visum erhalten und auch bezüglich der Arbeitsmöglichkeiten würde man mir nach den Möglichkeiten vor Ort helfen können.[9]

Parallel dazu bat er die Mutter mehrfach und dringend, die erforderlichen Papiere für die im Juni geplante Hochzeit zu besorgen. Das gelang jedoch aufgrund der aufwendig zu beschaffenden Dokumente nicht und es sollte bis zum nächsten Jahr in London dauern, bis die Ehe geschlossen werden konnte.

Monika Mann selbst fügte sich mehr in ein ihr unabwendbar erscheinendes Schicksal, als dass sie große Erwartungen damit verband. An Lányis Mutter, die sie in Wien im Dezember 1937 kennengelernt hatte, und die aufgrund ihrer österreichisch-ungarischen Herkunft der deutschen Sprache mächtig war, schrieb sie:

Morgen, kommt meine älteste Schwester aus Amerika, die wir alle mit Ungeduld, Spannung und Freude erwarten! – Sie bringt Nachrichten von den Eltern – und von unserer ›zukünftigen Heimat‹ (?) [sic] – und sie wird uns Ratschläge geben, Anhaltspunkte .. mit einem Wort – wir hoffen auf eine Klärung unserer Lage mit ihrem Eintreffen! – Vielleicht fahren wir dann schon baldigst hinüber, oder aber im Herbst! – Diese Fragen müssen nun nächstens definitiv beantwortet werden! ›Zimperlich‹ sein, das gibt's nun nicht mehr! – Man muß ohne Widerstand befolgen, was auf dem Tagesplan des Schicksals steht – und möge es auch hart erscheinen![10]

Sie hofften jedoch vergeblich auf klärende Gespräche und Monika täuschte sich in den Absichten ihrer Eltern und den Motiven der Schwester, die angesichts ihrer Abneigung gegen Monika wohl eher solche Pläne hintertrieb. Sie wollte lediglich wissen, ob und wie seine und damit auch Monikas Zukunft finanziell gesichert sei: »Hat Lányi zu leben? Wovon lebt Lányi? Besitzt Lányi Geld?« Von Amerika war keine Rede. Den unfreundlichen Empfang und die harschen

---

[8] Rolf Langnese (1904–1968), Klavierspieler, Komponist und Dirigent. Mäzen des Schauspielhauses Zürich, verhinderte dessen Schließung 1938. Lányi kannte ihn und seine Familie seit einem Schulaustausch unmittelbar nach dem Ersten Weltkrieg.

[9] Jenö Lányi an Bertha Lányi: Zürich, 31.3.1938.

[10] Monika Mann an Bertha Lányi: Zürich, 29. Mai 1938.

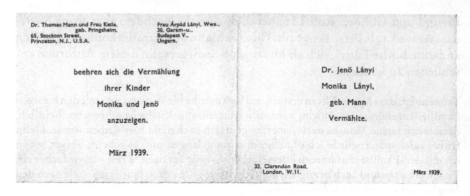

Abb. 1: Vermählungsanzeige für Jenö und Monika Lányi

Worte, nachzulesen in einem Brief von Erika an die Eltern[11] verschweigt er der Mutter in einem seiner nächsten Briefe:

> Mit Erika haben wir nichts Wichtiges besprochen – auch sie konnte nichts weltbewegend Kluges sagen – Sorgen gibt es auch hier viele, wie überall anders und jeder ist versucht, seine <u>eigenen</u> Probleme an erster Stelle zu lösen. So wissen wir noch nicht genau, wie und wann sich die Dinge entwickeln werden.[12]

Vorläufig verlässt er die Schweiz und setzt trotz der geltenden italienischen Rassengesetze seine Studien am Kunsthistorischen Institut in Florenz zu den Skulpturen Donatellos für kurze Zeit fort. Sicher fühlen kann er sich jedoch nicht und fürchtet zurecht, diskriminiert und verfolgt zu werden:

> Das J-Geschimpfe ist auch hier groß angesagt. Und ich kann es kaum erwarten, wieder in der Schweiz zu sein. Bei der Familie meiner Monika wird schon mit der Auflösung des Haushalts begonnen, Mitte September macht sich der größte Teil der Familie auf den Weg. Ich weiß noch nicht genau, wann und wo wir uns wiedersehen werden. <u>Hierher</u> will ich nicht, dass sie kommt! Und ich hätte noch <u>viel</u> zu tun hier![13]

Ungeachtet dessen ergaben sich auch erfreuliche Kontakte, die ihm erlaubten zu hoffen, den Sprung nach Amerika auch ohne Hilfe des berühmten Schwiegervaters zu schaffen. Mit gedämpftem Optimismus schrieb er an die Mutter:

[11] Erika Mann: Mein Vater, der Zauberer, hrsg. von Irmela von der Lühe, Reinbek: Rowohlt 2009, S. 127.
[12] Jenö Lányi an Bertha Lányi: Zürich, 18.6.1938.
[13] ebd.: Firenze, 24.8.1938.

Abb. 2: Am Tag ihrer Vermählung,
London, 2. März 1939. Foto: Privatbesitz
Mária Lányi.

Die wichtigste neue Nachricht ist, dass ich zwei junge amerikanische Kunsthistorikerprofessoren kennenlernte, die sich derart für meine Arbeit begeisterten, dass ich
noch nie so einen Erfolg hatte. [...] Und jetzt versuchen sie mit allen Mitteln Propaganda für mich zu betreiben an den wichtigsten amerikanischen Universitäten und sie
bekräftigen, ich könne ruhig schlafen, weil ich im Frühjahr eine Einladung für eine
Vorlesung in Amerika haben werde!! Nun ich habe nicht den Kopf verloren, aber ein
wenig Hoffnung habe ich doch. Denn es wäre unerträglich gewesen, hätte ich dort als
der Schwiegersohn von Th. Mann auftreten müssen. Denn ich <u>will</u> nur mit meiner eigenen Arbeit und meinem eigenen Wert Karriere machen, wenn ich dies machen muss,
dann schon wegen meiner Monika.[14]

Es folgen noch weitere Briefe, die zum Ausdruck bringen, wie verletzt und
enttäuscht er von Monikas Eltern und Geschwistern war. Während dieser Zeit
trifft die Familie nochmals in Küsnacht zusammen, auch Thomas und Katia
Mann sind aus Amerika zurückgekommen, um die letzten Anweisungen zu

---

[14] ebd.: Firenze, 8.9.1938. Einer der zwei Kunsthistoriker war Horst W. Janson (1913–1982). Es
lässt sich nachweisen, dass Lányi ihn 1938 in Florenz kennenlernte. Nach Lányis Tod verkaufte
Monika Mann ihm das gesamte Arbeitsmaterial ihres Mannes, welches heute in den Archiven
der *New York University* zu finden ist, wo Janson seit 1949 lehrte.

treffen. Am 14. September 1938 verabschieden sie sich von Monika, sie bleibt alleine zurück, über ihre Zukunft wird geschwiegen.

Drei Tage später trifft ihr Verlobter aus Italien ein und es sieht ganz so aus, als hätte er den Zeitpunkt genau abgepasst, um der Familie aus dem Weg zu gehen. Vorläufig kamen beide in Rüschlikon bei Bekannten der Familie Langnese unter, mieteten dann ein Zimmer in der *Pension Fortuna* in Zürich und beschafften sich die nötigen Papiere für eine Überfahrt nach England. Ein guter Freund Lányis, der Kunsthistoriker Rudolf Wittkower, hatte ihm eine Vortragsreihe am *Warburg Institute* in London vermittelt. Aus Jenö Lányis Briefen geht hervor, dass sie am 24. November 1938 dort ankamen, vorläufig in einem Hotel wohnten und später eine Wohnung mieteten. Am 2. März 1939 schreibt er an seine Mutter:

Seit einigen Stunden sind wir Eheleute! Es hat lange gedauert, aber umso glücklicher sind wir! Die ›Zeremonie‹ war sehr einfach aber wir waren nicht weniger aufgeregt! Die Wittkowers waren unsere Trauzeugen.[15]

Während ihrer Durchreise von Holland nach Schweden, Ende August 1939, besuchen Monikas Eltern das junge Ehepaar. Sie sind von den beiden sehr angetan, selbst die Mutter kann sich gegenüber ihrem Sohn Klaus zu einigen freundlichen Worten über Monika durchringen und der Vater nimmt sich vor, ihnen notfalls behilflich zu sein. An eine von beiden nach wie vor erwünschte Emigration nach Amerika dachte er nicht: »Abschied von den jungen Leuten, denen im Kriegsfall die Protektion Murrays und Nicolsons zu erwirken. Das zart verkümmernde Wesen Moni's gibt rührend zu denken.«[16]

Katia und Thomas Mann erleben den Kriegsbeginn noch in Schweden, gelangen jedoch gemeinsam mit Erika nach Amerika zurück. Was mit den beiden in London passiert, davon ist keine Rede. Nicolson empfiehlt ihnen, an die Südküste nach Torquay zu gehen, doch das löst ihre Probleme nicht und bald kehren sie wieder nach London zurück[17]. Monika übt wieder Klavier und Lányi bereitet seine Vorträge in englischer Sprache vor. Gleichzeitig bemüht er sich darum, dass sie beide London verlassen können, vorrangig um nach Amerika zu emigrieren. Alle Versuche schlagen jedoch fehl, von seinen amerikanischen Kollegen erhält er zwar eine Einladung, doch genügt das offensichtlich nicht. Ein Antrag bei der *Society for the Protection of Science and Learning and the Politicization of British Science 1930s* wird abgelehnt, weil er keiner Universität

---

[15] Jenö Lányi an Bertha Lányi: London, 2.3.1939.

[16] Tb, 23.8.1939.

[17] Das wird von Jenö Lányi auch in einem Brief an Katia Mann erwähnt. Thomas-Mann-Archiv, Zürich: B-III.6.

Abb. 3: Telegramm Monika und Jenö Lányi, London 4. September 1940, kurz vor ihrer Abreise nach Kanada. Dokumente: Privatbesitz Rolf Krauer.

angehörte[18], das *Warburg Institute* entsprach offenbar nicht den Kriterien. Die Deutschen rücken jedoch immer näher und Lányi wendet sich nun direkt an Thomas Mann. Von ihm gibt es zwei Tagebucheinträge dazu, in denen er sich eher belästigt als besorgt zeigt: »Dringendes Kabel Lányis, das Moni's Ängste zeigt. Versuche, sie nach Canada zu schaffen.«[19] Und nach einer längeren Pause: »Unangenehmer Brief Lányi's.«[20] Drei Tage später berichtet er seiner Gönnerin Agnes E. Meyer im Rahmen ihrer gemeinsamen Bemühungen um ein Visum für Sohn Golo, von einem überraschend »freundlichen Entgegenkommen der kanadischen Regierung inbetreffs Monika und ihres Mannes«.[21]

Lányis Mutter erhält aus London ein letztes Telegramm am 4. September 1940: »DO NOT WORRY WE ARE PERFECTLY ALL RIGHT SAFE AND HAPPY ALL OUR LOVE AND BEST WISHES = MONIKA JENOE LANYI.«[22] Wenige Tage später gehen sie in Liverpool an Bord des Passagierschiffs *City of Benares*, am 17. September 1940 wird das Schiff von einem deutschen U-Boot torpediert und versenkt. Jenö Lányi ertrinkt, Monika wird gerettet. Notgedrungen kommt sie bei ihren Eltern in Princeton unter. Viele

---

[18] Siehe SPSL files, Bodleian Library, Oxford: SPSL 515, fols. 206–231.
[19] Tb, 31.5.1940.
[20] Tb, 5.8.1940.
[21] BrAM, 221.
[22] Jenö Lányi und Monika Mann an Bertha Lányi, Telegramm: 1940 Szep 4, 22:38.

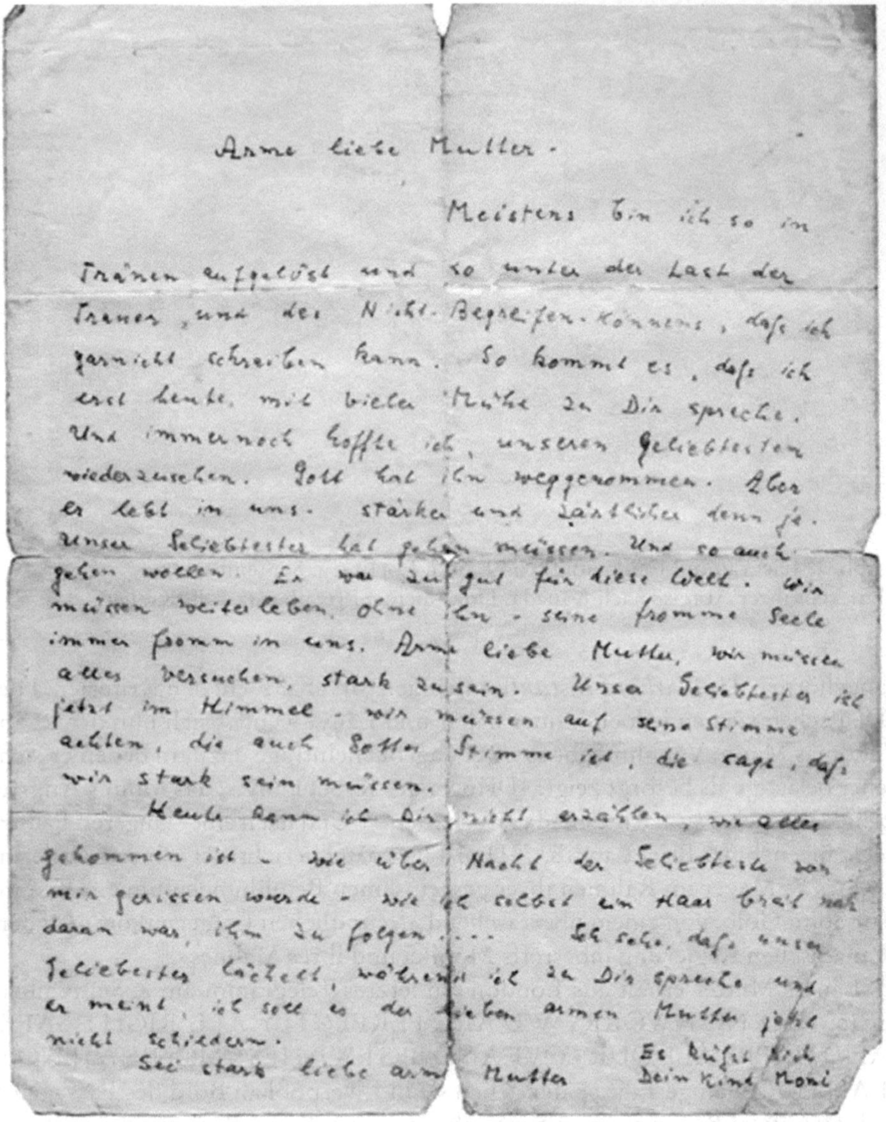

Abb. 4.: Monika Mann an Bertha Lányi, einige Monate nach dem Schiffsuntergang und dem Tod Jenö Lányis, ohne Angabe eines genauen Datums. Privatbesitz: Rolf Krauer.
In ihrem New Yorker Tagebuch 1945, herausgegeben von Karin Andert, Monika Mann. Eine Biografie, versucht sie diese traumatisierende Erfahrung zu verarbeiten.

Monate später schreibt sie an seine Mutter von Carmel aus, sie weilt für einige Zeit bei ihrem Bruder Michael in Kalifornien:

Meistens bin ich so in Tränen aufgelöst und so unter der Last der Trauer und des Nicht-Begreifen-Könnens, daß ich garnicht schreiben kann. So kommt es, daß ich erst heute, mit viel Mühe zu Dir spreche. Und immer noch hoffte ich, unseren Geliebtesten wiederzusehen. Gott hat ihn weggenommen. Aber er lebt in uns – stärker und zärt- licher denn je. [...] Heute kann ich Dir nicht erzählen, wie alles gekommen ist – wie über Nacht der Geliebteste von mir gerissen wurde – wie ich selbst um ein Haarbreit nah daran war, ihm zu folgen .... Ich sehe, daß unser Geliebtester lächelt, während ich zu Dir spreche und er meint, ich soll es der lieben armen Mutter jetzt nicht schildern.[23]

Den Briefen ist zu entnehmen, dass Lányi darauf hoffte, mit Monika und ih- rer Familie nach Amerika zu emigrieren. Er selbst konnte diese Erwartung während seiner ersten Begegnung mit der Familie nicht aussprechen, denn bei »Tische« wurde Konversation geführt, mehr nicht. Die Frage, was mit Mo- nika und ihm geschieht, wurde zu keinem Zeitpunkt gestellt. Bei ihren Plä- nen und Vorbereitungen wurden sie übergangen, gesprochen wurde darüber nicht. Nach Kriegsausbruch wandte er sich direkt an Katia Mann, die offen- bar nicht darauf reagierte. Erst auf sein Drängen hin kümmerte sich Thomas Mann später darum, dass beide nach Kanada ausreisen konnten, für Lányi auch keine gute Lösung, vielfach wurden Juden auch dort interniert. Die Dienste seiner einflussreichen Gönnerin Agnes E. Meyer nahm er für Golo, Heinrich und dessen Frau Nelly Mann in Anspruch und scheute über mehrere Monate hinweg keine Mühe, die erforderlichen Visa für Amerika zu erlangen. Vielen Bekannten wurde von Katia, Erika und Thomas Mann geholfen, damit sie in die USA einreisen konnten, davon ausgeschlossen waren ihre Tochter und ihr Schwiegersohn. Tilmann Lahme fasste dieses Schweigen in seiner *Geschichte einer Familie* sehr treffend zusammen:

Erika, Katia und Thomas Mann sind dem Chaos, in das Europa stürzt, entkommen. Drei der Mann-Kinder sind noch dort, nicht unmittelbar bedroht, aber auch nicht sicher. Michael und Katias Kummer seinetwegen tauchen immer wieder im Tagebuch des Vaters auf. Um Golo, ›den ich sehr herbeiwünsche‹, macht er sich selbst Sorgen. Monika wird nicht erwähnt.[24]

Sie ließen die lästige und als problematisch geltende Tochter bewusst und gerne in Europa zurück. Die Tragik der Geschichte wollte es, dass gerade dieses

---

[23] Monika Mann an Bertha Lányi, [ohne genaues Datum].
[24] Tilmann Lahme: Die Manns. Geschichte einer Familie, Frankfurt/Main.: S. Fischer, 2015, S. 193.

Kind ihnen dann lange Zeit so »unwandelbar zur Seite stand«[25], wie die Mutter mehrfach klagte. Das Schicksal Jenö Lányis traf nicht nur seine Familie, sondern die Kunstgeschichte verlor einen ihrer fähigsten Donatelloforscher. Einer der beiden Kunsthistoriker, die in Florenz von seiner Arbeit so angetan waren, Horst W. Janson, veröffentlichte 1957 auf der Basis von Jenö Lányis Material eine Monografie über Donatello.[26]

Die zitierten Briefe sind zum besseren Verständnis beigefügt, die gesamte, bislang unveröffentlichte Briefsammlung von mehr als einhundert Dokumenten, darunter dreizehn Briefe von Monika Mann, befindet sich im Besitz von Rolf Krauer, Sohn von Magda Lányi, der jüngeren Schwester von Jenö Lányi.

Sie wurden im Rahmen von Martina Medolagos Promotion von Miklós Szirbik übersetzt und dürfen in dieser Form im Thomas Mann Jahrbuch 33, (2020) veröffentlicht werden.

---

[25] Ebd.
[26] Janson, Horst W.: The Sculpture of Donatello, Princeton 1957.

Jenö Lányi an seine Familie, aus dem Ungarischen übersetzt, das gilt für alle seine Briefe.

Zürich 10.2.'38.
c/o Langnese
26, Stadelhoferstr.

Meine Liebsten, seid mir nicht böse, dass ich Euch habe so lange warten lassen mit den versprochenen ausgiebigen Nachrichten. Aber diese erste Woche ist so schnell vergangen dadurch, dass ich sozusagen zwischen zwei Familien hin und her pendle und da Küsnacht 7 Kilometer von hier entfernt liegt, also eine halbstündige Busfahrt beansprucht und der Bus jedoch sehr selten verkehrt, so kann ich meine Zeit nicht effizient einteilen.

Zuallererst, vielen Dank für Eure beiden Postkarten, die zweite habe ich eben erhalten. Sodann: meine Wunde ist fast ganz verheilt, morgen kann ich auch schon <u>baden</u> und ich bin ganz glücklich, dass ich mich endlich wieder mit einem normalen Bad ganz saubermachen kann. Auch mein allgemeines Befinden ist beruhigend und ich bin in einer ganz optimistischen Stimmung. Susanna und Rolf sind unsagbar lieb, Susanna verwöhnt mich dermaßen, dass ich wirklich nicht weiß, wie ich später alleine mit der wirklich recht bescheidenen Kost in Florenz auskommen soll. Mein Zimmer ist klein aber bezaubernd, diese neue Wohnung ist die schönste, die ich bislang kennenlernte. Wenn man hier reinkommt, so ist man wirklich ganz beruhigt und man hat das Gefühl, als ob man sich seit jeher nach einer solchen Ruhe gesehnt hätte. Dazu gibt es ein riesiges Atelier, in welchem die beiden Steinway-Flügel mit dem schönsten Klang auf der Welt stehen. Also, der Jude geriert erneut als Herr!

Mit Moni bin ich selbstverständlich jeden Tag zusammen, nur leider nicht genug, weil es ja nie genug sein könnte. Ich bin jeden Tag draußen, entweder zum Mittagessen oder zum Abendessen, es ist allerdings schade, dass die Alten unfassbar beschäftigt sind, sie reisen am 15. nach Amerika ab, er wird in 15 Städten Lesungen halten (in Chicago vor 4000 Menschen!) und so ist das Zusammensein ein wenig hektisch.

Aber sie sind lieb und sind mit dem Plan von Moni und mir unbedingt einverstanden – möge nur der liebe Gott mir gesundheitlich beistehen! Es kann sein, dass wir noch vor Florenz irgendwohin in die Berge verreisen. Aber zunächst bleiben wir hier!

Euch alle mit treuer Liebe vielmals küssend, Euer Jenö.

Gruß von Susanne Langnese in deutscher Sprache: Wir sind so froh, dass es Jenö besser geht, von Tag zu Tag. Wir werden ihn sehr pflegen. Mit ganz herzlichen Grüßen Ihre Susanna Langnese

Jenö Lányi an seine Familie:

~~Firenze~~ Zürich, 12.3.'38[27]

Meine Liebsten, seid mir nicht böse, dass ich erst jetzt auf Mutters liebe Zeilen antworte aber Ihr könnt Euch ja vorstellen, welch aufgebrachte Zeiten wir durchlebt haben! Monika geht natürlich nun nicht mehr dorthin zurück, wo sie bisher studiert hat und wir haben zunächst gar keine Ahnung, was mit uns werden soll. Die Eltern von M. kommen vielleicht gar nicht mehr aus Amerika zurück – alles steht hier auf dem Kopf! Aber wir verfallen nun nicht in Traurigkeit, denn es hilft ja viel, dass wir wenigstens einander sicher sind, egal was passiert.

Ich bin hier draußen in Küsnacht – ich werde für vielleicht 10 Tage hierherziehen, weil bei den Langneses Großputz gemacht wird und Rolf und Susanna auch irgendwohin verreisen wollen. Susanna war krank bis gestern, Grippe. Mir geht es jeden Tag besser, meine Wunde ist ganz verheilt – es hat sich eine kleine Pustel gebildet irgendwo, daher hatte sich die Wunde einmal geöffnet.

Meine teure Mutter, Du hast einen so lieben Brief an Monika geschrieben, sie hat sich so gefreut, wie ein Kind! Und wie akkurat Mutter Deutsch schreibt – wenn nur ich das auf Ungarisch könnte! Ich war sehr stolz auf Mutter!! Und ich bin <u>glücklich</u>, dass Mutti meine geliebte Moni als Schwiegertochter angenommen hat: sie ist so goldig, dass man es gar nicht aussprechen kann!

Geht Klára nun nach Italien? Trotz des Antisemitismus? Möge der liebe Gott endlich auch ihr helfen! Ich weiß nun gar nicht, wann ich dorthin will, denn – Glück im großen Unglück – die Ereignisse haben uns hier in der Schweiz erreicht. Jedenfalls bleibe ich in diesem Monat noch hier! Monika hat endlich ihre Staatsbürgerschaft erhalten, so haben wir eine Sorge weniger! Ich bin heute zum Konsulat gegangen, um mich zu erkundigen, welche Nachweise ich für die hiesige Schließung einer Ehe erbringen müsste. Dies wird leider Mutti erledigen müssen, ich werde diesbezüglich rechtzeitig und ausführlich schreiben.

Euch alle mit treuer Liebe vielmals küssend, Euer Jenö.

Zürich, 31.3.'38

Meine Liebsten, ich habe Mutters Postkarte und Brief erhalten und bedanke mich sehr, dass sie die Behörde in meiner Angelegenheit aufsuchte. Monikas Papiere sind noch nicht fertig und meine sind in Florenz: wenn die Dokumente alle beisammen sind, schicke ich sie an Mutter, damit sie die nächsten Schritte

---

[27] Tag des Anschlusses Österreichs.

einleiten kann. Leider sind die Dinge hier noch wirklich völlig ungewiss. Tatsache ist, dass Monis Eltern erst einmal in Amerika bleiben und was mit den hiesigen Familienangehörigen geschieht, wird auch bald entschieden. Es ist sehr wahrscheinlich, dass, wenn meine Monika nach Amerika geht, ich auch nicht hierbleiben werde. Denn früher oder später würde ich ohnehin dorthin gelangen und es scheint besser, wenn ich mit der »Familie« zusammen übersetze. Ich würde auf diese Weise viel einfacher ein Visum erhalten und auch bezüglich der Arbeitsmöglichkeiten würde man mir nach den Möglichkeiten vor Ort helfen können. Nachdem dort alles geregelt ist, könnte ich nach Europa zurückkommen, um meine Arbeit fortzusetzen. Aber es erscheint besser, ich wiederhole, nicht zu warten, sondern zu gehen, solange es noch möglich ist! Natürlich sind dies nur Pläne, denn heutzutage kann man nichts anderes machen, als zu planen!

Ich bin schon sehr neugierig, wie Klárichens Unternehmung gelungen ist! Schreibt mir sofort, wenn Ihr Nachricht erhaltet! Von Péter habe ich noch keine Nachricht bekommen. Wie ergeht es dort Duskó?

Ansonsten gibt es hier keine besonderen Neuigkeiten. Gesundheitlich fühle ich mich – Gott sei Dank – von Tag zu Tag besser. Ich hatte unzählige ›Besucher‹ hier, Wiener. Susanna ist vorgestern abgereist und macht Urlaub am See.

Schreibt mir sobald wie möglich! Euch alle mit treuer Liebe küssend, Euer Jenö.

Monika Mann an Bertha Lányi in deutscher Sprache:

Zürich, 29. Mai 1938

Meine liebe Mutter Jenö –

wie <u>kann</u> ich Ihnen nur so selten schreiben – wo ich Sie doch so liebe habe! – Aber seien Sie <u>sicher</u>, daß ich auch ohne Geschreibe an Sie <u>denke</u> und das aus tiefstem Herzen! – und, ich hoffe glauben zu dürfen, daß Sie das <u>wissen</u>! – Und – ich weiß ja auch, daß Sie lieb von mir denken – und daß Sie für unser Glück beten, wofür ich Ihnen innig danke! – Und dann wollte ich Ihnen noch sagen, liebe Mutter Jenö, daß es mich beglückt, Ihnen mit unserem Glück ein Glück zu bereiten! ... Und nun – wird mir bald schwindlig vor lauter ›glücklichen Berechnungen‹! – Bei alldem ist nur schade, daß es scheinbar nicht eine ›ordentliche Hochzeit gibt, so ›wie's im Buche steht‹ – und dazu Sie nicht beiwohnen können – weil doch die Zeiten, so fürchterlich ›unordentlich‹ sind! – Und meine Eltern sind zehn Tage weit weg von hier – da gibt es halt nur einen förmlichen Gang zum Standesamt

und das übrige … geht zwischen Jenölein und mir innerlich vor sich! – Es wäre
auch so schön gewesen, wenn wir als Hochzeitspaar einige Zeit bei Ihnen in
Budapest verweilen hätten können … ach, Sie wissen ja, welcherlei Hindernisse
im Wege stehen! – Ich glaube, in früherer – friedlicher Zeit, hätte man sich dies
alles gar nicht vorzustellen vermocht – doch die Umstände bringen Vagabun-
denmanieren mit sich! – Es sind Gottlob nur <u>äußerliche</u> Dinge – drinnen weiß
man Bescheid und es ist alles gut! – Jenölein ist seit zwei Tagen aus Amsterdam
zurück! Er hat dort <u>enorm</u> gearbeitet – und geht <u>morgen</u> zum <u>Verleger</u>, daß
wir doch etwas schwarz auf weiß von seiner Leistung haben … vor allem die
gestrenge Welt verlangt das! – Wir sind wieder so glücklich, beinander zu sein! –
Jenölein sieht sehr gut aus – und er fühlt sich auch gut! – Morgen, kommt meine
älteste Schwester aus Amerika, die wir alle mit Ungeduld, Spannung und Freude
erwarten! – Sie bringt Nachrichten von den Eltern – und von unserer ›zuküf-
tigen Heimat‹ (?) – und sie wird uns Ratschläge geben, Anhaltspunkte … mit
einem Wort – wir hoffen auf eine Klärung unserer Lage mit ihrem Eintreffen! –
Vielleicht fahren wir dann schon baldigst hinüber, oder aber im Herbst! – Diese
Fragen müssen nun nächstens definitiv beantwortet werden! – ›Zimperlich‹ sein,
das gibt's nun nicht mehr! – Man muß ohne Widerstand befolgen, was auf dem
Tagesplan des Schicksals steht – und möge es auch hart erscheinen! – und in dem
Herzensbund zwischen Jenölein und mir wird auch alles viel leichter gehen! –
Einer hilft dem anderen – und Gott möge uns zu allem beistehen! – Hier geht
soweit alles ganz munter! – Wir führen ein ›reges Haus‹ Gäste gehen ein und
aus – man spricht über dies oder jenes – über sich und die weite Welt! – Es schaut
momentan alles so dunkel aus, daß man den Mut verlieren könnte! – Doch irgendwo wird schon ein ›stilles Plätzchen‹ aufzutreiben sein – und einmal wird
auch die übrige Welt wieder zu Vernunft kommen! – Hoffen wir, daß sie es tun
wird, ohne die schlimmsten Bedingungen zu stellen! – Schade ist, daß der Mai
so unwirsch wie nur möglich, sich in all dem presentierte! – Wir müssen ja noch
<u>heizen</u> und können uns mühsam ausgerüstet mit Schirm und anderen ›Lastern‹
unsre Spaziergänge machen! – Dabei spart der Flieder und sonstiges Blütenwerk
nicht mit ihrem Duft und ihrer Pracht und man hat so doch wenigstens die <u>Illu-
sion</u>, im Mai zu leben! – Am Klavier, bin ich so viel wie nur möglich – und das
tapfer und begeistert! – Ich möchte diesbezüglich so gerne meine Wünsche ans
Ziel und ›an den Mann‹ bringen! – Und scheue nicht viele Stunden der Geduld,
der Anstrengungen, deren es bedarf! – Vor allem aber, muß ein Glaube daran
da sein – und den habe ich! – – Nun, liebe Mutter Jenö, will ich für heute schließen! – Ich wünsche Ihnen so sehr das beste – Ihnen und Ihren Lieben – leider
hörte ich daß Lászlos' Reise fehlschlug … ! – und wohin wir auch ziehen – wir
behalten Sie immer liebend in unseren Gedanken!

Ihre Moni

Jenö Lányi an seine Familie. Mit Ergänzung von Monika Mann in deutscher Sprache:

Zürich, 18.6.'38

Meine Liebsten, wir haben Muttis liebe Zeilen erhalten – die Freude war groß: deutsche Formulierung: ausgezeichnet, deutsche Rechtschreibung: ausgezeichnet – also Mutti hat wieder einmal einen Brief mit Bestbenotungen an Monika geschrieben! Hier gibt es keine besondere Nachricht! Mit Erika haben wir nichts Wichtiges besprochen – auch sie konnte nichts weltbewegend Kluges sagen – Sorgen gibt es auch hier viele, wie überall anders und jeder ist versucht, seine <u>eigenen</u> Probleme an erster Stelle zu lösen. So wissen wir noch nicht genau, wie und wann sich die Dinge entwickeln werden. Anfang Juli kommen wohl auch die Alten aus Amerika zurück – nachdem der alte Herr dort von einigen Universitäten den Ehrendoktor verliehen bekommen hat. Er wird kommendes Jahr in Princeton an der dortigen Universität Vorlesungen halten. Erika und Klaus sind als Reporter nach Spanien gereist – erwähnt die Sache aber niemanden gegenüber. Susanna und Rolf sind heute gut gelaunt aus Firenze angekommen. Ich werde wahrscheinlich kommende Woche gegen Süden reisen aber antwortet mir noch hierher! Ich hatte ein ziemlich trauriges Erlebnis in letzter Zeit: Wir wurden in Amsterdam gute Freunde mit dem talentiertesten ungarischen Schriftsteller, den aber daheim kaum einer kennt, da er auf Deutsch geschrieben hat: Ödön Horváth. Als ich hier ankam, erfuhr ich einige Tage später aus der Zeitung, dass der Arme mitten in Paris während eines Sturmes von einem Baum erschlagen wurde! Er war 37 Jahre alt!! Die schreckliche Nachricht hat mich ganz aufgewühlt!

Danke Mutti, dass sie mir Vatis Jahreszeit geschrieben haben, ich werde die Kerze anzünden und in die Kirche gehen! Schreibt alsbald!

Euch alle mit treuer Liebe küssend, Euer Jenö.

[Satz am linken Briefrand auf der ersten Seite] Meine Mutter, nimm bitte das Du von Monika an, aber bitte sie nicht darum, Dich auch mit Du anzusprechen!

Gruß von Monika Mann:

<u>Liebste</u> Mutter Jenö – Mit <u>viel</u> Freude erhielt ich heute Ihren schönen lieben Brief – ich danke Ihnen – Heute – sonst nur <u>herzliche</u> Grüße und – wollen Sie nicht Du zu mir sagen!? – Ihre Moni

Jenö Lányi an Bertha Lányi:

Firenze, 24.8.'38

Meine teure Mutter, ich empfing Deine Zeilen mit Freude. Erhole Dich nur gut und sammele Energien für die Wintermonate! Tja, die Urkundenjagd hat noch tatsächlich kein Ende genommen! Ich habe die Luftpostsendung von Laci erhalten, es bedurfte noch irgendeiner konsularischen Stellungnahme, welche ich gegen Zahlung von bescheidenen 134 Lira auch schon erhalten habe und bereits abschicken konnte. Auch meine Monika muss diese Erklärung abgeben. Aber auch dieses Abenteuer wird schon irgendwann sein Ende nehmen!

Tja Mutti: wie soll ich Dir das erklären? Klára fragt mich, was ich zu Duskós nahenden Verehelichung sage. Und Du schweigst zu alledem diskret! Oder will Duksó auch Dich überraschen? Na, ich blicke da nicht durch. Aber es scheint, die Freude in der Familie ist nicht überschwänglich, denn dann würde ich einheitlichere Nachrichten erhalten! Na, Hauptsache die Sache gelingt, sofern der neue Kandidat sich verdient gemacht hat!

Hier gibt es keine besonderen Neuigkeiten! Das J-Geschimpfe ist auch hier groß angesagt. Und ich kann es kaum erwarten, wieder in der Schweiz zu sein. Bei der Familie meiner Monika wird schon mit der Auflösung des Haushalts begonnen, Mitte September macht sich der größte Teil der Familie auf dem den Weg. Ich weiß noch nicht genau, wann und wo wir uns wiedersehen werden. Hierher will ich nicht, dass sie kommt! Und ich hätte noch viel zu tun hier!

Wie lange bleibst Du in Nyíregyháza? Von Klára bekomme ich sehr positiv gestimmte Briefe. Duskó ist die einzige in der Familie, die keinen Mucks von sich gibt!

Ich küsse Dich mit treuer Liebe, Dein Sohn, Jenö.
Meine Grüße an die l. Verwandten!

Jenö Lányi an seine Familie:

Firenze, 8.9.'38.

Meine Liebsten, ich schicke beiliegend die angeforderte notarielle Urkunde, in welcher ich im Beisein von 5 Zeugen erkläre, dass ich unverheiratet bin, kein Sorgerecht innehabe und zu meiner Monika in keinem verwandtschaftlichen Verhältnis stehe (aber bald werde!). Das muss nun dringend ins Ungarische übersetzt und dann bei der Behörde abgegeben werden. Ich hoffe, dass nun alle erforderlichen Papiere beisammen sind. Es ist nur sehr wichtig, dass die Dinge nun <u>dringend</u> erledigt werden! Wenn nicht anders, dann eben, wie bereits geschrieben, über einen Anwalt. Denn die Eltern meiner Monika reisen ja gegen Ende September nach Amerika zurück und wenn es irgendwie möglich wäre, möchte ich schon vor diesem Termin heiraten. Also tut bitte alles, was in diese Richtung nur möglich ist! Ich hoffe, dass das erforderliche Dokument auch von Monika bereits eingetroffen ist. Denn sie lässt ihres gesondert in Zürich machen. Anders geht die Sache nicht!

Tja, meine Mutter, morgen wird Dein Sohn schon 36 Jahre alt sein, nicht Dein liebster, aber Dein ›kleinster‹ Sohn, der in seinem Leben noch nie so glücklich war, wie jetzt. Hätte nur unser Vater diese Freude miterlebt!

Ansonsten gibt es keine neue Nachricht! Es ist höllisch heiß! Von Klára habe ich einen sehr positiv gestimmten Brief erhalten. Ich werde ihr diese Tage schreiben. Sie möchte sehr, dass ich sie besuche aber das kommt leider überhaupt nicht in Frage. Susanna ist hier in Poveromo, ich weiß nicht, ob ich sie werde treffen können. Ich hoffe es. Ich arbeite, wie ein Berserker aber dies mit Freude. Die wichtigste neue Nachricht ist, dass ich zwei junge amerikanische Kunsthistorikerprofessoren kennengelernt habe, die sich derart für meine Arbeit begeistert haben, dass ich noch nie so einen Erfolg hatte. (Sie sagten, dies sei die wichtigste und wissenschaftlichste Arbeit, die sie jemals gesehen haben und dass sie sich dergleichen noch nicht einmal vorstellen konnten Wha! Hu! Sie sind wie dankbare Kinder – aber sehr lieb).

Und jetzt versuchen sie mit allen Mitteln Propaganda für mich zu betreiben an den wichtigsten amerikanischen Universitäten und sie bekräftigen, ich könne ruhig schlafen, weil ich im Frühjahr eine Einladung für eine Vorlesung in Amerika haben werde!! Nun ich habe nicht den Kopf verloren aber ein wenig Hoffnung habe ich doch. Denn es wäre unerträglich gewesen, hätte ich dort als der Schwiegersohn von Th. Mann auftreten müssen. Denn ich <u>will</u> nur mit meiner eigenen Arbeit und meinem eigenen Wert Karriere machen, wenn ich dies schon machen muss, wegen meiner Monika.

Schreibt <u>so schnell wie möglich</u> wegen der Dokumente!
Euch alle mit treuer Liebe küssend, Euer Jenö

Meine Grüße an die l. Verwandten!

*Jenö Lányi an Bertha Lányi. Mit Ergänzung von Monika Mann in deutscher
Sprache und beigelegter Vermählungskarte:*

London, 2.3.'39

Meine teure Mutter, nun ist also Deine neue Tochter geboren: seit einigen
Stunden sind wir Eheleute! Es hat lang gedauert aber umso glücklicher sind
wir! Die ›Zeremonie‹ war sehr einfach, aber wir waren nicht weniger aufgeregt!
Die Wittkowers waren unsere Trauzeugen. Wir haben sie mit einem Festessen
beehrt in einem italienischen Restaurant. Wir haben Unmengen an schönen
Blumen erhalten und viele Depeschen von hiesigen Freunden. Meine Monika
schwimmt förmlich in Glück. Rolf hat einen lieben Brief geschrieben und eine
Depesche. Beide Schwestern von Frau Langnese haben unerhört liebe Briefe
geschrieben, Ile eine Depesche und Dóra schrieb einen prächtigen Brief.

Musil der Schriftsteller hat eines seiner Bücher geschickt mit einer Widmung. Also wenn die Hochzeit auch nicht so war, wie man es sich in seiner
›Kindheit‹ vorstellt – denn Du hast ja sehr gefehlt! – aber es war so in der Ferne
doch recht schön gelungen. Und vor allem habe ich die Außerwählte meines
Herzens und meiner Seele zur Frau bekommen – und eine größere Freude gibt
es nicht auf Erden!

Mutter, ich schicke Dir kommende Woche einige ›Anstelle der Bekanntma-
chung‹-Schreiben. Sei so lieb, diese an die Verwandtschaft usw. zu verteilen!
Ich schicke Dir auch eine kleine Adressenliste bzw. Visitenkarten von jenen,
deren Adresse ich nicht kenne!

Ich wollte nur diese Freudennachricht verkünden!

Dich mit unaussprechlich großer und stolzer Liebe, Euch alle mit unaussprech-
licher Freude küssend, Euer Jenö.

Gruß von Monika Mann

Liebe Mutter, Nun sind wir wirklich Deine Kinder – glücklich und dankbar!
– Deine Moni.

Katrin Bedenig

»For you are that [German] culture [...] and carry it with you wherever you go [...].«[1]

Thomas Mann und Dorothy Thompson

»Unter den vielen Feinden, die Thomas Mann hatte, war keine einzige Frau.«[2]

Ich habe noch kein Beispiel finden können, das diese Beobachtung von Heinz Armbrust widerlegen würde. Hingegen gibt es eine lange Reihe starker Frauen, die Thomas Mann entscheidend unterstützt haben, bei seiner Frau und seinen Töchtern angefangen. Dass Thomas Mann in den USA so bekannt wurde und sich als Exilant erfolgreich im universitären und im verlegerisch-medialen Bereich integrieren konnte, hing massgeblich mit dem Engagement von Caroline Newton, Agnes E. Meyer und Helen Lowe-Porter zusammen. Dass diese und weitere Frauen Thomas Manns Weg in die USA mit geebnet haben, ist vielfach belegt. Zu meiner Überraschung hat man aber einer besonders wirkungsmächtigen Amerikanerin in ihrem Zusammenwirken mit Thomas Mann bisher noch keine eigene Untersuchung gewidmet, obwohl zahlreiche Materialien erhalten sind.[3] Es ist »[the] Leading Lady of the Press«, wie sie am 25. Juni 1938 auf der Titelseite von *The Nation*[4] angekündigt wurde: Dorothy Thompson.

Diese Ausgabe von *The Nation* hat Thomas Mann in seiner eigenen Bibliothek aufbewahrt, und sie ist in seinem Nachlass erhalten.[5] Darin findet sich eine ausführliche Würdigung von Dorothy Thompsons journalistischem Stellenwert: Gemäß Leitartikel der *Nation* publizierte sie bereits 1938 in 140 US-amerikanischen Zeitungen mit einer Verbreitung von siebeneinhalb Millionen Ausgaben, hielt regelmässige Hörfunksendungen und war hoch gefragt als Rednerin.[6] Thomas Mann und Dorothy Thompson waren beide Thema

---

[1] Dorothy Thompson: On the record. To Thomas Mann, in: New York Herald Tribune, Wednesday, April 14, 1937.

[2] Heinz J. Armbrust: »Liebe Freundin, ...«. Frauen um Thomas Mann, Frankfurt/Main: Klostermann 2014, S. 16.

[3] Sowohl im Nachlass Dorothy Thompsons in der George Arents Research Library, Syracuse University, Syracuse, NY, als auch im Nachlass Thomas Manns im Thomas-Mann-Archiv der ETH Zürich.

[4] The Nation, Saturday, June 25, 1938, vol. 146, no. 26.

[5] Nachlassbibliothek, TMA, Signatur: Thomas Mann 50132.

[6] »In less than two years she had built up a clientele of 140 newspapers having a circulation of 7'500'000. She broadcasts regularly and is much in demand as a speaker.« (Margaret Marshall:

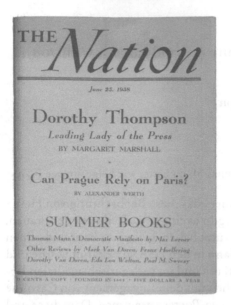

THE *Nation*

June 25, 1938

Dorothy Thompson
Leading Lady of the Press
BY MARGARET MARSHALL

Can Prague Rely on Paris?
BY ALEXANDER WERTH

SUMMER BOOKS

Thomas Mann's Democratic Manifesto by Max Lerner
Other Reviews by Mark Van Doren, Franz Hoellering
Dorothy Van Doren, Eda Lou Walton, Paul M. Sweezy

CENTS A COPY · FOUNDED IN 1865 · FIVE DOLLARS A YEAR

Abb. 1: Cover von »The Nation«, June 25, 1938.

in dieser Ausgabe der *Nation*: Neben der Würdigung Dorothy Thompsons ist auch eine Rezension von Thomas Manns *The Coming Victory of Democracy* abgedruckt.[7] Dass Thomas Mann den *Nation*-Beitrag über Dorothy Thompson aufmerksam gelesen hat, lässt eine Lesespur erkennen: In seinem Exemplar der *Nation* hat er den Satz angestrichen:

»The great problem of the times is to work out a technique for translating capitalist democracy into social democracy without sacrificing individual liberty.«[8]

Also sinngemäß: »Das Hauptproblem unserer Zeit ist es, einen Weg zu finden, um eine kapitalistische Demokratie in eine soziale Demokratie zu überführen, ohne die individuelle Freiheit zu opfern.«

Dieser Punkt war für Thomas Mann nicht nur ›buchenswert‹, er führt bereits mitten hinein in die Zusammenarbeit zwischen Thomas Mann und Dorothy Thompson, denn als solche – und nicht als eine von vielen Begegnungen – sollte die Konstellation bezeichnet werden.

Die Anfänge dieser Zusammenarbeit lagen zum Zeitpunkt der *Nation*-Ausgabe schon vier Jahre zurück.

Dorothy Thompson, 1893 in Lancaster, New York, geboren, war von 1924 bis 1934 Auslandskorrespondentin in Berlin gewesen. Dort war sie von der gemeinsamen Freundin Christa Hatvany auch bereits Erika und Klaus Mann mit den Worten vorgestellt worden: »I want you two kids to meet my friend Dorothy Thompson, one of the most brillant American newspaper women«.[9] Dorothy Thompson sprach allerdings perfekt Deutsch, was zu Beginn der späteren Bekanntschaft mit Thomas Mann ein grosser Vorteil war, als dessen Englisch

---

Columnists on Parade: VIII. Dorothy Thompson, in: The Nation, zit. Anm. 4, S. 721–724, hier: 721.)

    [7] Max Lerner: Thomas Mann's Democratic Manifesto, in: The Nation, zit. Anm. 4, S. 726–728.
    [8] Marshall, Dorothy Thompson, in: The Nation, zit. Anm. 4, S. 722; Nachlassbibliothek, TMA, Signatur: Thomas Mann 50132.
    [9] So zumindest erinnerte sich Klaus Mann in: Der Wendepunkt. Ein Lebensbericht, München: edition spangenberg 1981, S. 205.

ihn noch auf frustrierende Weise einschränkte.[10] Ihr gutes Deutsch setzte sie auch in die Lage, schon 1932 ein Interview mit Hitler zu führen.[11] Auch wenn sich ihre Einschätzung Hitlers als erschreckend bedeutungslos[12] leider nicht bewahrheiten sollte, berichtete sie anschließend so uneingeschränkt kritisch über ihn und den Nationalsozialialismus, dass sie 1934 aus Deutschland ausgewiesen wurde.[13] Sie hatte 1933 in Berlin den Reichstagsbrand miterlebt und sich schockiert geäußert über die Übergriffe der S.A., die Gleichschaltung der Berliner Presse und den Zwang ins Exil für die aus ihrer Sicht bedeutendsten deutschsprachigen Literaten, darunter Thomas und Heinrich Mann.[14] In einem Brief an Harriet Cohen formulierte sie damals den Wunsch: »If only someone would speak: someone in a high important place who has the ears of the world.«[15]

Möglicherweise erkannte Dorothy Thompson schon bei ihrem ersten Zusammentreffen mit Thomas Mann 1934, dass dieser deutsche Schriftsteller genau die Person sein könnte, die nicht nur bereit war, das Wort gegen Hitler zu erheben, sondern auch den notwendigen Bekanntheitsgrad mitbrachte, damit die Welt ihm zuhören würde. Dorothy Thompson jedenfalls würde die Persönlichkeit auf amerikanischer Seite sein, die Thomas Mann medial in diese Lage bringen würde. Sie setzte bereits 1934 einen markanten journalistischen Akzent in diese Richtung. Tatsächlich Bezug nehmen zu ihrer persönlichen Hoffnung – »If only someone would speak« – würde sie in aller Öffentlichkeit dann während Thomas Manns dritter USA-Reise 1937.

Doch zurück zum Beginn der Konstellation »Dorothy Thompson und Thomas Mann« im Jahr 1934:

Die erste Begegnung fand für Dorothy Thompson im Jahr ihrer Ausweisung aus Hitler-Deutschland und für Thomas Mann im Jahr seiner ersten

---

[10] Nach seiner ersten USA-Reise rekapitulierte Thomas Mann: »Ich habe, so gut es ging, oft demütigend behindert von der fremden Sprache, meinen Mann gestanden [...].« (Tb, 12.6.1934)

[11] Im gleichen Jahr veröffentlichte sie eine Monografie dazu: Dorothy Thompson: I saw Hitler, New York: Farrar & Rinehart 1932.

[12] *I saw Hitler* erschien auf Deutsch unter dem Titel *Kassandra spricht*: »Als ich schließlich Adolf Hitlers Salon im Hotel Kaiserhof betrat, war ich überzeugt, dem zukünftigen Diktator Deutschlands zu begegnen. Nach etwas weniger als fünfzig Sekunden war ich absolut sicher, dass dies nicht der Fall sein konnte. Genau diese Zeit brauchte es, um die erschreckende Bedeutungslosigkeit des Mannes zu erkennen, der die Welt so sehr in Neugier versetzt hat. [...] Er ist der exakte Prototyp des kleinen Mannes.« (Dorothy Thompson: Kassandra spricht, übertragen und hrsg. von Jürgen Schebera, Wiesbaden: Fourier 1988, S. 41.)

[13] Siehe Hans Rudolf Vaget: Thomas Mann, der Amerikaner. Leben und Werk im amerikanischen Exil 1938–1952, Frankfurt/Main: S. Fischer 2011, 57 f.

[14] Siehe Peter Kurth: American Cassandra. The Life of Dorothy Thompson, Boston/Toronto/London: Little, Brown and Company 1990, S. 186 f., sowie den Brief von Dorothy Thompson an Harriet Cohen vom 18. März 1933, ebd., S. 187.

[15] Ebd., S. 187.

USA-Reise statt. Es sollten insgesamt vier USA-Reisen werden, bevor Thomas und Katia Mann ihr Exil in die Vereinigten Staaten verlegten. Bereits die erste New York-Reise enthielt einen gesellschaftspolitischen Höhepunkt, nämlich ein von seinem amerikanischen Verleger Alfred A. Knopf organisiertes »Testimonial Dinner« zu Ehren von Thomas Manns 59. Geburtstag am 6. Juni 1934 im Hotel Savoy Plaza mit 250 Ehrengästen, darunter Dorothy Thompson und Sinclair Lewis.[16]

Kurz darauf veröffentlichte Dorothy Thompson einen äußerst wirkungsvollen Artikel über Thomas Mann. Obwohl es sich dabei um eine Rezension zu *Tales of Jacob* handelte, setzte Dorothy Thompson in der *New York Herald Tribune* den plakativen Haupttitel: »The Most Eminent Living Man of Letters«.[17]

Thomas Mann dem US-amerikanischen Publikum gleich als bedeutendsten Gegenwartsautor überhaupt vorzustellen, war nicht unbescheiden und in ihrem privaten Umfeld zusätzlich erfrischend: War sie doch mit dem ersten nordamerikanischen Literaturnobelpreisträger verheiratet, dem Preisträger von 1930, Sinclair Lewis.[18] Doch Dorothy Thompson ging sowohl sprachlich als auch inhaltlich gern aufs Ganze, und gerade ihre diesbezügliche Klarheit machte ihren Stil und ihre Bedeutung aus.

Effektvoller hätte Thomas Mann während seiner ersten Lesereise in den USA jedenfalls nicht begrüßt werden können. Die zweiseitige Besprechung begann auf Seite 1 der 20-seitigen Bücherbeilage, enthielt ein großformatiges Foto des Autors und auf Seite 2 eine zwinkernde Karikatur Thomas Manns von Eva Herrmann. Im Text selbst schlug Dorothy Thompson den Bogen von der englischen Neuerscheinung *Tales of Jacob* zurück zu *Zauberberg* und Nobelpreis und mitten hinein in die Gegenwart, indem sie die Brisanz der *Josephs*-Romanhandlung angesichts der Judenrepression in Deutschland ansprach:

---

[16] Siehe Vaget 2011, S. 54 f.; Karina von Tippelskirch: Dorothy Thompson and German Writers in Defence of Democracy, Berlin/Bern/Bruxelles: Lang 2017 (= Kulturtransfer und Geschlechterforschung, Bd. 10), S. 202.

[17] Dorothy Thompson: »The Most Eminent Living Man of Letters. Thomas Mann Gives an Old Tale New Beauty and Significance«, in: New York Herald Tribune, Books, Section VII, Sunday, June 10, 1934, S. 1–2. Zur Marketing-Strategie siehe auch: Tobias Boes: Thomas Mann's War. Literature, Politics, and the World Republic of Letters, Ithaca and London: Cornell University Press 2019, S. 47. Nach Einschätzung von Hans Vaget ist »Dorothy Thompsons Rezension der *Tales of Jacob* [...] der herausragende Text unter den amerikanischen Rezeptionserzeugnissen von 1934«. (Vaget 2011, S. 57)

[18] Allerdings hatte Sinclair Lewis sogar in seiner eigenen Nobelpreisrede Thomas Mann namentlich als Beispiel für große europäische Literatur erwähnt und teilte offenbar Dorothy Thompsons Einschätzung, in der deutschen Gegenwartsliteratur stünden insbesondere Thomas Mann und Lion Feuchtwanger für das Bewusstsein der Moderne. Siehe von Tippelskirch 2017, S. 143.

»But neither do I hold it to be a mere coincidence that this wise and noble book should appear at the moment when the German people, to whom Dr. Mann so representatively belongs, should be hysterically engrossed with the Jewish problem.«[19]

Bereits 1934 wurde Thomas Mann von Dorothy Thompson in der amerikanischen Presse also als Repräsentant Deutschlands angesprochen. Am Ende ihres Artikels sprach sie ihn nicht nur einer bewusst gewählten Emigration zu,[20] sondern setzte ihn zusätzlich zu seiner eigenen literarischen Figur ›Jakob‹ in Beziehung:

»And thus did Jacob live like a Bedouin [...]. [...] ›one must at all times keep oneself free, mobile, and in readiness.‹«[21]

Noch während der Rückfahrt nach Europa bedankte sich Thomas Mann brieflich bei Dorothy Thompson.[22]

Bevor er am 19. Juni 1935 zu seiner zweiten USA-Reise in New York eintraf, hatte sie schon ihre zweite *Josephs*-Rezension veröffentlicht: »Thomas Mann's Magic Allegory of Mankind: The Young Joseph«.[23] Thomas Mann kannte diese »[g]roße Besprechung des ›Young Joseph‹ von Dorothy Thomson im ›N.Y. Herald‹.« (Tb, 11.5.1935) Während seines Amerika-Aufenthalts traf Thomas Mann Dorothy Thompson auch persönlich wieder und würdigte den Austausch mit ihr im Tagebuch.[24] Diese zweite Übersee-Reise war insgesamt dicht gedrängt an Höhepunkten – von der gemeinsamen »Promotionsfeier« mit Albert Einstein vor »6000 Menschen« zum Ehrendoktor der Universität Harvard[25] bis zu einem Essen beim Ehepaar Roosevelt in Washington.[26] Der eng getaktete Aufenthalt erschöpfte Thomas Mann. Als am 5. Juli 1935 »[d]er Tag der Abreise

---

[19] Thompson, »The Most Eminent Living Man of Letters«, p. 1.

[20] »Thomas Mann is on a brief visit to America, from Zurich, his present home. Mann is not in the conventional sense a German emigré. He left Germany many months before the advent of Nazi-ism.« (Thompson, »The Most Eminent Living Man of Letters«, p. 2.)

[21] Ebd.

[22] Tb, 12.6.1934.

[23] Dorothy Thompson: »Thomas Mann's Magic Allegory of Mankind: The Young Joseph«, in: New York Herald Tribune Book Review, New York, 5.5.1935. Siehe dazu auch GKFA 7.2, 333: »[...] am wirkungsmächtigsten, wenn auch nicht mehr ganz so überbordend emphatisch ertönt wiederum die Stimme von Dorothy Thompson [...].«

[24] »[...] Dorothy Thompson, sehr anziehend. Sie sprach von dem Buch, das sie in Knopfs Auftrag über mich schreibt, berichtete von der Erregung, in die die Lektüre der Joseph-Bücher sie versetzt.« (Tb, 26.6.1935) Das Buch über Thomas Mann kam allerdings nicht zustande.

[25] Siehe Tb, 21.6.1935.

[26] Siehe Tb, 29.6.1935.

[...] gekommen [war]«, zeigte er sich im Tagebuch froh darüber: Es war »[nun] Zeit. Genug und übergenug des Trubels.«[27]

Im folgenden Jahr reisten Thomas und Katia nicht in die Staaten: 1936 war das Jahr des offiziellen Bruchs mit Nazi-Deutschland und des Verlusts der deutschen Staatsbürgerschaft.

Weil ihm aufgrund seiner Ausbürgerung aus Deutschland auch die Ehrendoktorwürde der Universität Bonn entzogen wurde, reagierte Thomas Mann darauf zum Jahreswechsel 1936/37 mit einer ausführlichen Stellungnahme. Sie enthielt die Passage:

Der einfache Gedanke daran, wer die Menschen sind, denen die erbärmlich-äußerliche Zufallsmacht gegeben ist, mir mein Deutschtum abzusprechen, reicht hin, diesen Akt in seiner ganzen Lächerlichkeit erscheinen zu lassen. [...] Sie haben die unglaubliche Kühnheit, sich mit Deutschland zu verwechseln! Wo doch vielleicht der Augenblick nicht fern ist, da dem deutschen Volke das Letzte daran gelegen sein wird, nicht mit ihnen verwechselt zu werden.[28]

Der *Briefwechsel mit Bonn* wurde schon im Januar 1937 vom Zürcher Verleger Oprecht gedruckt, verbreitete sich rasch und wurde auch in der internationalen Presse besprochen.[29] Er »wurde zum bekanntesten Manifest der literarischen Emigration«[30] und rief im Reichspropagandaministerium die Reaktion hervor:

»Thomas Mann soll ausgelöscht werden aus dem Gedächtnis der Deutschen, da er nicht würdig ist, den Namen Deutscher zu tragen.«[31]

Als Thomas Mann im April 1937 seine dritte USA-Reise antrat, wurde er von der gut informierten »First Lady of American Journalism«,[32] Dorothy Thompson, in direkter Anspielung auf seinen *Bonner Briefwechsel* empfangen. Sie war seit ihrer Ausweisung aus Deutschland zur expliziten Fürsprecherin der literarischen deutschsprachigen Emigration in den USA geworden. Dadurch war sie sich der hoch prekären politischen Lage in Europa und der Gefährdung der im Exil verstreuten Familie Mann vollauf bewusst. Vor diesem Hintergrund emp-

---

[27] Tb, 5.7.1935.

[28] Thomas Mann: Ein Briefwechsel, Ess IV, 187.

[29] Zum Hergang siehe Ess IV, 396–398. In seiner Stellungnahme hinterfragte Thomas Mann nicht nur die Instrumentalisierung von Staatszugehörigkeit. Er prangerte auch die Gleichschaltung des akademischen Betriebs in Deutschland an und nannte als »Zweck des nationalsozialistischen Staatssystems« die »unerbittliche[ ] Ausschaltung [...] jeder störenden Gegenregung für den ›kommenden Krieg‹« beim Namen. Ebd., 184, 188.

[30] Hermann Kurzke und Stephan Stachorski in: Ess IV, 397.

[31] Ebd., 398; Paul E. Hübinger: Thomas Mann, die Universität Bonn und die Zeitgeschichte, München/Wien: Bundeszentrale für politische Bildung 1974, S. 262.

[32] Von Tippelskirch 2017, S. 191.

fing Dorothy Thompson Thomas Mann mit einem »sensationelle[n] Artikel«.[33]
Er erschien am 14. April in der *New York Herald Tribune* unter dem schlichten
Titel »To Thomas Mann«[34] und gab eine direkte Antwort auf die im *Bonner
Briefwechsel* formulierte Weigerung des Autors, sich von Nazi-Deutschland
»[s]ein Deutschtum ab[ ]sprechen« zu lassen.[35]

Schon in den Einstiegssätzen bekennt sich die Amerikanerin vorbehaltlos
solidarisch mit dem deutschen Emigranten und spricht jeglicher Nation das
Recht ab, Thomas Mann zum Emigranten zu machen. Seine Kultur könne
ihm von niemandem genommen werden, er trage die deutsche Kultur in sich,
wohin immer er gehe:

We are glad that you are here, Thomas Mann. No nation can exile you. Yours is a
larger citizenship, in no mean country. [...] If you should never see again the German
landscape [...], it will live behind your eyeballs, and because of you, exist for us. Exiled
from that landscape none can exile you from the culture [...]. For you are that culture
[...] and carry it with you wherever you go [...].[36]

Während Dorothy Thompson also die von Thomas Mann formulierte Weigerung aufgreift, »mir mein Deutschtum abzusprechen«, ist sie diejenige, die auf
amerikanischer Seite die Formulierung setzt: »For you are that culture [...] and
carry it with you wherever you go [...].« Ausgerechnet die vielzitierte Wendung
Thomas Manns von 1938 – »Where I am, there is Germany. I carry my German
culture in me« – geht deshalb auch auf Dorothy Thompson zurück. Dies zu
würdigen, scheint mir in verschiedener Hinsicht wichtig.

Von deutschsprachiger Seite wurde Thomas Mann gerade in Bezug auf dieses Zitat immer wieder Selbstüberschätzung und Arroganz vorgehalten.[37] Ein
Vorwurf, der relativiert werden könnte, wenn man die Vorläufer-Formulie-
rungen Wolfgang Borns, Karl Wolfskehls und Dorothy Thompsons berücksichtigt.

[33] Tb, 28.4.1937. Einen Sonderdruck dieses Artikels bewahrte Thomas Mann auf: Nachlassbibliothek, TMA, Signatur: Thomas Mann 40043.
[34] Dorothy Thompson: On the record. To Thomas Mann, in: New York Herald Tribune,
Wednesday, April 14, 1937. Im TMA einsehbar unter der Signatur ZH 2273. Die redaktionelle
Vorbemerkung lautet: »›Thomas Mann, German author and Nobel prize winner, arrived in New
York on Monday from Switzerland, where he has been living since the Hitler regime. He is the
guest of the University in Exile, of the New School for Social Research‹.«
[35] Ess IV, 187.
[36] Thompson: To Thomas Mann, 1937.
[37] Siehe beispielsweise den Hinweis in Hermann Kurzke: Thomas Mann. Das Leben als
Kunstwerk, München: Beck 1999, S. 245. Aufschlussreich kontextualisiert wurde die Formulierung nach Auffinden des originalen US-amerikanischen Presseberichts von Volkmar Hansen:
»Where I am, there is Germany«. Thomas Manns Interview vom 21. Februar 1938 in New York,
in: Textkonstitution bei mündlicher und bei schriftlicher Überlieferung, hrsg. Von Martin Stern,
Tübingen: Niemeyer 1991, S. 174–188.

Der Maler Wolfgang Born reagierte auf die Nachricht der Ausbürgerung Thomas Manns durch Nazi-Deutschland schon am 30. Dezember 1936 mit einem persönlichen Brief an Thomas Mann und der Formulierung, »daß Deutschland dort ist, wo Sie sind«.[38] In seiner Argumentation sprach Born dem nationalsozialistischen Regime nicht nur deutsche Kultur ab, sondern Deutschtum an sich.[39]

Am 5. April 1937 notierte Thomas Mann in sein Tagebuch, dass ihm ein längeres Gedicht von Karl Wolfskehl mitgeteilt worden sei.[40] Es muss sich um Wolfskehls 1934 begonnenes und erst 1944 vollendetes Gedicht *An die Deutschen* gehandelt haben. Es enthält im Hauptteil Wolfskehls Formulierung: »Wo ich bin[,] ist Deutscher Geist«, und schließt im »Abgesang« mit der Zeile: »Wo du bist, ist Deutscher Geist!«[41] Thomas Mann bot Karl Wolfskehl daraufhin offenbar eine Veröffentlichung des Gedichts in seiner Exilzeitschrift *Mass und Wert* an, denn eine Antwort Wolfskehls an Thomas Mann ist erhalten: Wolfskehl zieht darin eine spätere Publikation als Sonderdruck einer Veröffentlichung in *Mass und Wert* vor.[42] Leider ist Thomas Manns Einladung an Karl Wolfskehl nicht überliefert, so dass seine Argumentation unbekannt bleibt. Doch die Absicht, das Gedicht eines exilierten deutschen Kollegen mit dem appellhaltigen Titel *An die Deutschen* und der Zeile »Wo ich bin[,] ist Deutscher Geist« in die »Zweimonatsschrift für freie deutsche Kultur« *Mass und Wert* aufzunehmen, legt nahe, dass es auch Thomas Mann bei Wolfskehls Gedicht um einen Appell zur Stärkung der Emigration und gegen die Vereinnahmung deutscher Kultur durch den Nationalsozialismus ging.

Als Dorothy Thompson am 14. April 1937 ihre eigene Formulierung vorstellte, zielte sie ebenfalls auf einen derartigen Appell ab: »No nation can exile you. [...] Exiled from that [German] landscape none can exile you from the culture [...] For you are that culture [...] and carry it with you wherever you go[...]«. Während Borns und Wolfskehls Texte 1937 aber gar nicht öffentlich rezipiert werden konnten, veröffentlichte Dorothy Thompson ihre Formulierung mit US-amerikanischer Breitenwirkung.

Dieses Zielpublikum spielt auch bei Thomas Manns Einsatz der Formulie-

---

[38] Wolfgang Born an Thomas Mann, 30.12.1936, Original im TMA, Signatur: B-II-BORNW-3.

[39] »Ich weiß, daß die Ausbürgerung für Sie nicht nur äußerlich, sondern auch sehr persönlich ein schwerer Schlag gewesen ist. [...] Aber auch dieser Schlag fällt in seiner ganzen Schwere auf die zurück, die ihn geführt haben. Denn sie haben sich nicht nur selbst aus der Kultur damit ausgebürgert, was sie selbst wohl kaum als schwerwiegend empfinden würden, sondern aus dem Bereich des Deutschtumes.« (Ebd.)

[40] Tb, 5.4.1937. Die Mitteilung geschah durch Erich Kahler.

[41] Karl Wolfskehl: An die Deutschen, Zürich: Origo 1947.

[42] Karl Wolfskehl an Thomas Mann, 10.7.1937, in: Blätter der Thomas Mann Gesellschaft Zürich, Nr. 15, 1975, S. 19. Siehe auch Friedrich Voit: Karl Wolfskehl. Leben und Werk im Exil. Göttingen: Wallstein 2005, S. 161.

rung eine Rolle: Als er ein Jahr später, bei seinem Eintreffen in den Vereinigten Staaten 1938, die Worte »Where I am, there is Germany. I carry my German culture in me« explizit der amerikanischen Presse zu Protokoll gab, antwortete er der amerikanischen Presse mit einer ausdrücklichen Referenz an ihre »First Lady« Dorothy Thompson.[43]

Ihr »sensationeller Artikel« von 1937 war aber nicht nur in Bezug auf ihr un-eingeschränktes Willkommenheißen in den USA von herausragender Bedeutung, sondern er enthielt selbst eine einzigartige literarische Szene: Dorothy Thompson beantwortete die Frage, ob Thomas Mann aus seinem Heimatland oder der deutschen Sprache ausgeschlossen werden könne, mit einem literarischen Bild, das die Bücherverbrennungen der Nazis, Thomas Manns fiktive Figur des Tadzio aus dem *Tod in Venedig* und das länder- und kontinent-übergreifende Weiterwirken von Kultur in einer New-York-Szene zusammenflie-ßen ließ:

Out of what have you been cast, Thomas Mann? Out of the German language? [...] They cannot cast you out of literature. Let them burn Tadzio in Berlin. A wraith of smoke floats out across the borders, across the seas, drifts down in shapely form amongst the skyscrapers of New York, and there he stands again, his honey-colored hair bright about his temples, his smile winsome and shy, as alive as when he stepped from the Lido's waves in Venice.[44]

Allein das Bild, wie sich die Figur Tadzios zwischen den Wolkenkratzern New Yorks wieder materialisiert, ist eine eindrucksvoll kongeniale Schöpfung. Vielleicht ließe sich sagen: Im Sinne von George Gershwins *An American in Paris*[45] schuf Dorothy Thompson die Szene: »Tadzio in New York«. Amerikanischer konnte man europäische Kultur nicht willkommen heißen.

Zum Abschluss ihres Artikels reihte Dorothy Thompson Thomas Mann in die Gesamtmenge der Emigration ein – »Many share your exile« – und hob ihn gleichzeitig als sprachübergreifenden Hoffnungsträger – selbst für Amerikaner – hervor: »if they look ahead bravely and serenely, they feel themselves kin of yours, though they speak English or French or the racy, ironic idiom of the Americans.«[46]

Schließlich sprach sie ihm, im Unterschied zu seinen Widersachern, Zukunft zu. Indem sie selbst, als »Leading Lady of the Press«, einem einzelnen

---

[43] Dass Thomas Mann mit diesem Ausspruch Dorothy Thompsons Formulierung antwortete – »that he responded to her words when he returned to New York on the *Queen Mary* on February 21, 1938« –, postuliert auch Karina von Tippelskirch (Dorothy Thompson 2017, S. 209).

[44] Thompson: To Thomas Mann, 1937.

[45] Das »tone poem for orchestra« aus dem Jahr 1928 war eine Auftragskomposition für die New Yorker Philharmoniker gewesen.

[46] Thompson: To Thomas Mann, 1937.

deutschen Kulturträger mehr Zukunft zusprach als dem Nationalsozialismus, gestaltete sie die repräsentative Rezeptionsbildung aktiv mit.[47]

Zusätzlich zu ihrem »sensationellen Artikel« vom 14. April 1937 würdigte Dorothy Thompson Thomas Mann auch in ihrer Rede bei einer Veranstaltung der »American Guild for German Cultural Freedom« am 20. April 1937 im Ritz-Carlton Hotel in New York.[48] Sie tat dies in einer Art und Weise, die auf ihren noch privaten Wunsch von 1933 – »If only someone would speak: someone in a high important place who has the ears of the world«[49] – eine öffentliche Antwort gab:

[...] the function of the intellectual in the external world is to appeal to *men* [...]. In all the world today, his is the only voice to which men and women of all classes give spontaneous and voluntary attention. [...] men hear that voice, though it speaks ever so lightly and simply. They hear it with their hearts. – There is such a human being and such a voice in this room tonight. We are here tonight to pay tribute to Thomas Mann and to the spirit which he represents.[50]

Schon ein Jahr später, direkt bei der Ankunft zur vierten USA-Reise am 21. Februar 1938 in New York, erweist Thomas Mann Dorothy Thompson Referenz, indem er der *New York Times* gegenüber auf die Frage nach der Last des Exils antwortet:

It is hard to bear [...] but what makes it easier is the realization of the poisoned atmosphere in Germany. That makes it easier because it's actually no loss. Where I am, there

---

[47] »And of your future in history we have no doubt. Generations from now men may speculate about your persecutors, however the circle turns.« (Thompson: To Thomas Mann, 1937).

[48] »The highlight of Mann's New York visit in 1937 was a dinner in his honor at the Ritz-Carlton Hotel on April 20. The event was organized by the American Guild for German Cultural Freedom. [...] the German Academy in New York [was] an offspring of the American Guild for German Cultural Freedom. [Thomas Mann had become] the president of the European Council of the Academy on December 14, 1936.« (Von Tippelskirch 2017, S. 208.)

[49] Brief von Dorothy Thompson an Harriet Cohen vom 18. März 1933, in: Kurth, American Cassandra 1990, S. 187.

[50] Dorothy Thompson: Address at the Dinner of the American Guild for German Cultural Freedom to Thomas Mann – Tuesday, April 20, 1937 (= DT Papers, SCRC, Box 104, Folder 4, Speeches: Mann, Thomas). Zitiert nach: Kerstin Feller: Dorothy Thompson. Eine Schlüsselfigur der Welt des Exils, in: Deutsche Exilliteratur seit 1933, Bd. 3, USA, hrsg. von John Spalek, Konrad Feilchenfeldt und Sandra H. Hawrylchak, Teil 3, Bern/München: Saur 2002, S. 364–409, hier: 394f. In ihrer Rede dankte Dorothy Thompson Thomas Mann auch dafür, dass er sich nicht ins Schreibzimmer zurückziehe, sondern solidarisch handle: »He is a man more gifted than the rest of us, devoted to inward things [...]. He needs only a room, a desk, a pen and his own thoughts, memories, and knowledge to create for himself a world far superior to this one where we live. But he has not willed to live so, but has torn himself from that world to assert his solidarity with the humanness of the human race. For that we are grateful.« Zitiert nach: Von Tippelskirch 2017, S. 209.

is Germany. I carry my German culture in me, I have contact with the world and I do not consider myself fallen.[51, 52]

Es war zugleich eine Weigerung, sich vom Nationalsozialismus in eine Opferrolle drängen zu lassen, und ein umso klareres Bekenntnis zur Emigration. Auch in diesem Punkt entsprach seine Haltung genau dem außerordentlichen Engagement Dorothy Thompsons. Sie war inzwischen zu der wohl prominentesten Fürsprecherin der deutschsprachigen Immigranten in den USA geworden und spielte für die rund 132.000 Betroffenen eine entscheidende Rolle, sowohl über ihre Reden und ihre Publizistik als auch über konkrete Hilfsprogramme und Visa-Fürsprachen.[53] Thomas Manns vierte USA-Reise war besonders ausgedehnt: Sie führte ihn einmal quer durch den Kontinent mit zahlreichen Auftritten vor mehrtausendköpfigem Publikum und seinem Vortrag *The Coming Victory of Democracy*. In Philadelphia erfuhr er vom Anschluss Österreichs – »perfectly heartbroken over this news«[54] –, der Kriegsausbruch in Europa wurde nun immer wahrscheinlicher und eine definitive Emigration in die USA dringend.

Vor diesem Hintergrund erhielt das Bankett des »American Committee for Christian German Refugees« am 9. Mai 1938 im Hotel Astor in New York für Thomas Mann besondere Bedeutung. Hier trat er gemeinsam mit Dorothy Thompson auf, hielt eine Rede zugunsten der deutschen Flüchtlinge und erhielt von Dorothy Thompson als besondere Ehrung ein großes und in schweres Leder eingebundenes »Book of Remembrance«. Dieses Geschenk hat er durch alle weiteren Schritte des Exils hindurch bewahrt, so dass es heute in seinem

---

[51] Mann finds U.S. sole peace hope, New York Times. Late City Edition, New York, February 22, 1938, p. 13. Im Thomas-Mann-Archiv einsehbar unter der Signatur: ZA 435.

[52] Neben dem öffentlichen Appell bei seiner Ankunft in den USA spielte die Formulierung »Where I am, there is Germany« aber offensichtlich auch bei der persönlichen Bewältigung des Exils eine Rolle. In unveröffentlichten Tagebuchblättern von Anfang April 1938 (TMA, Signatur: A-I-MP X 236 grün) nutzt Thomas Mann die Formulierung in Deutsch, um sein Hineinfinden in die Emigration zu umschreiben. An dieser Stelle wird der Satz nicht als Appell nach aussen, sondern als Trost nach innen eingesetzt: »Was verschlägt es, dass ich ›weit weg‹ bin? Weit weg wovon? Etwa von mir? Unser Zentrum ist in uns. Ich habe die Flüchtigkeit äußerer Seßhaftigkeit erfahren. Wo wir sind, sind wir ›bei uns‹. Was ist Heimatlosigkeit? In den Arbeiten, die ich mir führe, ist meine Heimat. Vertieft in sie, erfahre ich alle Traulichkeit des zu Hause seins. Sie sind Sprache, deutsche Sprache und Gedankenform, persönlich entwickeltes Überlieferungsgut meines Landes und Volkes. Wo ich bin, ist Deutschland.« Siehe Einführung und Teiledition in: Thomas Mann in Amerika, hrsg. von Ulrich Raulff und Ellen Strittmatter, Marbach am Neckar: Deutsche Schillergesellschaft 2018 (= Marbacher Magazin 163/164), S. 98f.

[53] Siehe von Tippelskirch 2017, S. 201.

[54] Philadelphia Record, Saturday, March 12, 1938, p. 4, zitiert nach Gert Heine/Paul Schommer: Thomas Mann Chronik, Frankfurt/Main: Klostermann 2004, S. 319. Die Reporter zeichneten Thomas Manns Informationslücke und sein Erschrecken detailliert nach, siehe ebd.

Abb. 2: Dorothy Thompson überreicht Thomas Mann das »Book of Remembrance«
in Begleitung von Katia Mann und Chancellor Harry Woodburn Chase.

Nachlass erhalten ist.[55] Der Band enthält 293 Briefe mit Würdigungen Thomas
Manns, darunter Briefe von Albert Einstein, Paul Tillich und Anna Jacobson.[56]
    Bei dieser Ehrung am 9. Mai 1938 hielt Dorothy Thompson eine Rede auf
Thomas Mann, deren Typoskript mit handschriftlichen Korrekturen ebenfalls
in Thomas Manns Nachlass erhalten ist.[57] Sie adressierte Thomas Mann darin
drei Mal mit der Formel: »you represent«, und zwar repräsentiere Thomas
Mann »Germany« bzw. »western culture«.[58] Die dreifach verstärkte Repräsen-
tationszuschreibung bündelte sie in der Aussage: »You are an ambassador of a

[55] »To Thomas Mann from his Friends and Admirers. Hotel Astor New York May 9th 1938«,
Nachlassbibliothek, TMA, Signatur: Thomas Mann 5055.
[56] Thomas Mann bedankte sich bei Dorothy Thompson und der »so große[n] Anzahl hervor-
ragender amerikanischer Bürger« in der *Tischrede*, zit. Anm. 61, S. 664.
[57] Dorothy Thompson: My dear Thomas Mann, [New York 1938], TMA, Signatur: Thomas
Mann 1834.
[58] A.a.O., S. 2.

culture we love.«[59] Lange, bevor Thomas Mann tatsächlich die amerikanische Staatsbürgerschaft erhalten sollte, sprach sie ihn schon aktiv als amerikanischen Mitbürger an und definierte die US-Amerikaner – mit Ausnahme nur der indigenen Bevölkerung – insgesamt als Emigranten:

You are becoming an American citizen, Thomas Mann. And in so becoming, you join a most illustrious company of Americans [...]. All of us in this country are emigrants or the children of emigrants, except the Indians.[60]

Von einer so einflussreichen Vertreterin der amerikanischen Öffentlichkeit und des geistigen Lebens in den USA auf diese Weise als ihresgleichen empfangen zu werden, war für Thomas Mann und seine Familie als Exilierte von unschätzbarem Wert. Dorothy Thompson hatte alles getan, um die Repräsentationsrolle Thomas Manns in den USA vorzubereiten und auszugestalten. Thomas Mann wiederum engagierte sich aktiv in der Flüchtlingshilfe und politischen Stellungnahme gegen Hitler, den beiden Hauptanliegen Dorothy Thompsons zu dieser Zeit. Um die zumeist jüdischen Emigranten zu unterstützen, erklärte Thomas Mann in seiner New Yorker Ansprache[61] denn auch mit klaren Worten Antisemitismus für anti-christlich:

Es ist ein großer Irrtum der Öffentlichkeit, zu glauben, daß es sich bei dem Problem der Emigration um ein spezifisch jüdisches Problem handle. [...] Der nationalsozialistische Antisemitimus ist zugleich Antichristlichkeit [...].[62]

Zwar kehrten Thomas und Katia im Juli und August 1938 nochmals nach Küsnacht zurück, doch nur, um den Schweizer Haushalt aufzulösen und die Emigration in die USA vorzubereiten. Als sie am 24. September wieder in New York eintrafen, durften sie auf das zählen, was auf der ersten Seite des »Book of Remembrance« vom protestantischen Bischof der Diözese New York, vom Chancellor der Universtität New York und vom Vorsitzenden des American Committee for Christian German Refugees eingetragen worden war:

»As he leaves our shores to journey back to Europe our hearts are with him and our arms outstretched to welcome him back again.«[63]

---

[59] Ebd.

[60] Ebd., S. 3.

[61] [Tischrede beim Bankett des ›American Committee for Christian German Refugees‹ zu Ehren Thomas Manns], GW XIII, 664–672.

[62] Ebd, 666. Siehe hierzu und zur Veranstaltung im Hotel Astor insgesamt von Tippelskirch 2017, S. 222–223.

[63] »To Thomas Mann from his Friends and Admirers. Hotel Astor New York May 9th 1938«, Nachlassbibiothek, TMA, Signatur: Thomas Mann 5055.

Bereits einen Tag nach dem erneuten Eintreffen trat Thomas Mann gemeinsam mit Dorothy Thompson am 25. September 1938 an einer Massenkundgebung für die Tschechoslowakei im Madison Square Garden auf. Die Veranstaltung wurde zu einer »ungeheure[n] Kundgebung« gegen Hitler.[64]

Thomas Mann und Dorothy Thompson standen nun für kurze Zeit Schulter an Schulter im gemeinsamen Kampf für Flüchtlinge und Demokratie. Allerdings scheiterten sie offenbar auch gemeinsam noch vor Jahresende 1938 im Versuch eines internationalen »Manifests«. Anlässlich einer Soirée am 18. November 1938 notierte sich Thomas Mann: »Mit Dorothy Thompson über das Intellektuellen-Manifest [gesprochen]. Entwurf übernommen.«[65] Hatte er *ihren* Entwurf übernommen? Wie Kerstin Feller anhand von Materialien in Dorothy Thompsons Nachlass nachweisen konnte, war Thompson nicht nur Mit-Initiantin,[66] sondern ging die Idee des »Manifests« entscheidend auf sie zurück, wenn nicht überhaupt von ihr aus.[67] Das »Manifest der Intellektuellen aus aller Welt«[68] wurde anschließend brieflich zwischen Thomas Mann und Dorothy Thompson erläutert und weiterentwickelt. Während die beiden die Modalitäten der Veröffentlichung noch zu klären suchten,[69] gelangte der Text auf unbekanntem Weg zum amerikanischen Schriftsteller James T. Farrell, der in der *New York Herald Tribune* eine geharnischte Kritik an Thomas Manns Text veröffentlichte, bevor dieser selbst überhaupt erschienen war.[70] Nach der anschließenden Kontroverse in der amerikanischen Presse zog Thomas Mann seinen Text *An die gesittete Welt* als von ihm verantwortetes Manifest zurück und beschränkte sich darauf, es am 5. April 1939 für die Rede vor dem »American Committee for Christian German Refugees« zu verwenden und unter dem Titel *Have no Fear!* als englischsprachige Broschüre zu veröffentlichen.[71] Thomas Mann war zwar tief getroffen, dass ausgerechnet die *Herald Tribune*, »das Blatt Dorothy Thompsons, der geistigen Urheberin des Manifest-Gedankens«, Raum für einen Eklat geboten hatte.[72] Die Vorfälle trübten das Verhält-

---

[64] Ausführlich beschrieben in: Tb, 25.9.1938. Zu diesem politisch hoch brisanten und mit 20.000 Zuhörern grössten Auftritt Thomas Manns in den USA und der zugehörigen Presserezeption siehe Boes 2019, S. 138. Tobias Boes zeigt allerdings auch auf, dass im Vergleich zu Dorothy Thompsons Texten und Auftritten Thomas Manns politische Reden und Essays in den USA häufig als »unfocused and overly intellectual« rezipiert wurden. Ebd., S. 139.

[65] Tb, 18.11.1938.

[66] Hermann Kurzke und Stephan Stachorski hatten bereits in Ess V, 298, auf Dorothy Thompsons Vermittlerfunktion hingewiesen.

[67] Feller, Dorothy Thompson 2002, S. 395 f.

[68] Thomas Mann an Dorothy Thompson, 22.11.1938, zitiert nach Feller, Dorothy Thompson 2002, S. 395.

[69] Tb, 4.12.1938.

[70] Feller, Dorothy Thompson 2002, S. 396–397; Ess V, 298–299.

[71] Siehe Ess V, 299.

[72] Siehe Thomas Mann an Agnes E. Meyer, 30.12.1938, BrAM, 141.

nis zwischen Thomas Mann und Dorothy Thompson langfristig aber nicht.[73] Wahrscheinlich waren beide getäuscht und enttäuscht worden, und die unangenehmen Folgen für Dorothy Thompson dürften nicht geringer gewesen sein als für Thomas Mann.

Auch wenn ihre Idee eines internationalen Manifests zu diesem Zeitpunkt gescheitert war, verband Thomas Mann und Dorothy Thompson weiterhin die gleiche Stoßrichtung. Die Tagebucheinträge und erhaltenen Briefe dokumentieren die Fortsetzung der Wertschätzung und Zusammenarbeit.[74] Vielleicht zeigt ihre geplante engste Zusammenarbeit – das »Manifest« – sogar gerade in ihrem Scheitern die Parallelen zwischen den beiden. Beide hatten große Namen und warfen sie für ihnen am Herz liegende politische Stellungsnahmen in die Waagschale. Beide hatten großen Erfolg, exponierten sich aber auch und wurden entsprechend angefeindet. Beide waren bereit, ihre Meinung auch zu ändern, wenn sich bessere Argumente fanden oder größeres Übel abgewendet werden sollte.

Die größte Kurskorrektur bei Thomas Mann war vermutlich seine Abkehr von einer konservativ-deutschnationalen Position im ersten Weltkrieg zu einer europäisch-demokratischen danach. Dieser Wechsel war Thomas Mann später von den Nationalsozialisten konkret vorgeworfen worden[75] und wurde ihm ironischerweise auch noch in der Kontroverse um das mit Dorothy Thompson geplante Manifest zur Last gelegt,[76] obwohl gerade diese politische Wende ein Hauptgrund für Thomas Manns Ausbürgerung und Exilierung gewesen war.

Der vielleicht größte Positionswechsel auf Seiten Dorothy Thompsons wiederum war wohl ihr Lagerwechsel während des Präsidentschaftswahlkampfs 1940, als Franklin Delano Roosevelt für eine dritte Legislaturperiode antrat.

---

[73] Allerdings kommt Kerstin Feller nach Sichtung der Briefe in Thompsons Nachlass zum Schluss, dass Thomas Mann Dorothy Thompson für den Eklat konkret mitverantwortlich machte: Feller, Dorothy Thompson 2002, S. 397. Dieser Korrespondenzteil war mir leider nicht zugänglich.

[74] Siehe die zahlreichen Tagebuch- und Regesteneinträge Thomas Manns zu Dorothy Thompson sowie Kerstin Fellers Feststellung der Fortsetzung eines »durchaus regelmäßigen brieflichen und telefonischen Kontakt[s].« (Feller, Dorothy Thompson 2002, Anm. 135, S. 407.)

[75] Siehe beispielsweise im nazi-freundlichen »Protest der Richard-Wagner-Stadt München«: »Herr Mann, der das Unglück erlitten hat, seine früher nationale Gesinnung bei der Errichtung der Republik einzubüßen und mit einer kosmopolitisch-demokratischen Auffassung zu vertauschen, hat daraus nicht die Nutzanwendung einer schamhaften Zurückhaltung gezogen, sondern macht im Ausland als Vertreter des deutschen Geistes von sich reden.« (Ess IV, 341–346, hier: 342.)

[76] James T. Farrells Kritik an Thomas Manns Manifest schloss sich am 29.12.1938 Thomas Baggs mit einem offenen Brief an, worin er aufgrund von Manns »Kriegsschriften ›Gedanken im Kriege‹ (1914) und ›Friedrich und die große Koalition‹ (1915) ihm die Qualifikation zum Verteidiger der westlichen Zivilisation abspricht.« (Hans R. Vaget: Anm. 1 zum 29.12.1938, in: BrAM, 852.)

Als überzeugte Republikanerin hatte sie bisher mit allen ihr zur Verfügung stehenden Mitteln den konservativen Gegenkandidaten Wendell L. Willkie unterstützt.[77] Angesichts des bald zu erwartenden Kriegseintritts der USA hielt Dorothy Thompson den erfahrenen Roosevelt nun aber für besser geeignet, Hitler die Stirn zu bieten, als den erst vor zwei Jahren in die Politik eingestiegenen Anwalt Willkie.[78] In ihrer Kolumne »On the Record« vom 9. Oktober 1940 begründete sie ihren Seitenwechsel und forderte neu zur Unterstützung Roosevelts auf. Der mutige Schritt kostete sie ihre Anstellung bei der renommierten *New York Herald Tribune*, und sie wechselte zur demokratisch ausgerichteten *New York Post*.[79] Tatsächlich gewann Roosevelt 1940 den Wahlkampf – wie weit dank Dorothy Thompsons spektakulärer Stellungnahme, sei dahin gestellt. Ihr unkonventioneller Einsatz muss aber schon allein deshalb von grösster Wirkung gewesen sein, weil Dorothy Thompson und Eleanor Roosevelt im Jahr zuvor im *Time Magazine* zu den »most influential women in the United States« erklärt worden waren.[80] Wenn die Anekdote zutrifft, dass Roosevelt nach der gewonnenen Wahl gesagt haben soll: »Dorothy, you lost your job, but I kept mine – ha ha!«, spricht dies allerdings nicht für ihn.[81]

In Thomas Manns Tagebüchern von 1938 bis 1940 tritt Dorothy Thompson regelmässig auf: Es werden Treffen, Briefe, Telefonate verzeichnet und immer wieder ihre journalistischen Arbeiten[82] hervorgehoben. Während des Wahlkampfs 1940 wagt Thomas Mann den Sieg Roosevelts kaum noch zu hoffen. Umso mehr notiert er sich die Stellungsnahmen und Auftritte Thompsons.[83]

---

[77] Von Tippelskirch 2017, S. 253–254; Feller, Dorothy Thompson 2002, S. 371–373.

[78] Feller, Dorothy Thompson 2002, S. 371.

[79] Lynn D. Gordon: Why Dorothy Thompson Lost Her Job. Political Columnists and the Press Wars of the 1930s and 1940s, in: History of Education Quarterly, Vol. 34, No. 3 (Autumn 1994), pp. 281–303, Cambridge: Cambridge University Press 1994, see p. 281; Feller, Dorothy Thompson 2002, S. 372.

[80] »Cartwheel Girl«, The Press, in: Time, June 12, 1939, p. 47; zitiert nach von Tippelskirch 2017, S. 240.

[81] Zitiert nach Feller, Dorothy Thompson 2002, S. 372.

[82] »[...] guten Artikel der Thompson« (Tb, 2.10.1938), »Artikel der Thompson über die Politik, der alles beim rechten Namen nennt. ›Ein fascistischer coup d'état‹. Sehr wohl, und konstituierend für Euorpa auf Jahrzehnte.« (Tb, 4.10.1938), »Guter Artikel der Dor. Thompson über das 4. Reich, einleuchtend und nützlich.« (Tb, 23.3.1939), »Gelesen Dor. Thompsons Artikel über Toller« (24.5.1939), »Las [...] den Artikel der Thompson über Hore-Belisha« (Tb, 10.1.1940), »Guter Artikel der Thompson über den Vorteil, den die Unglaubwürdigkeit ihrer Taten den Nazis gewährt« (Tb, 31.1.1940), »Dor. Thompson, sehr glaubhaft informiert, über die nazi-kommunistische Zersetzungsarbeit in Frankreich u. auch in der Tschechoslowakei.« (Tb, 26.2.1940), »Guter Artikel der Thompson« (Tb, 20.3.1940), »Leidenschaftlicher Artikel der Thompson, eine Art von Gebet, von tiefer Erschütterung zeugend.« (Tb, 25.6.1940), »Vorzüglicher Artikel der Thompson über die Erlangung des Friedens durch die Verteidigung der englisch sprechenden Welt.« (Tb, 30.10.1940).

[83] »Lektüre der column von D. Thompson über ihre Stellungnahme zur Präsidentenwahl.

Mit dem Umzug der Manns von der amerikanischen Ost- zur Westküste gingen die persönlichen Kontakte zwar zurück, brachen aber nicht ab. Zwei weitere Verbindungslinien sind aufschlussreich:

Am 4. November 1942 trafen bei Thomas Mann Korrekturbogen von Dorothy Thompsons Buch ›*Listen, Hans!*‹ ein.[84] Der geplante Band umfasste Rundfunksendungen, die Dorothy Thompson von März bis September 1942 nach Deutschland gesendet hatte, analog zu Thomas Manns BBC-Sendungen *Deutsche Hörer!* Thomas Mann gratulierte ihr zu diesem »excellent piece of work«: »it establishes the war and peace aims, that means the demands of the world hour which must be obeyed lest the coming peace be again but an armistice between catastrophes.«[85] Zu Weihnachten schickte er ihr umgekehrt ein Exemplar seiner Radiosendungen ›*Listen Germany!*‹ und bat darum, das anscheinende Plagiat des Titels zu entschuldigen: Der Titel habe schon lange festgestanden, bevor er von Dorothy Thompsons inzwischen berühmtem Buch gewusst habe.[86] Es bleibt ein eigentümliches Zusammentreffen ähnlichen Engagements.

Schließlich könnte es sich lohnen, drei Zeitungsausschnitte aus Thomas Manns Materialiensammlung zu *Deutsche Hörer!* näher zu untersuchen. Sie sind bisher kaum beachtet und noch keiner Radiosendung zugeordnet worden. Interessanterweise führen sie wiederum die Autorin von ›*Listen, Hans!*‹ mit dem Autor von ›*Listen Germany!*‹ zusammen, denn Thomas Mann bewahrte in seinen Materialien drei Zeitungsausschnitte von Dorothy Thompson auf. Ob als konkret genutzte Quelle, wurde bisher noch nicht nachgewiesen. Sie tragen keine handschriftlichen Notizen oder Anstreichungen Thomas Manns, die direkt auf eine seiner Sendungen hinweisen würden. Alle drei Artikel stammen aber aus dem Jahr 1944,[87] so dass sie zum gedanklichen Hintergrund oder zu den Informationsquellen für die letzten Sendungen Thomas Manns gehört haben können. Weitere Untersuchungen zu konkreten Übernahmen Thomas Manns von Dorothy Thompson stehen noch aus. Es ist gut möglich, dass

---

Europäischer Standpunkt, der richtige.« (Tb, 18.10.1940), »Abends Reden im Radio von Botschafter Kennedy und Dorothy Thompson.« (Tb, 29.10.1040), »Den ganzen Abend Wahlreden im Radio. Hörte Willkie, Hull, den Präsidenten, Dorothy Thompson.« (Tb, 4.11.1940).

[84] Tb, 4.11.1942.

[85] Undatierter Entwurf im TMA: B-I-THOD-3.

[86] 24.12.[1942], Durchschlag im TMA: B-I-THOD-4, siehe Reg. 42/518.

[87] Dorothy Thompson: Zu den Gerüchten über eine künftige Aufteilung Deutschlands. Ist das ein Friedensplan?‹, Neue Volks-Zeitung, New York, 5.2.1944, S. 1, TMA-Signatur: Mat/9/127; Dorothy Thompson: [The creation in America of a ›Council for a Democratic Germany‹], o.A., [in diversen Zeitungen zwischen 22. und 25.2.1944 erschienen], TMA-Signatur: Mat/9/56; Dorothy Thompson: [The trouble in Italy, Greece and Belgium is no surprise to this colum], o.A., [in diversen Zeitungen zwischen 8. und 15.12.1944 erschienen], TMA-Signatur: Mat/9/48.

Thomas Mann auch andernorts einer Wendung Dorothy Thompsons antwortete, wie er es 1938 im New Yorker Interview getan hatte:

»Where I am, there is Germany. I carry my German culture in me [...].«[88]

[88] Mann finds U.S. sole peace hope, New York Times. Late City Edition, New York, February 22, 1938, p. 13. Im Thomas-Mann-Archiv einsehbar unter der Signatur: ZA 435. Leider veränderte sich die Lage in den USA nach dem Zweiten Weltkrieg nicht nur für Thomas Mann, sondern auch für Dorothy Thompson nachteilig. Beide wurden aufgrund ihres Engagements für Flüchtlinge und mancher politischer Äusserungen vom FBI überwacht. (Thomas Sprecher: Thomas Mann im Visier des FBI, in: Blätter der Thomas Mann Gesellschaft Zürich, Nr. 28 (1999–2000), S. 19–23; Feller, Dorothy Thompson 2002, Anm. 2, S. 399.) Thomas Mann remigrierte wegen der Repressionen der McCarthy-Ära 1952 zurück in die Schweiz. Dorothy Thompson verlor 1947 ihre Anstellung bei der New York Post und war insgesamt mit dem Bedeutungsverlust von Zeitungen und Zeitschriften zugunsten des Fernsehens konfrontiert. (Gordon, Why Dorothy Thompson Lost Her Job, 1994, p. 282 u. 302–303.) Sie erhielt von der deutschsprachigen Emigration nach Kriegsende wenig Anerkennung gemessen an ihrem unermüdlichen Einsatz vor und während des Zweiten Weltkriegs (Feller, Dorothy Thompson 2002, S. 398–399). Eine eingehende Untersuchung von Dorothy Thompsons Funktion als »Schlüsselfigur« der deutschsprachigen Emigration in den USA verdanken wir erst Kerstin Feller im Jahr 2002. Eine weiterführende Vernetzung von Literaturwissenschaft und Exilforschung bleibt ein Desiderat.

Yahya Elsaghe

»Hebräer?« *Das Gesetz*, der Nationalsozialismus und Thomas Manns Bachofen-Rezeption

Das Gesetz alias *Thou Shalt Have No Other Gods Before Me*,[1] 1943 ausnahms-weise[2] erst einmal auf Englisch erschienen und unmittelbar vor dem *Doktor Faustus* geschrieben, als der vom Reichspropagandaminister ausgerufene To-talkrieg tobte, doch der Sieg über Deutschland und den Nationalsozialismus bereits absehbar war, – die Erzählung also vom *Gesetz* kommuniziert fast geradeso deutlich mit der Gegenwart ihrer Entstehungszeit wie der Künst-ler- und Gesellschaftsroman, an den sich Thomas Mann gleich danach setzte. Zwar spielt *Das Gesetz* wie die Josephstetralogie oder auch wie die nächstäl-tere Erzählung, *Die vertauschten Köpfe*, »in Urzeiten der Menschheit« (XI, 1070); und um solcher Urtümlichkeit willen erscheint dieses Gesetz hier denn eigens nicht in Form seiner habituellen Übersetzung. Sondern es nimmt hier eine archaisch verfremdete Gestalt an, die Mann indessen nur zum kleineren Teil selber zu simulieren brauchte. Zum größeren bezog er sie aus einem fach-männischen Versuch, die »älteste Form der Zehn Gebote« und ihre »eherne Kürze« aus den »voneinander abweichenden Fassungen« zu erschließen, »die uns erhalten sind«.[3]

Aber dennoch »handelt« die Erzählung ganz offensichtlich »vom Kriege und von dem, um was er geht« (XI, 1071). Das verrät schon der Titel des Sammel-bands, in dem der Text erstmals erschien – *The Ten Commandments: Ten Short Novels of Hitler's War against the Moral Code* – und dessen neun restliche Beiträge Hitlers Krieg gegen alle Moral denn auch ganz unverstellt angehen, sozusagen eins zu eins oder *head-on*.[4] *Das Gesetz* handelt mit anderen, noch deutlicheren Worten von der »tägliche[n] Schändung« der »Zehn Gebote [...] durch die Nazis« (DüD II, 641).

---

[1] Thomas Mann: Thou Shalt Have No Other Gods Before Me, in: Armin L. Robinson (Hg.): The Ten Commandments. Ten Short Novels of Hitler's War against the Moral Code, New York: Simon and Schuster 1943, S. 1–70.

[2] Vgl. Tobias Boes: Thomas Mann's War. Literature, Politics, and the World Republic of Let-ters, Ithaca / London: Cornell University Press 2019, S. 155.

[3] Elias Auerbach: Wüste und gelobtes Land (= Bd. 1). Geschichte Israels von den Anfängen bis zum Tode Salomos, Berlin: Wolff 1932, S. 71; mit Lesespuren in Thomas Manns Handexem-plar. An Auerbachs Rekonstruktionsversuch, den er sich angestrichen und zusätzlich noch mit einem Ausrufezeichen versehen hatte, hielt sich Mann beim ersten und zweiten, dann wieder beim fünften, sechsten, siebten und achten Gebot (VIII, 867).

[4] Vgl. Boes: Thomas Mann's War, S. 157.

Zu diesem Zweck hob Mann ganz besonders auf einen Bibelpassus ab, der dem Bericht von der ersten Kodifizierung der sogenannten Zehn Gebote auf den »Tafeln des Bundes«[5] folgt. Es kam ihm vor allem anderen auf die Erzählung vom Tanz um das Goldene Kalb an: Wie Moses die Gesetzestafeln zerstört; wie er ein Exempel statuieren und ein Blutbad mit dreitausend Toten anrichten lässt; wie er endlich das Gesetz zum zweiten und letzten Mal in Stein meißelt.

Die drakonisch-unerbittliche Härte der Ahndung hat Thomas Mann in seiner Nacherzählung getilgt oder geschönt, aus leicht supplierbaren Gründen der Kontrastbetonung gegenüber den Nazis und ihrer notorischen Blutrünstigkeit. Es werden nur mehr, allerhöchstens, drei*hundert* hingerichtet, und zwar nur ausgemachte »Rädelsführer« (VIII, 872). Hingegen legte er seinem Moses eine lange Rede in den Mund, gehalten in dem Moment, da er, Moses, die nochmals aufgeschriebenen Gebote dem Volk überreicht, indem er es mit dem Vokativ eines ausgefallenen, noch nicht einmal im Grimm'schen Wörterbuch rubrizierten Kompositums apostrophiert: als »Vaterblut«. In seiner Rede an das Vaterblut warnt er beziehungsweise warnt Gott selber das Vaterblut vor einer Wiederholung dessen, was sich eben erst abgespielt hat:

»Nimm sie hin, Vaterblut«, sagte er, »und halte sie heilig in Gottes Zelt, was sie aber besagen, das halte heilig bei dir im Tun und Lassen! Denn das Bündig-Bindende ist es und Kurzgefaßte, der Fels des Anstandes, und Gott schrieb's in den Stein mit meinem Griffel, lapidar, das A und O des Menschenbenehmens. In eurer Sprache hat er's geschrieben, aber in Sigeln, mit denen man notfalls alle Sprachen der Völker schreiben kann; denn Er ist der Herr allenthalben, darum ist sein das ABC, und seine Rede, möge sie auch an dich gerichtet sein, Israel, ist ganz unwillkürlich eine Rede für alle.

In den Stein des Berges metzte ich das ABC des Menschenbenehmens, aber auch in dein Fleisch und Blut soll es gemetzt sein, Israel, so daß jeder, der ein Wort bricht von den zehn Geboten, heimlich erschrecken soll vor sich selbst und vor Gott, und soll ihm kalt werden ums Herz, weil er aus Gottes Schranken trat. Ich weiß wohl, und Gott weiß es im voraus, daß seine Gebote nicht werden gehalten werden; und wird verstoßen werden gegen die Worte immer und überall. Doch eiskalt ums Herz soll es wenigstens jedem werden, der eines bricht, weil sie doch auch in sein Fleisch und Blut geschrieben sind und er wohl weiß, die Worte gelten.

Aber Fluch dem Menschen, der da aufsteht und spricht: ›Sie gelten nicht mehr.‹ Fluch ihm, der euch lehrt: ›Auf, und seid ihrer ledig! Lügt, mordet und raubt, hurt, schändet und liefert Vater und Mutter ans Messer, denn so steht's dem Menschen an, und sollt meinen Namen preisen, weil ich euch Freiheit verkündete.‹ Der ein Kalb aufrichtet und spricht: ›Das ist euer Gott. Zu seinen Ehren tuet dies alles und dreht euch ums Machwerk im Luderreigen!‹ Er wird sehr stark sein, auf goldenem Stuhl wird er sitzen

---

[5] Auerbach: Wüste und gelobtes Land, Bd. 1, S. 71; in Thomas Manns Handexemplar unterstrichen.

und für den Weisesten gelten, weil er weiß: Das Trachten des Menschenherzens ist böse von Jugend auf. Das aber wird auch alles sein, was er weiß, und wer nur das weiß, der ist so dumm wie die Nacht, und wäre ihm besser, er wäre nie geboren. Weiß er doch von dem Bunde nichts zwischen Gott und Mensch, den keiner brechen kann, weder Mensch noch Gott, denn er ist unverbrüchlich. Blut wird in Strömen fließen um seiner schwarzen Dummheit willen, Blut, daß die Röte weicht aus den Wangen der Menschheit, aber sie kann nicht anders, gefällt muß der Schurke sein. Und will meinen Fuß aufheben, spricht der Herr, und ihn in den Kot treten, – in den Erdengrund will Ich den Lästerer treten hundertundzwölf Klafter tief, und Mensch und Tier sollen einen Bogen machen um die Stätte, wo Ich ihn hineintrat, und die Vögel des Himmels hoch im Fluge ausweichen, daß sie nicht darüber fliegen. Und wer seinen Namen nennt, der soll nach allen vier Gegenden speien und sich den Mund wischen und sprechen: ›Behüte!‹ Daß die Erde wieder die Erde sei, ein Tal der Notdurft, aber doch keine Luderwiese. Sagt alle Amen dazu!«

Und alles Volk sagte Amen. (VIII, 874–876)[6]

Was mit dem Goldenen Kalb und wer mit dem auch in *Lotte in Weimar* so genannten Schurken (9.1, 327) gemeint war, dumm wie die Nacht, um dessen schwarzer Dummheit willen Blut in Strömen fließen, der aber unausbleiblich gefällt sein muss, – das konnte 1943 keinem Leser verborgen bleiben. Allein die »Schweizer Presse«, »haarsträubend [...] schwach und dumm« (Tb, 21.4.1945), scheint den »Fluch auf Hitler am Schluß« damals »garnicht verstanden« (DüD II, 649) zu haben. Oder vielleicht auch wollte, durfte sie ihn unter dem Druck der Zensur und Selbstzensur nicht verstehen, nachdem die ›Sektion Buchhandel‹ die Erzählung »weder als Ganzes noch in irgendeinem Ausdruck [...] beanstande[t]« hatte[7] – ganz im Gegensatz übrigens zum wenig zuvor prompt verbotenen Essay *Dieser Krieg*. Der nämlich, hieß es in der unsäglichen Begründung der über Mann verhängten Zensurmaßnahme, spreche »pöbelhaft[]« »dem Oberhaupt jenes Volkes, das einen Goethe, einen Hölderlin, einen Novalis, [sic!] hervorgebracht hat, Charaktereigenschaften zu[], die so weit entfernt sind von dem, was man sich im allgemeinen unter einem führenden Staatsmanne vorstellt«.[8]

Um den Kult des Goldenen Kalbs so unmittelbar an die Gegenwart anzuschließen, dass es jeder merken musste, der es sehen wollte oder durfte, hat Thomas Mann die überlieferte Erzählung davon ausgebaut und angereichert.

---

[6] Interpunktion nach dem Erstdruck emendiert: Thomas Mann: Das Gesetz. Erzählung, Stockholm: Bermann-Fischer 1944, S. 157–160, hier S. 158.

[7] Zitiert nach: Stefan A. Keller: Im Gebiet des Unneutralen. Schweizerische Buchzensur im Zweiten Weltkrieg zwischen Nationalsozialismus und Geistiger Landesverteidigung, Zürich: Chronos 2009, S. 222; freundliche Hinweise von Hanspeter Affolter, Bern, vom 28. November und 1. Dezember 2016.

[8] Zitiert nach: ebd., S. 180.

Er ging dabei sehr weit über den Bibeltext hinaus. Dieser ist hier recht lakonisch. An den von Mann angestrichenen Stellen wäre nur von einem »Reigen«
die Rede gewesen, den das Volk um das neue Götzenbild veranstaltet habe, von
»Geschrei« und »Singetanz[ ]«[9] – eine Zusammensetzung, die der Erzähler des
Gesetzes mehrfach aufgreifen wird.

Im Zentrum der Mann'schen Ausgestaltung steht eine Korrektur des habi-
tualisierten Bibeltexts beziehungsweise der Bedeutung, die man ihm aufgrund
seines hier tatsächlich irreführenden Wortlauts gab und noch immer gibt. Das
Goldene Kalb sei *kein* Kalb gewesen, sondern nichts anderes als ein Stier: »ein
Stier, der richtige, ordinäre Fruchtbarkeitsstier der Völker der Welt« (VIII,
869).

Angeregt war diese Korrektur durch die extensiven altorientalistischen
Studien, die Mann im Umkreis des Josephsprojekts zu betreiben nicht müde
wurde. In der konsultierten Fachliteratur[10] konnte er lesen, dass die Bezeichnung ›Kalb‹, die im Deutschen durch die Lutherbibel konventionalisiert ist, ein
inakkurates Denotat hat. Der hebräische Ausdruck, der regelmäßig in negativ
besetzten Kollokationen auftaucht,[11] bezeichnet offenbar in der Tat ein zwar
junges, aber bereits geschlechtsreifes Rindvieh männlichen Geschlechts. Die
Septuaginta gibt die Stelle denn auch noch geradewegs mit »μόσχος« wieder,[12]
»calf, young *bull*«.[13] Die Vulgata jedoch, für Luther *nolens volens* prägend, hat

---

[9] 2. Moses 32, 18 f.; Die heiligen Schriften des Alten und Neuen Bundes deutsch von Martin
Luther, München / Leipzig: Müller [1910], Bd. 1, S. 151.

[10] Vgl. Auerbach: Wüste und gelobtes Land, Bd. 1, S. 148; Alfred Jeremias: Das Alte Testament
im Lichte des Alten Orients. Handbuch zur biblisch-orientalischen Altertumskunde, Leipzig:
Hinrichs'sche Buchhandlung ³1916, S. 396. In dieser dritten Auflage, die Mann besaß, hat Jere-
mias die These noch zaghafter vertreten als später: »Bei der Gestaltung des Gottesbildes [...]
handelt es sich *doch wohl* um ein Stierbild« (im Original keine Hervorhebung). In der nächsten
Auflage, die Thomas Mann schon hätte konsultieren *können*, ersetzte Jeremias diese vorsichtige
Formulierung durch eine dezidierte. Vgl. Alfred Jeremias: Das Alte Testament im Lichte des
Alten Orients. Handbuch zur biblisch-orientalischen Altertumskunde, Leipzig: Hinrichs'sche
Buchhandlung ⁴1930, S. 439: »Bei der Gestaltung des Gottesbildes [...] handelt es sich *sicher* um
ein Stierbild« (im Original keine Hervorhebung); freundlicher Hinweis von Hanspeter Affolter,
Bern, vom 7. Juli 2017.

[11] Vgl. 2. Moses 32, 4; 1. Könige 12, 28; 2. Könige 10, 29 und 17, 16; Nehemia 9, 18; Hosea 8, 6;
10, 5 und 13, 2; Die heiligen Schriften des Alten und Neuen Bundes deutsch von Martin Luther,
Bd. 1, S. 150; Bd. 2, S. 33; ebd., S. 81, 95; ebd., S. 265; Bd. 3, S. 349, 351, 354.

[12] 2. Moses 32, 24; Septuaginta. Id est Vetus Testamentum graece iuxta LXX interpretes,
Stuttgart: Deutsche Bibelgesellschaft 1979, S. 143.

[13] Henry George Liddell / Robert Scott: A Greek-English Lexicon. With a Revised Supple-
ment, Oxford: Clarendon Press 1996, S. 1148, s. v. ›μόσχος‹ (im Original keine Hervorhebung).

bereits ein Deminutiv dafür: »vitulus«.[14] Und selbst noch Martin Buber und
Franz Rosenzweig übersetzen hier mit »Kalb«, »Gußkalb«.[15]

Eine mögliche, auch in Manns bekannten Quellen[16] referierte Erklärung
für die sprachliche Verkleinerung des ›Kalbs‹ lautet dahin, dass darin die des-
pektierlichen Konnotate des Worts aufgehoben sind, die dieses von jenen anderweitigen Kollokationen her mit sich bringt.[17] So gelange der Spott oder die
Verachtung gegenüber Tieridolatrien zum Ausdruck, wie sie im alten Orient
verbreitet waren. In Abweichung von solch einer Erklärungsweise, sei es vielleicht spontan oder sei es – sehr viel wahrscheinlicher – in Anlehnung an eine
noch nicht ermittelte Quelle,[18] wird die landläufige Rede vom Kalb in Manns
Erzählung indessen mit der Dimensionierung des Abbilds motiviert: »weil es
nicht mehr als mäßig groß war« (VIII, 869).

Die so motivierte Richtigstellung, dass das vermeintliche Kalb in Wahrheit
ein sehr wohl schon potenter Stier war, bildet die Basis für eine hochspezifi-
sche Interpretation des Tanzes um diesen. Weil es sich dabei um ein sexual-
symbolisch schwer chargiertes Tiersymbol handelt, kann Thomas Mann aus
dem Reigen, Geschrei und Singetanz etwas machen, das er mit lutherbiblisch
offenbar nur *anmutenden* Neuschöpfungen einen »Schandringel« und »Luderreigen« nennt (VIII, 869 f.):

Es war kein Kalb, es war ein Stier, der richtige, ordinäre Fruchtbarkeitsstier der Völker
der Welt. Ein Kalb heißt es nur, weil es nicht mehr als mäßig groß war, eher klein, auch
mißgegossen und lächerlich gestaltet, ein ungeschickter Greuel, aber als Stier allerdings

---

[14] 2. Moses 32, 24; Biblia Sacra, iuxta Vulgatam versionem, Stuttgart: Deutsche Bibelgesellschaft 2007, S. 123.

[15] Die Fünf Bücher der Weisung verdeutscht von Martin Buber gemeinsam mit Franz
Rosenzweig, Köln / Olten: Hegner 1954, S. 242–244.

[16] Vgl. Jeremias: Das Alte Testament im Lichte des Alten Orients, ³1916, S. 396.

[17] Vgl. z. B. Bernhard Stade: Geschichte des Volkes Israel, Bd. 1: Geschichte Israels unter der
Königsherrschaft, Berlin: Grote'sche Verlagsbuchhandlung 1887 (= Allgemeine Geschichte in
Einzeldarstellungen. Erste Hauptabteilung, Bd. 6), S. 466; J[ulius] Wellhausen: Israelitische und
jüdische Geschichte, Berlin: Reimer ⁶1907, S. 32 f., Anm. 1; Immanuel Benzinger: Calf, Golden,
in: T. K. Cheyne / J. Sutherland Black (Hgg.): Encyclopædia Biblica. A Critical Dictionary of
the Literary, Political and Religious History, the Archælogy, Geography and Natural History
of the Bible, Bd. 1, Toronto: Morang 1899, Sp. 631 f., hier Sp. 631; H[einrich] Holzinger: Exodus,
Tübingen / Freiburg im Breisgau / Leipzig: Mohr 1900 (= Kurzer Hand-Commentar zum Alten
Testament, Abteilung 2: Exodus), S. 110; Hugo Greßmann: Mose und seine Zeit. Ein Kommentar
zu den Mose-Sagen, Göttingen: Vandenhoeck & Ruprecht 1913, S. 204, Anm. 1; A[lan] H[ugh]
McNeile: The Book of Exodus. With Instruction and Notes, London: Methuen 1908, S. 205.

[18] Vgl. z. B. Heinrich Ewald: Geschichte des Volkes Israel, Bd. 2: Geschichte Mose's und der
Gottherrschaft in Israel, Göttingen: Dieterich'sche Buchhandlung ³1865, S. 258, Anm. 2; Ben-
jamin Wisner Bacon: The Triple Tradition of the Exodus. A Study of the Structure of the Later
Pentateuchal Books, Reproducing the Sources of the Narrative, and Further Illustrating the
Presence of Bibles within the Bible, Hartford: The Student Publishing Company 1894, S. 134,
Anm.; Benzinger: Calf, Golden, Sp. 631.

nur allzugut zu erkennen. Um das Machwerk herum ging ein vielfacher Ringelreigen, wohl ein Dutzend Kreise, von Männern und Weibern, Hand in Hand, zu Cymbelgeläut und Paukenknall, die Köpfe verdrehten Auges im Nacken, die Knie zum Kinn geschleudert, mit Kreischen, Röhren und krasser Huldigung der Gebärden. Verschieden herum ging es, *ein* Schandringel immer nach rechts, der andere nach links; im Innern aber des Wirbels, vorm Kalbe, sah man Aaron hopsen, in dem langen Ärmelkleid, das er als Verweser der Stiftshütte trug, und das er hochgerafft hatte, damit er seine langen, haarigen Beine schleudern könnte. Und Mirjam paukte den Weibern vor.

Dies war nun die Reigenrose ums Kalb. Aber ringsherum in der Freiheit ereignete sich das Zubehör; es ist hart, zu gestehen, wie das Volk sich entblödete. Einige aßen Blindschleichen. Andere lagen bei ihrer Schwester und das öffentlich, dem Kalbe zu Ehren. Wieder andere saßen da einfach und leerten sich aus, des Schäufleins uneingedenk. Man sah Männer dem Stier ihre Kraft verbrennen. Irgendwo tachtelte einer seine leibliche Mutter rechts und links. (VIII, 869)

Bei der Ausgestaltung des um das Kalb und den Tanz herum »in der Freiheit« veranstalteten »Zubehör[s]« bediente sich Mann verschiedener alttestamentlicher Zitate und Topoi. Ganz besonders scheint er sich an einen dann auch wieder in der Rede seines Moses unverkennbar aufgegriffenen Verfluchungskatalog aus dem Deuteronomium angelehnt zu haben, also aus dem unmittelbaren Kontext der Zehn Gebote. Zwölf Schandtaten werden dort verwünscht, je durch Anaphern und Epiphern markiert und von Thomas Mann teils unter-, teils einfach, teils doppelt angestrichen:

Verflucht sei, wer einen Götzen oder gegossen Bild macht, einen Greuel des Herrn, ein Werk von den Händen der Werkmeister, und setzt es verborgen! Und alles Volk soll antworten und sagen: Amen.

Verflucht sei, wer seinem Vater oder Mutter flucht! Und alles Volk soll sagen: Amen.

Verflucht sei, wer seines Nächsten Grenze engert! Und alles Volk soll sagen: Amen.

Verflucht sei, wer einen Blinden irren macht auf dem Wege! Und alles Volk soll sagen: Amen.

Verflucht sei, wer das Recht des Fremdlings, des Waisen und der Witwe beuget! Und alles Volk soll sagen: Amen

Verflucht sei, wer bei seines Vaters Weibe liegt, daß er aufdecke den Fittich [scil. Gewandsaum[19]] seines Vaters! Und alles Volk soll sagen: Amen.

Verflucht sei, wer irgend bei einem Vieh liegt! Und alles Volk soll sagen: Amen.

Verflucht sei, wer bei seiner Schwester liegt, die seines Vaters oder seiner Mutter Tochter ist! Und alles Volk soll sagen: Amen.

---

[19] Vgl. Jacob Grimm / Wilhelm Grimm et al.: Deutsches Wörterbuch, Leipzig: Hirzel 1854–1971, Bd. 3, Sp. 1693 f., hier Sp. 1694, s. v. ›Fittich‹.

Verflucht sei, wer bei seiner Schwieger liegt! Und alles Volk soll sagen: Amen.

Verflucht sei, wer seinen Nächsten heimlich erschlägt! Und alles Volk soll sagen: Amen.

Verflucht sei, wer Geschenke nimmt, daß er die Seele des uns schuldigen Bluts schlägt! Und alles Volk soll sagen: Amen.

Verflucht sei, wer nicht alle Worte dieses Gesetzes erfüllet, daß er darnach tue! Und alles Volk soll sagen: Amen.[20]

Mit diesen zwölf Verfluchungen des Deuteronomiums oder auch mit den anderen Gebots- und Verbotskatalogen des Pentateuch abgeglichen, erweist sich Thomas Manns Aufzählung als extrem selektiv. Von den im *Dekalog* verbotenen oder den *zwölf* Schandtaten, die Moses im Deuteronomium verdammt, erscheinen bei Mann neben der ersten, der Idolatrie, nur noch ein oder zwei weitere, und zwar in je stark modifizierter Form. Gebrochen wird das Gebot, Vater und Mutter zu ehren. Oder es wird doch die zweite Hälfte dieses dadurch sozusagen vereinseitigten Gebots verletzt, wenn »einer« allein »seine leibliche *Mutter«* tachtelt, das heißt ohrfeigt. Und von den verschiedenen Inzestverboten wird nur der eine Inzest des Bruders mit der Schwester aufgegriffen; diejenige Variante Inzest übrigens, die bei *mutual consent* nach wie vor am häufigsten vorkommt[21] – anders als man zunächst vielleicht erwarten könnte. Denn nach Sigmund Freud und von der Literaturgeschichte her wäre ja am ehesten ein Inzest von Mutter und Sohn erwartbar. Ein solcher ist es denn auch, der im Deuteronomium als erster verflucht wird – noch vor der Sodomie –: »Verflucht sei, wer bei seines Vaters Weibe liegt« (dann erst: »wer irgend bei einem Vieh liegt«; und erst jetzt der Fluch auf den Inzest mit leiblichen Schwestern: »wer bei seiner Schwester liegt, die seines Vaters oder seiner Mutter Tochter ist!«)

Dabei liegt das Skandalöse für den Erzähler des *Gesetzes* nicht allein in der inzestuösen Kopulation. Sondern Anstoß nimmt er eigens auch an ihrer Schamlosigkeit: »und das öffentlich«. Der Inzest wird so schamlos öffentlich zur Schau gestellt wie die Defäkation und die mutmaßliche Masturbation der Männer, die »dem Stier ihre Kraft verbrennen« (eine bislang noch nicht kommentierte Stelle, an der »verbrennen« doch wohl den Sinn von ›opfern‹, ›darbringen‹ annimmt[22]).

Thomas Manns Verkürzungen des alttestamentlichen Sündenkatalogs schei-

---

[20] 5. Moses 27, 14; Die heiligen Schriften des Alten und Neuen Bundes deutsch von Martin Luther, Bd. 1, S. 348.
[21] Vgl. Esther Klees: Geschwisterinzest im Kindes- und Jugendalter. Eine empirische Täterstudie im Kontext internationaler Forschungsergebnisse, Lengerich: Pabst Science Publishers 2008, S. 22 f.
[22] Vgl. Grimm: Deutsches Wörterbuch, Bd. 12, Abt. I, Sp. 167–172, hier Sp. 168, s. v. ›verbrennen‹.

nen durchaus Methode zu haben. Der Inzest von Bruder und Schwester und die Misshandlung ausgerechnet und ausschließlich einer leiblichen Mutter haben einen gemeinsamen Nenner. Beides weist auf einen maximalen Abstand von der Vaterreligion. Eine Vaterreligion nannte Freud bekanntlich das Judentum, um es von der Sohnesreligion des Christentums zu unterscheiden.[23] Bei Mann aber erscheint das Gesetz, das Moses den Juden bringt, als Vaterreligion in einem anderen und originellen, durch einen ganz bestimmten Rezeptionszusammenhang vermittelten Sinn. Vaterreligion ist es im Sinne des Vater*rechts* und im Unterschied zum *Mutter*recht, das diesem vorangegangen sein soll. So jedenfalls wollte es Johann Jakob Bachofen in seinem mit diesem *key word* betitelten *opus potissimum*, aber auch anderwärts in seinem Œuvre.

Wie man schon seit geraumer Zeit weiß,[24] begann Thomas Mann sich in dieses Œuvre gerade während und wohl auch aus Anlass seiner Arbeit an den Josephsromanen einzulesen, in deren weiterem Umkreis ja auch die Erzählung vom *Gesetz* gehört. Und erst vor diesem religions- und zivilisationstheoretischen Hintergrund lässt sie sich ganz verstehen. Oder wenigstens kann man erst so die Vorgänge und Tabubrüche wirklich einordnen, die sich in Manns Beschreibung beziehungsweise nach seiner Phantasie um das Goldene Kalb herum abgespielt haben sollen.

Dazu muss man sich vergegenwärtigen, was Bachofen mit dem berühmt gebliebenen Neologismus »Mutterrecht« meint und was er damit *nicht* meint. Anders als etliche seiner Adepten und Vulgarisatoren à la Ernest Borneman verstand Bachofen unter Mutterrecht gerade kein urtümliches ›Matriarchat‹; ein zwar schon zeitgenössischer, aber von ihm dennoch gar nirgends benutzter Pseudograzismus, an dessen Stelle er am ehesten die schon klassisch-altgriechische Vokabel ›Gynaikokratie‹ zu verwenden pflegte, die er vermutlich von einem Herakleides herhatte (Herakleides Pontikos oder, nach heutigem Kenntnisstand, Herakleides Lembos) und der er beim Geographen Strabon oder wohl auch in der *Politik* des Aristoteles wiederbegegnet war. »Mutterrecht« oder »Weiberrecht«,[25] wie er es zunächst mit einem unter Juristen geläufigen Terminus nannte[26] – wobei dieser synonyme Wortgebrauch symptomatisch ist für eine von ihm immer schon vorausgesetzte Indifferenz familiärer und politischer Machtverhältnisse –, Mutterrecht also bezeichnet bei Bachofen vielmehr

---

[23] Sigmund Freud: Der Mann Moses und die monotheistische Religion, in: ders.: Gesammelte Werke. Chronologisch geordnet, Bd. 16: Werke aus den Jahren 1932–1939, hrsg. v. Anna Freud et al., London: Imago, und Frankfurt/Main: Fischer 1950, S. 101–246, hier S. 195.

[24] Vgl. Elisabeth Galvan: Zur Bachofen-Rezeption in Thomas Manns »Joseph«-Roman, Frankfurt/Main: Klostermann 1996 (= TMS XII), S. 1, Anm. 1.

[25] Vgl. Johann Jakob Bachofen: Gesammelte Werke, hrsg. v. Karl Meuli et al., Basel: Schwabe 1943–2020, Bd. 9, S. 549–585.

[26] Vgl. Grimm: Deutsches Wörterbuch, Bd. 14, Abt. I, 1. Teil, Sp. 404, s. v. ›Weiberrecht‹.

den Durchgangszustand eines dreigliedrigen Entwicklungsschemas, wie es das achtzehnte Jahrhundert vorgegeben hatte mit der Trias von Wildheit, Barbarei und Kultur[27] (*savagery, barbarism* und *polished manners;*[28] *sauvage, barbare* und *éclairé, policé*[29] oder *civil*[30]).

Bachofen gab diesem Dreierschema nun jedoch einen spezifisch sexuellen Twist. Jede der drei Kulturstufen hatte ihr eigenes Sexualverhalten. Hieraus ergab sich eine je eigene Art und Weise, die jeweils folgenden Generationen zu bestimmen. Dabei beschreibt das Schema bei Bachofen *grosso modo* noch eine Fortschrittsbewegung zum je Besseren, Kultivierteren, Geistigeren.

Der Anfang der Menschheitsgeschichte, dem er den Namen »Hetärismus« gab, war ungefähr so »unordentlich« (VIII, 808) wie die Geburt, die Thomas Mann seinem Moses nachsagt und mit der er dessen Ordnungsliebe oder Ordnungsneurose erklärt. Denn seine Geburt beziehungsweise seine Zeugung, als *one-night stand* und auf Initiative einer höchstgestellten Frau, die einen ihr hoffnungslos unterlegenen Mann zu ihrem Sexobjekt erwählt und erniedrigt, geschieht außerhalb aller sozialen Regulative des Paarungsverhaltens und zumal ohne Rücksicht auf die zivilisatorischen Normierungen weiblichen Begehrens. Insofern ist diese Zeugung echt ›hetäristisch‹. Denn im Hetärismus sah Bachofen einen gewissermaßen noch tierischen Zustand totaler Freiheit, ganz ohne Körperscham und ohne Kopulationstabus, in dem es keinerlei Restriktionen der Sexualität gegeben haben soll. Die dergestalt gleichsam kollektiv gezeugten Kinder, in ihrem »ursprünglich alleinige[n] Geschwisterverhältnis«,[31] waren keinen einzelnen Eltern oder Elternteilen zugeordnet.

Als Mutterrecht sodann charakterisierte Bachofen einen Zustand, in dem die Frau, um nicht mehr Freiwild der physisch stärkeren Männer zu sein, die Monogamie durchsetzte. Auf der Stufe dieser von der Frau gewollten und geprägten Monogamie soll die Identität der Kinder über den gebärenden Körper der Mutter definiert worden sein, noch nicht über die Zeugung durch einen

---

[27] Vgl. Christian Moser: The Concept of Barbarism in Eighteenth-Century Theories of Culture and Sociogenesis, in: Markus Winkler et al.: Barbarian: Contributions to the Literary History of a Basic Western Concept from the 18th Century to the Present, Stuttgart: Metzler 2018 (= Schriften zur Weltliteratur, Bd. 7), S. 45–144.

[28] Vgl. James Macpherson: A Dissertation, in: Howard Gaskill (Hg.): The Poems of Ossian and Related Works, Edinburgh: Edinburgh University Press 1996, S. 205–224 und 475–479, hier S. 211; Wolf Gerhard Schmidt: ›Homer des Nordens‹ und ›Mutter der Romantik‹. James Macphersons »Ossian« und seine Rezeption in der deutschsprachigen Literatur, Bd. 1: James Macphersons »Ossian«, zeitgenössische Diskurse und die Frühphase der deutschen Rezeption, Berlin / New York: de Gruyter 2003, S. 186 f.

[29] Vgl. Anne-Robert-Jacques Turgot: Œuvres de Turgot et documents le concernant. Avec biographie et notes, hrsg. v. Gustav Schelle, Paris: Alcan 1913, Bd. 1, S. 275–323.

[30] Vgl. Jean-Jacques Rousseau: Essai sur l'origine des langues, hrsg. v. Angèle Kremer-Marietti, Paris: Harmattan, 2009 (= Commentaires philosophiques), S. 127 f.

[31] Bachofen: Gesammelte Werke, Bd. 2, S. 20.

Vater. Das sei erst auf der Stufe des Vaterrechts geschehen, der patriarchalen Ehe, wie man sie noch zu Bachofens Zeit allein kannte als das Gottgewollte, Naturgegebene oder, mit einem gekürten Unwort, Alternativlose – bis eben Bachofen durch seine zwar spekulativ-verstiegene, aber doch auch systematisch ausgehärtete Theorie weniger seine Zeitgenossen als vielmehr die Nachgeborenen mit sehr wohl doch alternativen Kulturalisationsoptionen der Geschlechterdifferenz und des Sexualdimorphismus konfrontieren sollte, indem er ihnen eine *Geschichte* von Sex und Gender erzählte.

Diese Geschichte, das steht spätestens seit Elisabeth Galvans Untersuchungen fest, hat Thomas Mann auf seine Weise in den Josephsromanen nacherzählt. Schon deswegen, wegen der zeitlichen Nähe zu diesen, liegt es nahe oder hätte es sich längst aufdrängen müssen, das entsprechende Narrativ versuchsweise heranzuziehen, um auch die Erzählung vom *Gesetz* neu und anders zu lesen. Ein Versuch, Bachofens Fortschrittsnarrativ auf diese Erzählung zu übertragen, erscheint zunächst vielversprechend und gewinnbringend, wenn auf einen zweiten oder dritten Blick auch, zugegeben, beträchtliche und verstörende Reste übrig bleiben, die sich solch einem Narrativ nicht ohne Weiteres integrieren lassen:

Während Manns Moses eben im Begriff ist, dem Vaterblut den Codex eines vaterrechtlichen, im Namen eines abstrakt-vergeistigten Vatergotts erlassenen Gesetzes zu bringen, benimmt sich dieses Vaterblut in einer Weise, mit der es im Grunde das Recht auf eine solche Apostrophierung verwirkt. Es veranstaltet einen Kult um eine sehr handgreifliche Götzenfigur. Es huldigt einer Tiergottheit, wie sie der Monotheismus eben gerade überwinden wollte und sollte. Hierbei handelt es sich, so der Text, um eine »Rückfälligkeit« (VIII, 868) oder, so Thomas Mann anderwärts, in seiner Korrespondenz über diesen, um einen »Rückfall« (DüD II, 636).

Die Tänzer oder vielmehr die, die das von diesen Zelebrierte mit ihren Leibern »ringsherum« in »das Zubehör« fleischlicher Taten umsetzen, fallen »in der Freiheit« nicht eben nur von Vaterreligion und Vater*recht* ab. Zu ihren Schandtaten gehört nicht etwa ein Inzest mit des »Vaters Weibe«, wie ihn die abendländisch-patriarchale Kulturgeschichte so bezeichnenderweise perhorreszierte, von Sophokles über die *Gesta Romanorum* und Hartmann von Aue bis zu Freud. Die dem Kalb huldigen, fallen vielmehr selbst noch hinter das *Mutter*recht zurück und bis auf den allerprimitivsten Zustand hinab. Daher der Inzest von Bruder und Schwester, dem Bachofen nämlich im Zusammenhang mit diesem Zustand und dem ursprünglich allgemeinen Geschwisterverhältnis unter den Menschen ganz besondere Bedeutung beimaß.[32] Und daher auch die Merkwürdigkeit, dass ungestraft ausgerechnet eine leibliche Mutter tief gede-

---

[32] Vgl. z. B. ebd., S. 109–112.

mütigt wird, wie sie auf der Stufe des Mutterrechts in vorzüglich hohen Ehren gehalten wurde respektive gehalten werden müsste. Verletzt und geschändet wird hier die ehedem, vor dem Vaterrecht, »heiligste Pflicht«, »der Mutter beizustehen, sie zu schützen, sie zu rächen«.[33]

Als er den Tanz ums Goldene Kalb ausphantasierte, griff Thomas Mann also offensichtlich auf Bachofens Vorstellungsarsenal zurück: sei es blindwütig, wie es *prima facie* den Anschein machen kann; oder sei es auch sehr gezielt. Seine Anleihen bei Bachofen hatten hier jedenfalls eine genau bestimmbare Voraussetzung. Voraussetzung dafür war eine ganz bestimmte Relektüre des Exodus. Er las das Zweite Buch Mose in derselben Weise wie zuvor und danach das Erste, nämlich bei seiner Arbeit an den Josephsromanen beziehungsweise an seinem überhaupt letzten vollendeten Werk, *Die Betrogene*. (Dort sollte er die Genesis einer *ante litteram* feministischen Dekonstruktion unterziehen.[34]) Die Episode vom Goldenen Kalb las Thomas Mann eben so, dass er sich *dabei* schon von Bachofen'schen Konzepten leiten ließ. Das hatte vor ihm, scheint es, noch keiner getan; auch Bachofen selber nicht, von dem Walter Benjamin einmal vermutete, er habe in »der jüdischen Theologie [...] nicht umsonst den Erbfeind« gewittert.[35]

Auf den fast tausend Quartspalten, die sein *Mutterrecht* füllt (1861), kommt Bachofen nirgends, aber auch gar nirgends auf den Pentateuch zu sprechen – mochte das Belegmaterial noch so hübsch in seine Theorie passen, das er hier dafür hätte finden können und das Thomas Mann dann auch tatsächlich finden sollte. Dass der Bachofen des *Mutterrechts* hier die fünf Bücher Mose überging – und bis auf ein, zwei flüchtige Erwähnungen das sogenannte Alte Testament überhaupt[36] –, versteht sich also durchaus nicht von selbst. Es ist umso erklärungsbedürftiger, als Bachofens Nachlass einen anderen Eindruck hinterlässt. In das erste der fast zwei Dutzend handschriftlich vollgeschriebenen Bücher, die sich aus den Jahren 1860 bis 1885 im Umkreis des *Mutterrechts* erhalten haben, ist ein undatierter Faszikel eingelegt, der die in diesem klaffende Lücke passgenau füllt. Unter dem Titel »Mutterrecht.« finden sich darin etliche Stellen und Exzerpte aus dem Pentateuch und anderen Büchern der hebräischen Bibel – ob Bachofen nun erst im Nachhinein darauf aufmerksam wurde oder ob er sie in seinen Publikationen unterzubringen weder wusste noch gewillt

---

[33] Ebd., S. 20.

[34] Vgl. Yahya Elsaghe: Krankheit und Matriarchat. Thomas Manns »Betrogene« im Kontext, Berlin / New York: de Gruyter 2010 (= Quellen und Forschungen zur Literatur- und Kulturgeschichte, Bd. 53 [287]), S. 157 f.

[35] Walter Benjamin: Brief vom 14. Januar 1926 an Gershom Scholem, in: ders.: Gesammelte Briefe, Bd. 3: 1925–1930, hrsg. v. Christoph Gödde und Henri Lonitz, Frankfurt/Main: Suhrkamp 1997, S. 108–112, hier S. 110.

[36] Bachofen: Gesammelte Werke, Bd. 2, S. 356 mit Anm. 3; 516, Anm. 2.

war. (Die erste Möglichkeit ist die wahrscheinlichere. Der Band, in dem der Faszikel heute liegt, ist vermutungsweise auf 1864 datierbar.[37])

Schon in seinem ersten einschlägigen Buch, dem *Versuch über die Gräbersymbolik der Alten* (1859), hatte Bachofen zwar verschiedentlich auf das erste, einmal auch auf das vierte Buch Mose zurückgegriffen. Das tat er vor allem, um Belege für seine zahlensymbolischen Spekulationen[38] sowie für seine anderweitigen Symbolinterpretationen[39] zu finden, im Zusammenhang etwa mit dem »Baume des Lebens« und dessen »mosaische[r] Darstellung«.[40] Auf die »mosaische Betrachtungsweise« verweist er auch einmal in der *Unsterblichkeitslehre der orphischen Theologie* (1867).[41] Aber unter den *Antiquarischen Briefen* (1880/1886) gilt kein einziger dem ›Alten Testament‹, trotz deren rapid verbreitertem Gegenstandsspektrum – von der *Edda* und dem Nibelungenlied über serbische Volksdichtung und die »Achtzahl in China«[42] bis zum Familienrecht der Araber und der Gruppenehe der australischen *aborigines*.

Allein in der *Sage von Tanaquil* (1870) macht Bachofen vermehrt und vertieft auf die »Parallelen« aufmerksam,[43] die sich in der jüdischen Tradition zur klassisch-antiken Überlieferung finden.[44] Zwar sind in Thomas Manns Auswahlausgaben nur wenige der hierher gehörenden Stellen aus diesem Spätwerk aufgenommen. Nach Ausweis seiner Lesespuren sind ihm diese jedoch nicht gänzlich entgangen.[45]

Nun geht es Bachofen in der *Sage von Tanaquil*, wie der Untertitel besagt, um den *Orientalismus in Rom und Italien*. Gemeint und antizipiert ist hiermit die These, dass das eigentliche Verdienst der römischen Kultur in einer Assimilisationsleistung bestanden habe. Die römische Zivilisation habe ihr orientalisches Erbe zu veredeln oder zu sublimieren vermocht. Sie gerät so zu einem Kampfplatz des west-östlichen Konflikts, wie er seit Herodot und damit

---

[37] Freundliche Auskunft von Isabel Akağaç, Basel, vom 18. Mai 2017.

[38] Vgl. Bachofen: Gesammelte Werke, Bd. 4, S. 294; 305; 313, Anm. 1; 320.

[39] Vgl. ebd., S. 101, 381, 450.

[40] Ebd., S. 194.

[41] Bachofen: Gesammelte Werke, Bd. 7, S. 92; vgl. S. 54.

[42] J[ohann] J[akob] Bachofen: Antiquarische Briefe. Vornehmlich zur Kenntniss der ältesten Verwandtschaftsbegriffe, Bd. 2, Strassburg: Trübner, 1886, S. 1–53.

[43] Johann Jakob Bachofen: Brief vom 18. Februar 1869 an Heinrich Meyer-Ochsner, in: ders.: Gesammelte Werke, Bd. 10, S. 417–420, hier S. 419.

[44] Bachofen: Gesammelte Werke, Bd. 6, z. B. S. 29; 39 f.; 128, Anm. 2; 147; 158; 175–179; 166; 259 f. mit Anm. 8; 262.

[45] Johann Jakob Bachofen: Urreligion und antike Symbole, hrsg. v. Carl Albrecht Bernoulli, Leipzig: Reclam 1926, Bd. 2, S. 145 f.; mit Unterstreichungen Thomas Manns: »das jüdische Element«; »Natur Jehovas als Himmelsgottes«. Vgl. ders.: Der Mythus von Orient und Occident. Eine Metaphysik der Alten Welt. Aus den Werken von J. J. Bachofen. Mit einer Einleitung von Alfred Baeumler, hrsg. v. Manfred Schröter, München: Beck 1926, S. 560; ohne Lesespuren.

seit den Anfängen der abendländischen Historiographie die Weltgeschichte
bestimmen soll.

Innerhalb der Opposition von Ost und West verrechnet Bachofen Judentum und »mosaische Lehre«[46] immer wieder auf die Seite des Orients. Die
Zerstörung Jerusalems beispielsweise sei eine Großtat der Flavier gewesen,
»die Befreiung der Religion der Zukunft aus den Banden des mosaischen Orientalismus«.[47] Hierdurch seien »die Ansprüche der abendländischen Stadt auf
die geistige Beerbung des Morgenlandes« gesichert worden.[48] (Das Verhältnis
des Imperium Romanum zum Christentum kann Bachofen dabei anderwärts
durchaus auch als Antagonismus fassen, ganz im Sinne Friedrich Nietzsches,
mit dem er seinerzeit verkehrte: »Aber Bethlehem stürzt zuletzt das Welt-
reich!«[49])

Der Entdecker oder Erfinder des Mutterrechts scheint selber also die ihrerseits stark vaterrechtlichen Züge des Judentums weder im so gehandelten
Haupt- noch auch in seinem publizierten Gesamtwerk je recht gewürdigt zu
haben. Dass er ihnen niemals wirklich das Interesse entgegenbrachte, das sie
eigentlich verdienten, lag augenscheinlich an der fundamentalen Anlage seiner Theorie. Diese reproduziert eben auf besonders wuchtige und geradezu
schulbeispielhaft deutliche Weise, was der Untertitel der *Sage von Tanaquil*
ungewollt vielsagend schon verrät: »Orientalismus«, Orientalismus jedoch im
heutigen, im Said'schen Sinn einer Ideologie. Bachofens Lehre beruht auf dem
in solchem ideologiekritischen Sinn orientalistischen Binom von *The West and
the Rest*.[50] Sie konsolidiert Zeile für Zeile den *Mythus von Orient und Occident*. So lautete nicht von ungefähr der frei erfundene, aber doch sehr gut ge-
wählte Titel der Auswahledition, in der Thomas Mann diese Lehre zu studieren
begann. Ganz genau genommen scheint er zuallererst die gegen dreihundert
Großoktavseiten starke Einleitung gelesen zu haben. Geschrieben hatte sie
bezeichnenderweise ein späterer Meinungsführer des Nationalsozialismus,
Alfred Baeumler – ein Indiz dafür, wie leicht sich Bachofens Theoreme konservativen oder reaktionären, rassistischen und zumal auch antisemitischen
Positionen akkomodieren ließ.

Für den klassischen Philologen und praktizierenden Protestanten, der
Bachofen war und blieb, stellte sich der Fortschritt zu Vaterrecht, Geistig-
keit und dergleichen als eine Errungenschaft allein des Abendlands dar. Diese

---

[46] Bachofen: Gesammelte Werke, Bd. 7, S. 545.
[47] Bachofen: Gesammelte Werke, Bd. 6, S. 39.
[48] Ebd., S. 40.
[49] Ebd., S. 178.
[50] Vgl. Stuart Hall: The West and the Rest. Discourse and Power, in: ders. / Bram Gieben
(Hgg.): Formations of Modernity, Cambridge: Polity Press, 1992 (= Understanding Modern So-
cieties, Bd. 1), S. 275–320.

schien ihm etwa im Römischen Reich oder auch in der christlichen Religion zu kulminieren. Der Orient dagegen war auch für ihn ein wie gehabt zeitloser und amorpher Raum ewiger Stagnation. Die dafür einschlägigen Stellen, die natürlich den absoluten Führungsanspruch und zunehmenden Expansionsdrang des Westens legitimieren, sind Legion. Die in jener Edition erste, aus Bachofens *Vorrede und Einleitung* zum *Mutterrecht*, hat sich Thomas Mann gleich angestrichen:

Dem Okzident hat die Geschichte die Aufgabe zugewiesen, durch die reinere und keuschere Naturanlage seiner Völker das höhere demetrische Lebensprinzip zum dauernden Siege hindurchzuführen, und dadurch die Menschheit aus den Fesseln des tiefsten Tellurismus, in dem sie die Zauberkraft der orientalischen Natur festhielt, zu befreien. Rom verdankt es der politischen Idee des Imperium, mit welcher es in die Weltgeschichte eintrat, daß es diese Entwicklung der alten Menschheit zum Abschluß zu bringen vermochte.[51]

Mochten die Bilder, derer Bachofen sich hier bediente, noch so sehr der traditionsbildenden Macht des Pentateuch verpflichtet sein (»Völker [...] hindurchzuführen«, »aus den Fesseln [...] befreien«): Eine in ihrer monomanischen Abendländerei dermaßen unterkomplexe Opposition von Orient und Okzident konnten die fünf Bücher Mose nur stören. Die extrem patriarchalische Konzeption des jüdischen Vatergottes, die Überwindung von Polytheismus und Idolatrie oder gerade auch der Katalog der Zehn Gebote, die »*das Fundament aller menschlichen Gesittung bis heute geblieben*«[52] sind, – dies alles und vieles andere mehr passte schlecht in solch eine simplizistische Binäropposition.

Dieses Störungspotential des ausgeschlossenen Dritten und was daraus resultierte scheint Thomas Mann unverzüglich erkannt zu haben. Denn neben seiner Anstreichung jener Stelle von der exklusiven Verantwortung des Okzidents und von dessen Berufung zum Führer der Menschheit steht eine lapidare Randglosse: »Hebräer?« Und schon zuvor, auf einer Seite der Baeumler'schen Einleitung, wo es um Vaterrechtlichkeit und Christentum geht, platzierte Mann gleich drei wieder elliptische Fragesätze: »Und das Judentum? Israel? Abraham?«[53]

Die vierfache Frage, die er seinem Bachofen hiermit spielverderberisch stellte, antizipiert *in nuce* das Kerygma sowohl der Josephsromane als auch der Erzählung vom *Gesetz*. Der *Joseph* und *Das Gesetz* zielen je darauf ab, die Lücke zu schließen, die Bachofen in seinen veröffentlichten Schriften noch

---

[51] Bachofen: Der Mythus von Orient und Occident, S. 37.
[52] Auerbach: Wüste und gelobtes Land, Bd. 1, S. 70; Thomas Manns Hervorhebung.
[53] Alfred Baeumler: Einleitung. Bachofen der Mythologe der Romantik, in: Bachofen: Der Mythus von Orient und Occident, S. XXV–CCXCIV, hier S. CCLXXII; Thomas Manns Handexemplar.

klaffen ließ; mochten deren Untersuchungskorpora noch so gewaltig, gigantisch und unüberschaubar sein.

»Und das Judentum? Israel? Abraham?« »Hebräer?« – Ganz offensichtlich hatte der Bachofen-Leser Thomas Mann von allem Anfang an ein sehr sicheres Gespür dafür, wie mühelos sich das Gelesene modifizieren, erweitern und anreichern ließ, sobald man einmal den »Mythus von Orient und Occident« in seiner rigiden Form preisgab. Die hebräische Bibel und zumal der Pentateuch hielt eine Fundgrube von möglichen und sogar besonders tragfähigen Belegen für die Fortschrittsprozesse bereit, die Bachofen systematisch zu beschreiben versucht hatte. Wie dieser ja nach Ausweis seiner eigenen Parerga und Paralipomena auch selber noch bemerkt haben muss, konnte seine zunächst nur auf das klassische Altertum abgestützte Theorie von anderer, unerwarteter Seite schlagende Verifikationen oder Erhärtungen erfahren.

Von Bedeutung war hier vor allem ein Theorem, das Bachofen verschiedentlich formuliert hatte. So auch schon in der *Vorrede und Einleitung* zum *Mutterrecht*. Sie findet sich in beiden Ausgaben, die sich in Manns Nachlassbibliothek erhalten haben. Hier wie dort weist sie intensive Lesespuren auf. Thomas Mann muss sie demnach mehr als einmal sorgfältig gelesen haben. –

Wie sein einstiger Kommilitone Karl Marx die Ökonomie im Sinne eines Fortschrittsnarrativs oder wie Charles Darwin die Biologie in demselben Sinn verzeitlichte – *The Origin of Species* und die *Kritik der politischen Ökonomie* erschienen im selben Jahr wie der *Versuch über die Gräbersymbolik der Alten* –, so beschreibt auch Bachofens Verlaufsmodell der Geschlechtergeschichte zunächst im Großen und Ganzen, um es zu wiederholen, eine Entwicklung zum immer Besseren. Zuletzt gelangt sie eben zum Vaterrecht als der, wie sich Thomas Mann eigens unterstrich: »*der höchsten*« aller Kulturstufen.[54] (Daneben setzte er übrigens eine wiederum ganze Bände sprechende Marginalie: »also doch«. Sie bezeichnet exakt den Aha-Moment, da er die gemeinplätzigen Vorstellungen von Bachofen als einem Matriarchatssympathisanten hinter sich ließ, die ihm Baeumler zunächst souffliert und manch anderer auch unter den linken Intellektuellen ventiliert hatte.)

Solch ein einsinnig-lineares und insofern genuin modernes Fortschrittskonzept erfährt bei Bachofen aber eine doppelte Komplikation. Zum einen kontaminiert er es zu guter Letzt doch wieder mit einem viel älteren, zyklischen Geschichtsmodell. In Anlehnung vermutlich an den hellenistischen Historiker Polybios[55] und nicht sehr viel anders als Marx und Engels – nur mit ganz anderer Bewertung als diese beiden – postulierte Bachofen eine endliche

---

[54] Bachofen: Urreligion und antike Symbole, Bd. 1, S. 89; Thomas Manns Hervorhebung.
[55] Zu Bachofens Polybios-Rezeption vgl. z. B. Bachofen: Gesammelte Werke, Bd. 2, S. 450, 500; Bd. 3, S. 745–748, 764, 769, 779 f., 782, 789, 856, 859, 984; Bd. 4, S. 18.

Rückkehr ursprünglicher Zustände. Solche sah der schwerreiche Stadtpatrizier wenn nicht schon in Kommunismus oder Frauenrechtsbewegung, so doch immerhin in der Demokratie sich anbahnen. Der »Fluch der Demokratie«[56] kündige sie an:

Das Ende der staatlichen Entwicklung gleicht dem Beginn des menschlichen Daseins. Die ursprüngliche Gleichheit kehrt zuletzt wieder. Das mütterlich-stoffliche Prinzip des Daseins eröffnet und schließt den Kreislauf der menschlichen Dinge [eine wörtliche Übersetzung aus Herodot,[57] dem Kronzeugen Bachofens: »κύκλος τῶν ἀνθρωπηίων [...] πρηγμάτων«].[58]

Für *Das Gesetz* beziehungsweise für das Zweite Buch Mose, das Thomas Mann darin nacherzählte, waren solche apokalyptischen Aussichten natürlich ohne Belang. Das Ende der Geschichte, an dem Bachofen sich und die Seinen angelangt glaubte, kam für eine Erzählung aus den »Urzeiten der Menschheit« keinesfalls in Betracht. In Betracht kam hierfür aber die andere Art Komplikation, mit der Bachofen das Narrativ vom menschheitsgeschichtlichen Zivilitätsfortschritt versetzte. So im Zusammenhang mit der Rolle des Dionysos, den Bachofen mehrfach, auch an von Thomas Mann rezipierten Stellen, in enge Beziehung zur Tiersymbolik des Stiers rückte.[59] Diese zweite Komplikation des Forschrittsnarrativs wird es endlich ermöglichen, die Irritationsmomente zu beseitigen, die sich zunächst ergeben, wenn man *Das Gesetz* mit Bachofen zu lesen versucht.

Sie lässt sich, um nochmals einen Blick auf die anderen Disziplinen zu wagen, mit einer Modifikation vergleichen, die der Darwinismus erfuhr. Gemeint ist das Konzept der Rückbildung, der retro- oder degressiven Artenbildungen, wie es um die Jahrhundertwende in der Evolutionstheorie und Mutationsbiologie verhandelt werden sollte;[60] das heißt vielleicht nicht ganz zufälligerweise zur Zeit einer ersten Bachofen-Renaissance. Auch und schon bei Bachofen verläuft die Entwicklung nicht immer einsinnig, geradlinig und zielgerichtet. Sie führt nicht auf kürzestem Weg zu Vaterrecht, ›Patriarchat‹ oder, wie Bachofen dafür gerne sagte, Paternität. Sondern auch lange schon vor jenem Ende der staatlichen Entwicklung und gerade auch in den Urzeiten der Menschheit soll

[56] Bachofen: Gesammelte Werke, Bd. 3, S. 37.

[57] Herodotus: Historiae, Bd. 1, hrsg. v. N. G. Wilson, Oxford: Clarendon, 2015 (= Scriptorum Classicorum Bibliotheca Oxoniensis), S. 121 (I, 207.2).

[58] Bachofen: Gesammelte Werke, Bd. 2, S. 373.

[59] Vgl. Bachofen: Urreligion und antike Symbole, Bd. 2, S. 68, 76, 493; in Thomas Manns beiden Handexemplaren entweder angestrichen oder dann mit Lesespuren im je unmittelbaren Kontext.

[60] Vgl. Hugo de Vries: Die Mutationstheorie. Versuche und Beobachtungen über die Entstehung von Arten im Pflanzenreich, Bd. 1: Die Entstehung der Arten durch Mutation, Leipzig: Veit 1901, S. 456–463.

der Fortschritt Richtung Paternität seine *setbacks* erlitten haben. Das erklärt
Bachofen sich und seinen Lesern mit einem gesetzmäßigen »Wechsel der Extreme«,[61] einer quasi mechanischen Proportionalität von Aktion und Reaktion. Mit anderen Worten: Gerade nach oder bei einem ausnehmend starken
Entwicklungsschub war Bachofen zufolge ein *backlash* möglich, wenn nicht
wahrscheinlich, oder, mit Bachofens eigener Begrifflichkeit, die dann *talis qua-
lis* bei Thomas Mann wiederauftauchen wird (vgl. VIII, 668; XI, 1025, 1048):
ein »Rückfall«[62] oder »Rückschlag«.[63]

Als Beispiel für gerade dieses Phänomen eines Rückschlags nach erfolgtem
Fortschritt wird nun die biblische Überlieferung vom Goldenen Kalb tatsächlich neu lesbar; oder jedenfalls wurde sie es für Thomas Mann. Auch in dieser
Überlieferung und ihrer Mann'schen Nacherzählung geht es ja, mit Manns
und zugleich eben mit Bachofens Begriffen, um Rückfall und Rückfälligkeit.
Hier wie dort fällt der Rückschlag ausgerechnet auf einen für die Etablierung
der monotheistischen Vaterreligion entscheidenden Zeitpunkt. In genau dem
Moment, da das Volk gerade so weit ist oder wäre, vom Mann Moses oder
von der Vaterfigur Moses beziehungsweise vom Vatergott selber des Gesetzes gewürdigt zu werden, eines besonders abstrakten, vergeistigten, durch die
Einführung der Schrift zeitlosen, virtuell ewigen Gesetzes, – in just diesem
Moment lässt Thomas Mann es sich wie in Tagen und Nächten des wüstesten
Hetärismus aufführen. Es verliert alle Körperscham, missachtet die strengs-
ten Inzestverbote und verletzt die heilige Pflicht, die Mutter zu ehren – so, als
sei auch das Mutterrecht null und nichtig geworden, vom Vaterrecht ganz zu
schweigen.

Doch bleibt dieser Rückfall eben nicht das letzte Wort der Geschichte, weder
im Pentateuch noch in Manns Erzählung. Denn der zweite Versuch, im Namen
des Vatergotts dem Vaterblut ein schriftlich festgelegtes, in Stein gemeißeltes
Gesetz zu geben, gelingt ja endlich doch, im *Liber Exodus* wie in dessen Nacherzählung. Die Geschichte geht trotz allem doch *weiter*. Sie schreitet ganz im
Sinne Bachofens *fort*. Ein weiterer Rückfall bleibt aus: »Und alles Volk sagte
Amen.«

Oder vielmehr bleibt er fürs Erste und unter dem Vaterblut der Juden aus.
Die Warnung vor einer weiteren Rückfälligkeit nämlich impliziert ja nichts
anderes, als dass eine derartige Regression jederzeit wieder drohen kann. Und
wirklich hat ein solcher Abfall vom »Fundament aller menschlichen Gesittung« gerade eben wieder stattgefunden. Denn offenkundig – oder verkennbar

---

[61] Bachofen: Gesammelte Werke, Bd. 2, S. 49.
[62] Z.B. ebd., S. 42, 50; Bd. 3, S. 591.
[63] Z.B. Bachofen: Gesammelte Werke, Bd. 2, S. 44; ders.: Der Mythus von Orient und
Occident, S. 37; von Thomas Mann angestrichen.

nur der naiven oder sich ahnungslos zumindest *stellenden* Schweizer Presse
– müssen Hitler und der Nationalsozialismus gemeint sein mit der schwarzen
Dummheit und mit dem Schurken, dumm wie die Nacht; Formulierungen,
die sich bequem mit dem systematischen Gebrauch abgleichen ließen, den
Bachofen von Farb-, Licht- und Tageszeitmetaphern macht.

Damit gibt *Das Gesetz* eine Antwort auf die Frage, die der Nationalsozialismus mit ähnlicher Dringlichkeit aufwarf wie zuvor *mutatis mutandis* schon
der italienische Faschismus – um in *Mario und der Zauberer* eine analoge
Bearbeitung zu erfahren[64] –: Wie konnte so schandbar tief ein Volk sinken,
»das einen Goethe, einen Hölderlin, einen Novalis hervorgebracht hat«? Die
darauf gefundene Antwort untersteht der seinerzeit noch erheblichen Autorität
Bachofens, dessen *Gesammelte Werke* just im Publikationsjahr der Mann'schen
Erzählung beziehungsweise ihrer englischen Übersetzung zu erscheinen anfingen (und zum Zeichen eines mittlerweile massiv geschrumpften Interesses
daran erst seit ein paar Wochen vollständig vorliegen). Sie reflektiert in eins
damit aber auch den gegebenen Moment der Zeit- oder Militärgeschichte, sofern dieser durch die Gewissheit geprägt war, dass das Kriegsglück die Ach-
senmächte bereits zu verlassen begann.

Die Antwort lautet dahin, dass es sich bei Nationalsozialismus und Faschismus um historisch nicht ganz und gar unerwartbare Erscheinungen handelt.
Kultur und Zivilisation bleiben immerzu der Gefahr episodischer Rückschläge
ausgesetzt. Diese aber, als Episoden, ändern nichts an der prinzipiellen Tra-
jektorie der Geschichte. Das allerletzte Wort haben und behalten Fortschritt
und Aufklärung. Die »Menschheit«, wie einst Luther, »kann nicht anders«.
Schön wär's!

---

[64] Vgl. Yahya Elsaghe: Die »Principe[ssa] X.« und »diese Frauen –!« Zur Bachofen-Rezeption
in »Mario und der Zauberer«, in: TM Jb 22, 2009, S. 175–193.

Jutta Linder

»Lese-Hygiene«. Zu einem Begriff aus Thomas Manns Dichterwerkstatt

Als Thomas Mann sich an die Aufgabe machte, die Entstehung des *Doktor Faustus* aus der Erinnerung nachzuzeichnen, hat er gemäß seiner Neigung zu weit ausholendem Erzählen[1] den betreffenden Aufsatz mit einigen Bemerkungen über Begebenheiten anheben lassen, die noch in die Zeit der Vorgänger-dichtung, die der *Joseph*-Tetralogie fielen. Und indem er auf eine Vortragsreise in den Osten der Vereinigten Staaten zu sprechen kam, die er mit dem November 1942 angetreten hatte, brachte er in Verbindung mit derzeit absolvierter Lektüre die Formulierung »Lese-Hygiene« ins Spiel, wobei er im Einzelnen ausführte:

> In gesellschaftlich freien Stunden suchte ich das laufende Kapitel von ›Joseph, der Er-nährer‹, eines der letzten schon, das Kapitel der Segnung der Söhne, vorwärtszutreiben. Was mir aber auffällt und mich geheimnisvoll anmutet, ist die Lektüre, mit der ich mich auf dieser Reise, in Zügen, in Abendstunden, Ruhepausen, abgab und die, entgegen meiner sonst gepflogenen Lese-Hygiene, in gar keinem Zusammenhang mit meiner aktuellen Beschäftigung, noch mit der nächstvorgesehenen stand. Es waren die Me-moiren Igor Strawinski's, die ich ›mit dem Bleistift‹, das heißt mit Anstreichungen zum Wiedernachlesen studierte; und es waren zwei mir längst bekannte Bücher, ›Nietz-sches Zusammenbruch‹ von Podach und die Erinnerungen der Lou Andreas-Salomé an Nietzsche, die ich in jenen Tagen, ebenfalls unter Bleistift-Markierungen, wieder durchnahm. (XI, 150–151)

Wenn Mann an dieser Stelle von einer »Lese-Hygiene« spricht, an die er sich »sonst« zu halten pflegte, dann meint er damit natürlich nicht seine Lektüre-gewohnheiten schlechthin, die zu erfassen auch ein gewaltiges Unternehmen wäre, wollte man all die Aspekte berücksichtigen, die sein diesbezügliches Verhalten charakterisieren. Was er mit dem – über Anleihe aus dem Medizi-nischen[2] gewonnenen – Terminus im Auge hat, ist vielmehr ein Spezifisches,

---

[1] So gehören denn auch Formulierungen wie »epische Pedanterie« oder »Fanatismus des ab ovo« zu dem Vokabular, mit dem Mann selbst den eigenen Erzählstil kennzeichnet. Verwiesen sei auf seinen Aufsatz *Lebensabriß* (XI, 138).

[2] Von »Lesehygiene« wird gewöhnlich im Bereich der Augenmedizin gesprochen, und zwar speziell bei der Erforschung des Wahrnehmungsprozesses beim Lesen. In der Wissenschaftsge-schichte hatte diesbezüglich eine wichtige Rolle die Diskussion um den Gebrauch von Antiqua- oder Frakturschriften zu Beginn des 20. Jahrhunderts gespielt. Zur Debatte selbst siehe die Studie

will sagen ein Lesesystem, das ganz gezielt der Erstellung eines bestimmten Werkes dient. Um einen Begriff aus der Dichterwerkstatt handelt es sich, um eine jener vielen Wortprägungen, mit denen der Schriftsteller, der sich so oft in die Karten schauen lässt, dem Philologen wichtige Schlüssel zur Erforschung seines kreativen *procedere* in die Hand gibt. Erinnert sei nur an so bekannte Formulierungen wie »Aneignungsgeschäfte« (XI, 163) oder »Montage-Technik« (XI, 165)[3], welche im Übrigen gleichfalls in die Rekonstruktionen von der *Entstehung des Doktor Faustus* eingebracht werden.

Um nun zu weiterführenden Erläuterungen überzugehen, sei als Erstes die Seite der »Lese-Hygiene« berücksichtigt, die das Studium von Sachquellen betrifft, deren Mann im Hinblick auf den angestrebten dichterischen Detailrealismus ja in hohem Maße bedurfte. »Gleichwie das Schiff der Sandlast«, so vermerkt er dazu im *Felix Krull*, und zwar zu Beginn des fünften Kapitels, »so bedarf das Talent notwendig der Kenntnisse«. »Kenntnisse« seien es, fährt er dabei fort, nach denen es »im brennenden Einzelfalle verlangt und die es hungrig an sich rafft, um sich die nötige Erdenschwere und solide Wirklichkeit daraus zu schaffen« (12.1, 102).

Und waren es in jungen Jahren, wo das Autobiographische als Inspirationsquelle weitgehend dominierte, mehr außerliterarische Informanten, die das Material für die »nötige Erdenschwere und solide Wirklichkeit« parat hielten, wie es etwa im Falle der *Buddenbrooks* nebst Familienpapieren kaufmännische Ratgeber, lokale Instruktionsmittel und dergleichen taten,[4] so rückten zu besagtem Zwecke in reiferer Zeit, genauer gesagt während der Arbeit am *Zauberberg*, mehr und mehr Vermittlungen über Publikationen in den Vordergrund.[5] Über das biblische Großwerk des *Joseph* und den Goetheroman

von Hermann Cohn/Robert Rübenkamp: Wie sollen Bücher und Zeitungen gedrückt werden. Für Hygieniker, Ärzte, Erzieher, Redakteure, Schriftgießer und Buchdrucker. Vom augenärztlichen und technischen Standpunkt, Braunschweig: Vieweg 1903. Als Literatur zum Überblick: Susanne Wehde: Typographische Kultur. Eine zeichentheoretische und kulturgeschichtliche Studie zur Typographie und ihrer Entwicklung, Tübingen: Niemeyer 2000, S. 245–273.

[3] Siehe auch den Brief an Adorno vom 30. Dezember 1945, in dem Mann sich detailliert zu den Prinzipien seiner »Montage-Technik« äußert. Ins Spiel gebracht hat er dort im Übrigen gleichfalls zur Charakterisierung des eigenen Handwerks das bekannte Wort vom »höheren Abschreiben«. Vgl. Br II, 469–472, bes. 470.

[4] »Was nun das wissenschaftliche Hilfsmaterial betrifft«, schreibt Mann selbst dem Anglisten Joseph Angell, »so kam im Falle von ›Buddenbrooks‹ kaum dergleichen in Frage. Ich arbeitete mit Hilfe von Familienpapieren und kaufmännischen Informationen, die ich aus meiner Heimatstadt bezog«. Brief vom 11. Mai 1937. Br II, 23.

[5] Zitiert sei diesbezüglich gleichfalls ein Selbstzeugnis aus der Mann'schen Korrespondenz: »*Quellen und Studien* haben, da ich mich früher auf bürgerlich-moderne Stoffe beschränkt hatte, eigentlich erst beim ›Joseph‹ oder allenfalls beim ›Zauberberg‹ eine Rolle zu spielen begonnen: das Medizinische bei diesem, das Orientalische beim späteren Werk«. Brief an Viktor Polzer vom 23. März 1940. Br II, 138. Zu diesem und den folgenden Punkten vgl. Jutta Linder: La lettura dei letterati. Appunti sulla »Lese-Hygiene« di Thomas Mann, in: Bollettino dell'Associazione

Lotte in Weimar bis hin eben zum *Faustus* schwoll, wie man weiß, der Umfang der zu Rate gezogenen Lektüre gewaltig an, um dann bei der letztgenannten Dichtung wahrhaft gigantische Formen anzunehmen.[6] Die Sachgebiete, die jeweils berührt wurden, bilden insgesamt ein Panorama, das vom Sektor der Musik, der Literatur und Kunst, vom Bereich der Religion, der Philosophie, der Geschichte und der Politik bis hin zu Wissensgebieten wie dem des Medizinischen und Astrologischen reicht.

Was den Umgang des Lesers Mann mit Materialien anbelangt, die er zur stofflichen Aufbereitung seiner Dichtwerke aus den einzelnen Gebieten bezog, so verfügt die Forschung über eine ungewöhnlich reiche Dokumentation. Neben der Korrespondenz, die Informationen zum Thema Lektüre liefern kann, sind da die Tagebücher, die – in lückenloser Überlieferung ab dem März 1933 bis zum Tod des Dichters – über Wahl und Aufnahme eines jeweiligen Lesestoffs mit ihren tagtäglichen Aufzeichnungen Auskunft erteilen. Und dort, wo von den Diarien nichts mehr erhalten ist, also – mit Ausnahme des Intermezzos von 1918 bis 1921 – bezüglich der Zeit bis zu Manns Auswanderung, können doch noch seine Notizbücher zur Ergänzung des brieflich Vorliegenden beitragen.

Von Aufschluss ganz besonderer Qualität ist dann aber, was gemeinhin in der einschlägigen Forschung unter die Bezeichnung Lesespuren fällt. Thomas Mann hat ja, wie er in dem eingangs gebrachten Zitat im Übrigen betont, grundsätzlich »mit dem Bleistift« als Leser gearbeitet, also vielfach seine durchgenommenen Texte mit Anstreichungen, Unterstreichungen sowie Randanmerkungen versehen.[7] Und der Philologe, der sich daran begibt, solchen Spuren nachzugehen, die oft sogar richtungsweisend von der Rezeption des Gelesenen

---

italiana di germanistica, IV, Atti del convegno triennale *La lettura*, Pisa 20–22 giugno 2010, gennaio 2011, S. 41–47.

[6] Zur betreffenden Dokumentation sei auf den von Ruprecht Wimmer vorzüglich besorgten Erläuterungsband zum *Doktor Faustus* in der *Großen kommentierten Frankfurter Ausgabe* verwiesen. Siehe dort – neben den einzelnen Stellenkommentaren – insbesondere die Sektionen »Entstehungsgeschichte« und »Quellenlage«. (10.2, 9–83)

[7] Immer wieder hat Mann von diesem Verfahren auch gesprochen. So macht er Kerényi nach der Lektüre der Abhandlung *Das göttliche Kind* am 18. Februar 1941 die Eröffnung: »Es würde Sie amüsieren, zu sehen, mit wieviel An– und Unterstreichungen die Seiten meines Exemplars bedeckt sind. Für mein Teil habe ich mich gefreut, zu sehen, wie eifrig und aufgeregt ich noch lesen kann, wenn ich wirklich in meinem Elemente bin [...]«. (BrKer, 97) Und in einem Brief an Alfred Weber vom 31. August 1915 – um als weiteres Beispiel eines aus früherer Zeit anzuführen – berichtet er in Bezugnahme auf dessen Aufsatz *Zukünftiges*: »Ich lese den ersten Aufsatz im Septemberheft der Neuen Rundschau, ich stimme zu, ich freue mich, ich fahre in wirklicher Beglückheit zu lesen fort, ich fange an, mit dem Bleistift zu wirtschaften, streiche an in die Quere und in die Länge und gebe es wieder auf, weil ich beständig an ganzen Seiten herunterstreichen müßte«. (22, 89)

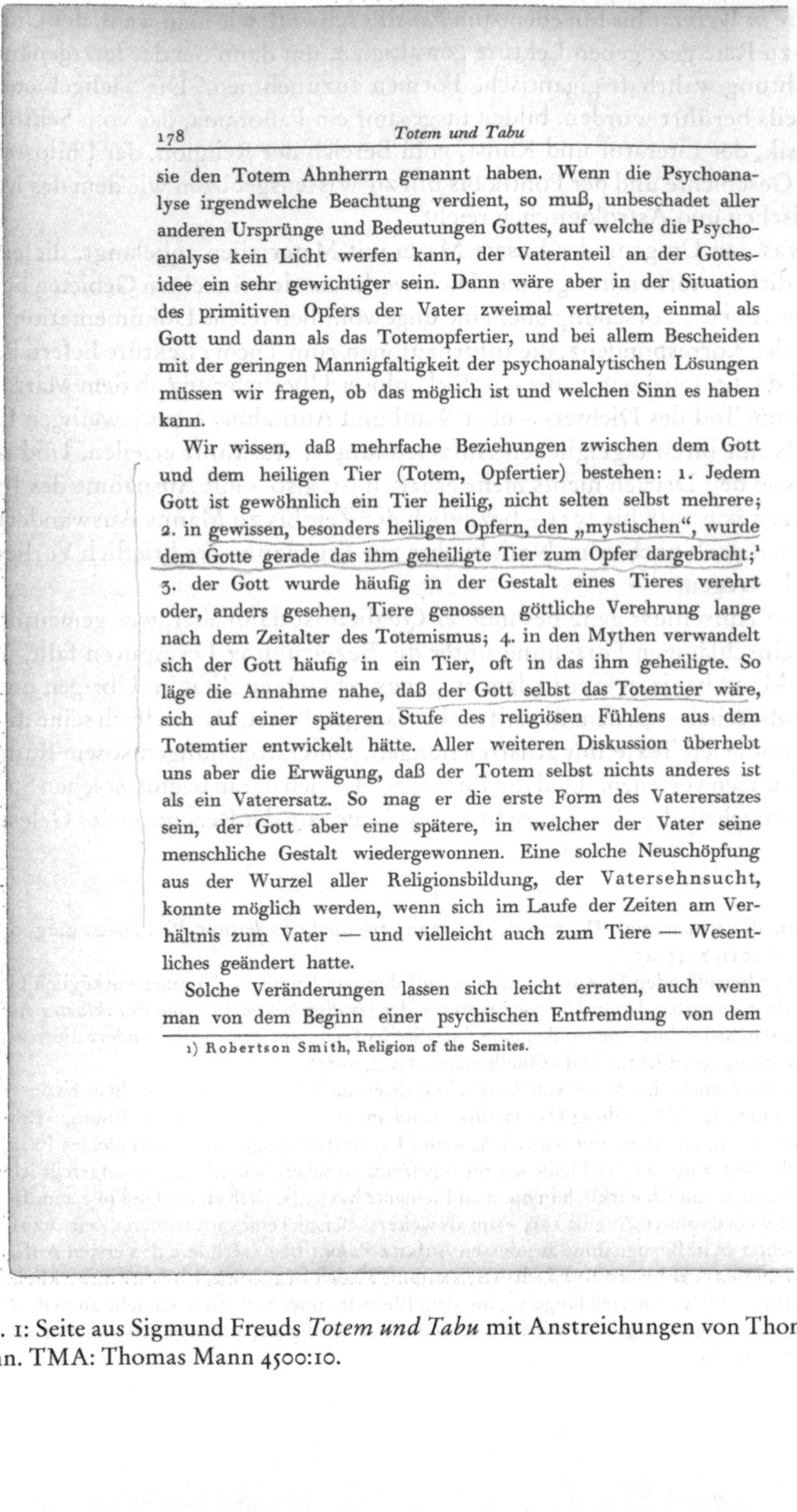

sie den Totem Ahnherrn genannt haben. Wenn die Psychoanalyse irgendwelche Beachtung verdient, so muß, unbeschadet aller anderen Ursprünge und Bedeutungen Gottes, auf welche die Psychoanalyse kein Licht werfen kann, der Vateranteil an der Gottesidee ein sehr gewichtiger sein. Dann wäre aber in der Situation des primitiven Opfers der Vater zweimal vertreten, einmal als Gott und dann als das Totemopfertier, und bei allem Bescheiden mit der geringen Mannigfaltigkeit der psychoanalytischen Lösungen müssen wir fragen, ob das möglich ist und welchen Sinn es haben kann.

Wir wissen, daß mehrfache Beziehungen zwischen dem Gott und dem heiligen Tier (Totem, Opfertier) bestehen: 1. Jedem Gott ist gewöhnlich ein Tier heilig, nicht selten selbst mehrere; 2. in gewissen, besonders heiligen Opfern, den „mystischen", wurde dem Gotte gerade das ihm geheiligte Tier zum Opfer dargebracht;[1] 3. der Gott wurde häufig in der Gestalt eines Tieres verehrt oder, anders gesehen, Tiere genossen göttliche Verehrung lange nach dem Zeitalter des Totemismus; 4. in den Mythen verwandelt sich der Gott häufig in ein Tier, oft in das ihm geheiligte. So läge die Annahme nahe, daß der Gott selbst das Totemtier wäre, sich auf einer späteren Stufe des religiösen Fühlens aus dem Totemtier entwickelt hätte. Aller weiterer Diskussion überhebt uns aber die Erwägung, daß der Totem selbst nichts anderes ist als ein Vaterersatz. So mag er die erste Form des Vaterersatzes sein, der Gott aber eine spätere, in welcher der Vater seine menschliche Gestalt wiedergewonnen. Eine solche Neuschöpfung aus der Wurzel aller Religionsbildung, der Vatersehnsucht, konnte möglich werden, wenn sich im Laufe der Zeiten am Verhältnis zum Vater — und vielleicht auch zum Tiere — Wesentliches geändert hatte.

Solche Veränderungen lassen sich leicht erraten, auch wenn man von dem Beginn einer psychischen Entfremdung von dem

---

[1] Robertson Smith, Religion of the Semites.

Abb. 1: Seite aus Sigmund Freuds *Totem und Tabu* mit Anstreichungen von Thomas Mann. TMA: Thomas Mann 4500:10.

zeugen,[8] kann auch in dem Fall auf breite Überlieferung zurückgreifen. Das vor allem über die Dokumentation, die das Thomas-Mann-Archiv der ETH Zürich bereithält mit all den erhaltenen Konvoluten von Materialsammlungen, welche der Schriftsteller jeweils angelegt hatte, und insbesondere mit seiner reich bestückten – rund 4300 Titel umfassenden – persönlichen Nachlassbibliothek.[9]

Was Letztere betrifft, so ist kürzlich, will sagen mit dem März 2019, ein großangelegtes – vom Schweizerischen Nationalfonds gefördertes – Digitalisierungsprojekt des Thomas-Mann-Archivs der ETH Zürich zum Abschluss gekommen, welches elektronisch sämtliche Bände der Bibliothek Manns reproduziert, die seine Stiftspuren aufweisen, und sie selbst dabei im Einzelnen erfasst.[10] Dass mit dieser systematischen Erschließungsarbeit ein wahrer Meilenstein für die Forschung gesetzt worden ist, die sich gezielt an der Werkstatt des Dichters orientiert, sei an dieser Stelle mit Nachdruck hervorgehoben.

Angesichts der Stiftspuren in der Nachlassbibliothek – oft, und zwar vor allem im Falle von Zeitschriften- und Zeitungsartikeln, stammen sie auch von Farbstiften – ist der Betrachter leicht versucht, die Arbeitsweise Manns in Verbindung mit der eigenen, der wissenschaftlichen zu bringen. Doch mögen ihn die betreffenden Markierungen vom Typus her noch so sehr an diese erinnern, nichts sollte ihn dabei vergessen lassen, dass er es jetzt mit einem kreativen Verfahren zu tun hat, das grundsätzlich anderen Gesetzen folgt. Deutlich wird das bereits bei der Frage nach der jeweiligen Quellenprovenienz, die der Schriftsteller in der Tat mit der Freiheit handhabt, die ihm von Berufs wegen zusteht. »Je prends mon bien où je le trouve«, dies das Motto, nach dem er – eine Maxime Molières zitierend[11] – bei seiner stofflichen Aufbereitung eines Werkes vorgeht.

So griff er, wie wir sehen, einerseits auf so Hochstehendes zurück wie etwa

---

[8] Als repräsentatives Beispiel mag die Seite aus Manns Exemplar von Sigmund Freuds *Totem und Tabu* gelten, wie sie Abb. 1 des vorliegenden Beitrags zeigt. Zu beachten sei hier insbesondere das – für die eigene psychische Konstitution so verräterische – Augenmerk, das der Dichter auf das Moment »Vaterersatz« richtet.

[9] Eine eingehende Beschreibung der einzelnen Bestände der Nachlassbibliothek Manns liefert das Kapitel »Die Nachlassbibliothek« von Gabi Hollender, Marc von Moos und Thomas Sprecher in: *Im Geiste der Genauigkeit. Das Thomas-Mann-Archiv der ETH Zürich 1956–2006*, hrsg. von Thomas Sprecher, Frankfurt/Main: Klostermann 2006 (= TMS, XXXV) S. 349–361.

[10] Detaillierte Informationen finden sich unter dem Stichwort »Nachlassbibliothek« auf der Homepage des TMA. Aus rechtlichen Gründen sind die digitalisierten Texte selbst vorerst nur im Lesesaal des Archivs zugänglich. Eine Auflistung der mit Lesespuren Manns versehenen Publikationen ist aber schon jetzt elektronisch über den angegebenen Recherchetool einsehbar.

[11] Siehe den bereits zitierten Brief an Adorno vom 30. Dezember 1945, Br II, S. 470. Das berühmte Wort, mit dem Molière seine Anleihe bei Cyrano de Bergeracs *Le pédant joué* für die eigene Komödie *Les fourberies de Scapin* rechtfertigte, ist vor allem von Marmontel ein Jahrhundert später mit seiner Schrift zur Ästhetik von 1787 in Umlauf gebracht worden. Vgl. die Neuauflage: Jean-François Marmontel: *Éléments de littérature*. Tome III, Paris: Verdière 1825, S. 557.

das musikalische Dokumentationsmaterial, das ihm Adorno als bevorzugter Ratgeber beim *Doktor Faustus* lieferte,[12] oder wie die Schriften zur Mythologie aus der Feder Kerényis, die – insbesondere das Traktat *Zum Urkind–Mythologem*[13] – bei der Arbeit an der *Joseph*-Tetralogie halfen. Anderseits aber durften es auch weniger Berufene sein, auf die er rekurrierte, so das Beispiel des Freiburger Philipp Witkop, von dessen Goethe-Publikation aus dem Jahr 1931[14] er selbst im Tagebuch als »dummem Goethe-Buch« sprach, das er aber nichtsdestotrotz bei seiner Gestaltung von *Lotte in Weimar* heranzog, »um der Tatsachen willen« (Tb, 10.9.1936), die es ihm vermittelte. Ja, vorkommen konnte es, dass Mann, obwohl er neben mehreren Gesamtausgaben Goethes – der Weimarer Ausgabe[15], der Tempel-Edition[16] und der Propyläen-Ausgabe[17] – auch die Biedermann'sche Sammlung der *Gespräche*[18] selbst besaß, Teile aus dieser bei seiner Zusammenstellung der *Lotte*-Materialien einem so populären Übermittler wie den Kalenderblättern der Deutschen Buch-Gemeinschaft entnahm. Zitiert sei, um nur einen Fall anzuführen, jene Stelle aus Biedermanns Überlieferung, die – ihrerseits auf dem Krankenbericht Vogels fußend – von den letzten Lebensmomenten des Weimarers handelt und die sich in Manns

[12] Hinzuweisen ist vor allem auf die Studie Adornos *Zur Philosophie der neuen Musik* (Tübingen: J.C.B. Mohr 1949), die Mann im Typoskript in der Zeit vom Juli und Oktober 1943 mehrfach zu Rate gezogen hatte. Dazu seine Tagebucheintragungen vom 21., 25., u. 26. Juli, vom 26. u. 27. September sowie vom 27. u. 29. Oktober 1943. Zugänglich ist das Typoskript im Züricher Archiv (TMA: Thomas Mann 4972).

[13] Auch in dem Fall hatte Mann die Abhandlung vorab studieren können, und zwar als Druckfahne für *Paideuma. Mitteilungen zur Kulturkunde* (3, 1940). Vgl. das Tagebuch 30. Mai 1940. Zugänglich ist das Fahnenexemplar gleichfalls im Züricher Archiv (TMA: Thomas Mann 2637).

[14] *Goethe. Leben und Werk*, Stuttgart: Cotta 1931 (TMA: Thomas Mann 578).

[15] Dass Mann die Weimarer Ausgabe der Werke Goethes auch im Exil zur Hand hatte, belegen die Tagebücher. Bei den Eintragungen vom 5. März 1937 ist davon die Rede, dass der – einhundertdreiundvierzig Bände umfassende – »großartige Besitz«, der aus der Münchner Hausbibliothek gerettet wurde, in Küsnacht angelangt sei. Unter dem 10. Februar 1942 findet sich die Notiz, »der große Goethe« habe im »Studio« des Kalifornischen Hauses seinen Platz gefunden. Und am 28. Januar 1953, als Mann – zurück aus Amerika – wieder in der Schweiz Fuß gefasst hatte, vermerkt er über die Einrichtung seines neuen Domizils in Erlenbach: »Der große Goethe rings um den ›Vorsaal‹ prächtig aufgestellt«.

[16] Beim Gang ins Exil hatte Mann die in früherer Zeit angeschaffte dreißigbändige Tempel-Ausgabe der Goethe'schen Werke in München zurücklassen müssen. Ab Ende 1935 befand sich wieder der Tempel-Goethe – als Geschenk von Felix Guggenheim – in seinem Besitz. Vgl. das Tagebuch vom 24. Dezember 1935. Weiteres in dem großen Kommentar von Werner Frizen zu *Lotte in Weimar* in der GKFA (9.2., 95–97).

[17] Ab dem Sommer 1938 besaß Mann die Propyläen-Ausgabe. Vgl. das Tagebuch vom 19. Juli 1938. »Es ist ein rechtes Glück«, schreibt er am 10. Juni 1938 der Psychoanalytikerin Newton, als ihn die Bände bei seinem Aufenthalt in deren Haus in Jamestown erreichten, »diese Bände bei mir zu wissen, und ich werde in den nächsten Wochen viel Nutzen davon haben«. (DüD II, 465)

[18] Wie Frizen in seinem Quellenkommentar nachweist, hat Mann die Biedermann'schen Gespräche Goethes vor seiner Auswanderung in der erweiterten zweiten Ausgabe, im Exil dann in der Erstpublikation besessen (vgl. 9.2, 77–78).

Unterlagen auf der Rückseite eines solchen Kalenderblatts mit Anstreichungen von seiner Hand wiederfindet:

Als nun das Sprechen ihm immer schwerer wurde, und er doch noch Darstellungsdrang fühlte, zeichnete er erst mit gehobener Hand in die Luft, wie er auch in gesunden Tagen zu tun pflegte; dann schrieb er mit dem Zeigefinger der Rechten in die Luft einige Zeilen. Da die Kraft abnahm und der Arm tiefer sank, so schrieb er etwas tiefer und zuletzt – wie es schien, dasselbe – auf dem, seine Beine bedeckenden Oberbette zu wiederholten Malen. Man bemerkte, daß er genau Interpunktionszeichen setzte, und den Anfangsbuchstaben erkannte man deutlich für ein großes W; die übrigen Züge vermochte man nicht zu deuten.[19]

Von besonderem Interesse für die »Hygiene«, an die Thomas Mann sich hielt, ist der zeitliche Aspekt seines Lesens. Nicht allein der Vorbereitung eines Projektes diente die einschlägige Lektüre, auch während der Phase dichterischer Niederschrift rückte sie regelmäßig auf den Plan, begleitete diese gleichsam auf ihrem Weg. Erläutern möchte ich besagte Dynamik wiederum anhand der Lotte-Werkstatt, die ganz besonders durch – mit einer Formulierung Wimmers[20] – ad-hoc-Quellen bestimmt war. Die Romankomposition selbst, die erklärtermaßen darauf angelegt war, den Leser vollkommen in den Bann einer Vergegenwärtigung der Gestalt Goethes zu ziehen, ja ihm regelrecht den Eindruck eines eigenen Dabeiseins[21] zu vermitteln, setzte voraus, dass der Autor sich bei der Arbeit an den einzelnen Kapiteln stets aufs Neue mit Quellenstoff aufladen musste, um bei den einzelnen Stationen des Werkes die jeweiligen historischen Informationen im entscheidenden Augenblick präsent zu haben.[22]

---

[19] TMA: 5/26 (12. Woche). Dazu Abb. 2. Für weitere Beispiele aus Manns Sammlung der Kalenderblätter siehe TMA: Mat. 5/7 (15. Woche); Mat. 5/9 (35. Woche); Mat. 5/10 (36. Woche); Mat. 5/22 (20. Woche); Mat. 5/24 (29. Woche); Mat. 5/25 (30. Woche); Mat. 5/27 (41. Woche); Mat. 5/28 (8. Woche).

[20] So Ruprecht Wimmer als Herausgeber des Doktor Faustus. Vgl. die Ausführungen unter »Quellenlage« im Kommentarband der GKFA (10.2, bes. 62, 70, 75). Siehe auch ders., Medien als ad-hoc-Quellen des »Doktor Faustus«, in: TM Jb 23, 2010, 47–59.

[21] »Der Leser hat die Illusion«, schreibt Mann nachträglich über seinen Roman-Goethe, »ganz genau zu erfahren, wie er wirklich war und glaubt dabei zu sein«. Brief an den Bruder Heinrich vom 3. März 1940. Br HM, 280.

[22] Schon Cassirer hatte hierauf in seiner immer noch sehr empfehlenswerten Lotte-Studie hingewiesen, und zwar mit Nachdruck, indem er u.a. ausführte: »Goethes Stellung zu den großen Erscheinungen der Weltliteratur, seine Stellung zur bildenden Kunst, seine Naturanschauung und sein Werk als Naturforscher sollten sichtbar gemacht und in einzelnen plastischen Bildern eingeprägt werden. Dafür bedurfte es der intensivsten Versenkung in all das, was Goethe auf diesen Gebieten erstrebt, geplant, gearbeitet hat. Der Schiller-Goethische Briefwechsel, die Aufsätze aus ›Kunst und Altertum‹, die Schrift über Winckelmann haben hier in erster Linie den Stoff für die Darstellung hergegeben. Von den naturwissenschaftlichen Schriften waren die ›Farbenlehre‹, in ihrem didaktischen wie in ihrem polemischen Teil, die Arbeiten zur Osteologie und zur Metamorphose der Pflanzen, die Schriften zur Mineralogie und Geologie, der Versuch

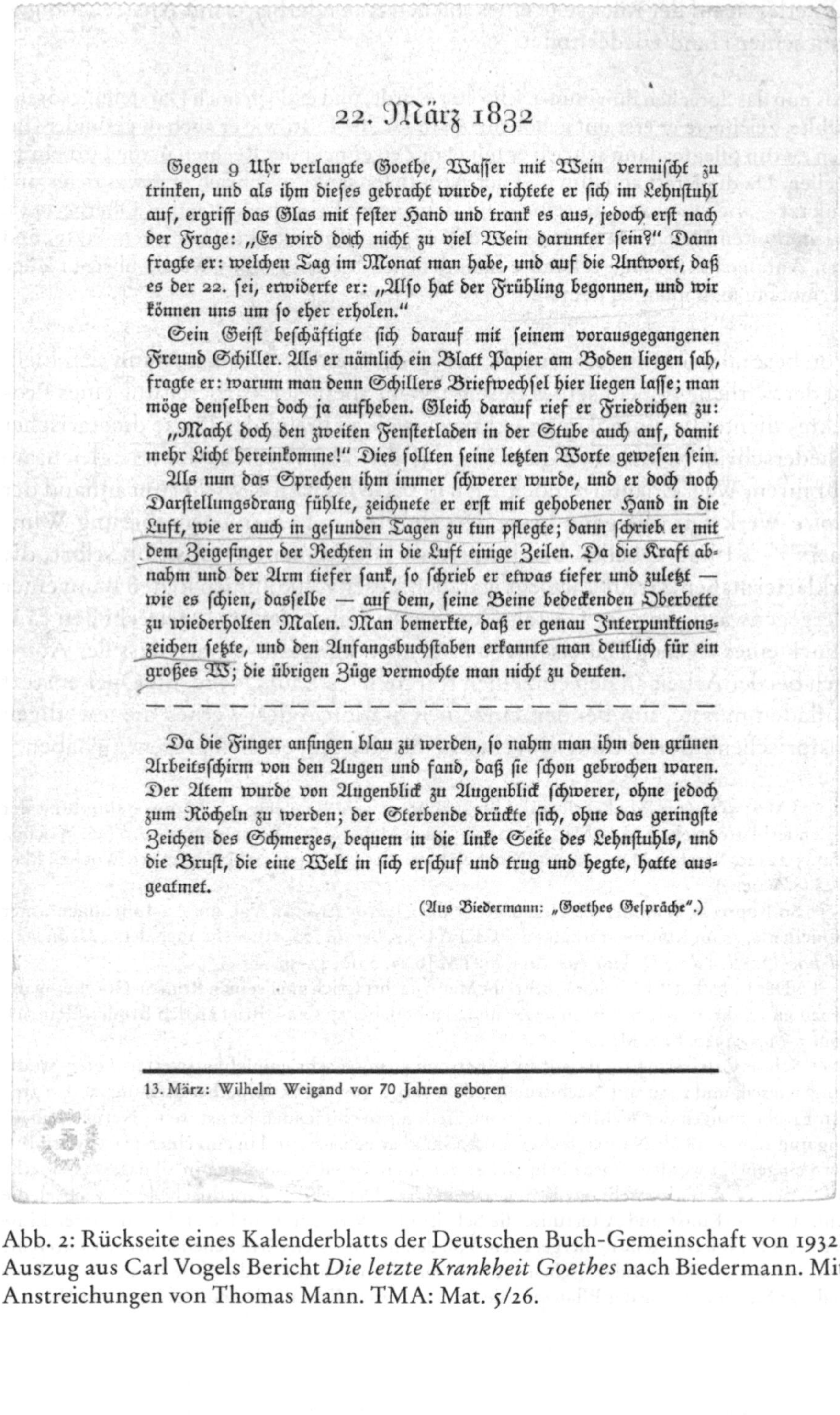

22. März 1832

Gegen 9 Uhr verlangte Goethe, Wasser mit Wein vermischt zu trinken, und als ihm dieses gebracht wurde, richtete er sich im Lehnstuhl auf, ergriff das Glas mit fester Hand und trank es aus, jedoch erst nach der Frage: „Es wird doch nicht zu viel Wein darunter sein?" Dann fragte er: welchen Tag im Monat man habe, und auf die Antwort, daß es der 22. sei, erwiderte er: „Also hat der Frühling begonnen, und wir können uns um so eher erholen."

Sein Geist beschäftigte sich darauf mit seinem vorausgegangenen Freund Schiller. Als er nämlich ein Blatt Papier am Boden liegen sah, fragte er: warum man denn Schillers Briefwechsel hier liegen lasse; man möge denselben doch ja aufheben. Gleich darauf rief er Friedrichen zu: „Macht doch den zweiten Fensterladen in der Stube auch auf, damit mehr Licht hereinkomme!" Dies sollten seine letzten Worte gewesen sein.

Als nun das Sprechen ihm immer schwerer wurde, und er doch noch Darstellungsdrang fühlte, zeichnete er erst mit gehobener Hand in die Luft, wie er auch in gesunden Tagen zu tun pflegte; dann schrieb er mit dem Zeigefinger der Rechten in die Luft einige Zeilen. Da die Kraft abnahm und der Arm tiefer sank, so schrieb er etwas tiefer und zuletzt — wie es schien, dasselbe — auf dem, seine Beine bedeckenden Oberbette zu wiederholten Malen. Man bemerkte, daß er genau Interpunktionszeichen setzte, und den Anfangsbuchstaben erkannte man deutlich für ein großes W; die übrigen Züge vermochte man nicht zu deuten.

––––––––––––––––––––––

Da die Finger anfingen blau zu werden, so nahm man ihm den grünen Arbeitsschirm von den Augen und fand, daß sie schon gebrochen waren. Der Atem wurde von Augenblick zu Augenblick schwerer, ohne jedoch zum Röcheln zu werden; der Sterbende drückte sich, ohne das geringste Zeichen des Schmerzes, bequem in die linke Seite des Lehnstuhls, und die Brust, die eine Welt in sich erschuf und trug und hegte, hatte ausgeatmet.

(Aus Biedermann: „Goethes Gespräche".)

––

13. März: Wilhelm Weigand vor 70 Jahren geboren

Abb. 2: Rückseite eines Kalenderblatts der Deutschen Buch-Gemeinschaft von 1932. Auszug aus Carl Vogels Bericht *Die letzte Krankheit Goethes* nach Biedermann. Mit Anstreichungen von Thomas Mann. TMA: Mat. 5/26.

Und so schloss sich an die Bewältigung eines schon immensen Lektürepensums in der Zeit der Vorbereitung, zu dem neben dem Studium von Sachliteratur auch das – meist wiederholte – der Goethe'schen Schriften selbst gehörte, eine Integration des Lesestoffs an, die von Kapitel zu Kapitel fortschreitend, dabei auch immer wieder schon Bekanntes auffrischend, dann Dimensionen annahm, die den Betrachter nur in Erstaunen versetzen kann.[23]

Neben dem Rückgriff auf Hilfsmittel der beschriebenen Art, von denen das Meiste, wie Thomas Mann selbst dazu sagte, nach Abschluss eines Werkes wieder aus seinem Gedächtnis verschwand,[24] ist ein weiteres Moment geltend zu machen, das denn auch den Kern der von ihm entwickelten »Lese-Hygiene« bildet. Geäußert hat er sich diesbezüglich in seinem Vortrag über den *Joseph* von 1942, indem er zunächst einmal ausführte:

Es gibt ein Kennzeichen für den eingeborenen Charakter eines Werkes, die Kategorie, zu der es hinstrebt, die Meinung, die es im stillen von sich selber hat: das ist die Lektüre, die der Autor während der Arbeit daran bevorzugt und die er als hilfreich empfindet, – wobei ich nicht an sachliche Hilfsquellen und Materialstudien denke, sondern an Werke der Weltliteratur, die seinem eigenen Vorhaben groß-verwandt erscheinen, Vorbilder, deren Anschauung ihn in Stimmung hält und denen er nachstrebt. Was nicht dazu dienen kann, nicht paßt, nicht zur Sache gehört, wird hygienischerweise ausgeschlossen, – es ist im Augenblick nicht zuträglich und darum verboten. (XI, 664)

Die »Hilfsquellen« und »Materialstudien« waren, wie gezeigt, wichtig für die stoffliche Organisation eines Projekts und damit auch schon Teil des hygienischen Programms. Jetzt kommt als neues Element ein Lesen von Texten hinzu, welche mit der Materie der aktuellen Aufgabe nicht notwendig in Verbindung stehen, ihr aber doch zuträglich sind, indem sie als »groß-verwandte« Werke

einer Witterungslehre zu benutzen. Und all dies mußte nicht nur gekannt, es mußte in jedem Augenblicke *gegenwärtig* sein«. Ernst Cassirer: Thomas Manns Goethe-Bild. Eine Studie über ›Lotte in Weimar‹, in: Germanic Review, 20,3 (oct. 1945), S. 166–194, S. 184. Zu der Arbeitsweise des *Lotte*-Dichters mit seinem Alternieren von Lesen und Schreiben im Zweitakt siehe auch Jutta Linder: »Vaterspiel«. Zu Thomas Manns Goethe-Nachfolge, Soveria Mannelli: Rubbettino 2009, S. 145–150.

[23] In vollem Umfang deutlich gemacht hat dies wiederum Werner Frizen mit seinem Kommentarband zu *Lotte in Weimar* (vgl. bes. 9.2, 26–47).

[24] Dazu der Brief an Angell vom 11. Mai 1937: »... es ist eine Eigentümlichkeit meines Geistes, daß ich diese Hilfsmittel, ja auch die Kenntnisse selbst, die sie mir vermitteln, merkwürdig rasch vergesse. Nachdem sie ihren Dienst erfüllt haben, in eine Arbeit eingegangen und darin aufgegangen und verarbeitet sind, kommen sie mir bald aus dem Sinn, ja auch aus den Augen und es ist fast, als ob ich von ihnen nichts mehr wissen *wollte* und das Gedächtnis daran verdrängte«. (Br II, 23–24) Siehe gleichfalls die Erklärung vom 13. September 1948 gegenüber Hans Eichner: »Die Quellen, aus denen ich bei meiner Arbeit geschöpft habe, etwa bei den Josephs-Romanen und auch bei ›Lotte in Weimar‹, vergesse ich sehr rasch und kann meistens schon nach kurzer Zeit nicht mehr mit Sicherheit darüber Auskunft geben« (DüD II, 519).

den Schaffenden im Eigenen unterstützen. Um einen Fall von Selbstpsychologie handelt es sich, wie mit dem bezeichnenden »hygienischerweise« auch unmissverständlich zum Ausdruck gebracht wird.

Und in unmittelbarem Anschluss an das Zitierte wirft Mann das Wort in die Diskussion, mit dem er das Phänomen auf eine griffige Formel bringt. »Stärkungslektüre« sagt er, wobei er als Autor seines biblischen Großwerks im Konkreten anführt:

Eine solche Stärkungslektüre während der Joseph-Jahre bildeten zwei Bücher: Lawrence Sterne's ›Tristram Shandy‹ und Goethe's ›Faust‹. Eine befremdende Zusammenstellung, aber jedes der beiden heterogenen Werke hatte seine besondere Funktion als Stimulans, und es war mir dabei ein Vergnügen, zu wissen, daß Goethe Sterne sehr hoch geschätzt und ihn einen der ›schönsten Geister‹ genannt hat, die je gewirkt haben. (XI, 664–665)

Wie sich die »Stärkungslektüre« in diesem Fall abgespielt hat, darauf werfen die Tagebücher Manns ihrerseits Licht. Nicht nur zu einem einzigen Zeitpunkt, sondern mehrfach während der Arbeit am *Joseph* hat Thomas Mann sich den beiden Werken gewidmet, und zwar vorzugsweise in den Abendstunden, oft unmittelbar vor der Nachtruhe, indem er dem Prinzip folgte, die ihm wichtigsten Eindrücke »in den Schlaf« (Tb, 27.2.1919) hinüberzunehmen. Die erste Phase besagter »Stärkung« hat mit dem Sommer 1934 eingesetzt, als der dritte Teil der Tetralogie, der Band *Joseph in Ägypten* in Arbeit war. »Habe begonnen, den ›Tristram Shandy‹ zu lesen«, meldet unter dem 1. Juli das Tagebuch, um drei Tage darauf die Nachricht zu bringen: »Ich las noch einige Seiten im ›Shandy‹ [...]. Schrieb, nach dem Frühstück im Freien, an dem neuen Kapitel weiter, das von Josephs erhöhtem Dienst im Hause Potiphars erzählt«. In Ablösung von dem englischen Werk kommt noch im selben Jahr die Dichtung des *Faust* an die Reihe. »Beendete gestern vorm Einschlafen die Lesung der Familienchronik von Ljeskow«, heißt es zunächst bei einer Eintragung vom 22. Dezember, die dann aber vermerkt: »Setze, der sprachlichen Anregung wegen, die Faust-Lektüre fort«. Bis in die ersten Monate des Folgejahrs hinein steht das Werk des Weimarers auf dem Programm. »Gestern Abend Faust-Lektüre wieder aufgenommen«, berichtet der 13. Februar, und vier Tage später lautet der Kommentar: »Nach dem Lunch Faust-Lektüre auf dem Balcon mit großem Vergnügen. (Maskenfest beim Kaiser.) Das durchaus kuriose, höchst individuelle Werk wirkt jetzt eigentümlich anregend auf mich. Geistiges Wohlsein«.

Die zweite Phase besagter Unterstützung bei der Arbeit an der Tetralogie, diesmal bei der am vierten Band *Joseph, der Ernährer*, hat mit Jahresende 1941 begonnen. »Abends jetzt L. Sterne, Shandy. Verwandt und anregend«, lautet die betreffende Notiz unter dem 15. Dezember. Weiter geht es mit Eintragungen wie der vom 20. Dezember »Nach dem Lunch in Tr. Shandy, der mich sehr anheimelt«, dann der – wieder kommen wir ins Folgejahr – vom 21. Januar »Im Shandy gelesen und im Bett damit fortgefahren«, der vom 27. Januar »Gedanken über die humoristische Großartigkeit des Shandy«, bis hin zu der vom 17. März »Fahre vor Einschlafen mit dem ›Shandy‹ fort«. Und prompt setzt dann einige Monate später das Alternieren mit der *Faust*-Dichtung ein. »Beschäftigung mit Faust« bringt der 7. Juli. »Bewundernd in Faust II« der 8. Juli. »Viel im Faust« der 9. Juli. Und der 10. Juli dann: »Faust I. Nach dem Thee mit Faust auf meiner Bank im Gartenwinkel gesessen«.

Bewusst wurden im Detail die einzelnen Textstellen nach und nach aufgeführt, um wenigstens anhand eines bestimmten Falles anschaulich zu machen, welches Ausmaß die »Stärkungslektüre«, von der Mann in seinem Vortrag zu *Joseph* gesprochen hat, in der Tat annehmen konnte. Und wie »die Meinung«, die ein Werk »im stillen von sich« als eine Folge der Beschäftigung mit »Groß-Verwandtem« hat, sich ihm dann selbst zeigte, sei mit einem Beispiel aus der Werkstatt des *Zauberberg* zu verdeutlichen. Gezielt hatte Thomas Mann, als er nach dem Ende des Ersten Weltkriegs die Arbeit am Roman wieder aufnahm, ein Studium Goethe'scher Werke eingeleitet[25], das er bis weit in diese zweite *Zauberberg*-Phase hinein fortsetzte. Und in welchem Maß sich indirekt die einschlägige Lektüre auf den Geist des eigenen Produkts ausgewirkt hat, ist sogar für ihn eine Überraschung gewesen. Denn so heißt es im Tagebuch unter dem 27. Juli 1921: »Lektüre in den ›Wanderjahren‹. Erstaunen über die eigentlich Goethe'sche Sphäre des ›Zbg.‹«.

Ausgewählte Werke waren es, die als »Groß-Verwandtes« die Funktion einer »Stärkungslektüre« übernehmen konnten. Der *Hagestolz*, der *Abdias* und der *Kalkstein* Stifters gehörten zu solchen, wie Mann selbst im Rückblick auf die Entstehung seines *Doktor Faustus* festhält (Vgl. XI, 237).[26] Auch der *Grüne Heinrich* Kellers zählte dazu, ein Werk, das er, wie er gleichfalls in dem Zusammenhang vermerkt, »mit wohligster Anteilnahme, mit immer wachsender Bewunderung« (XI, 268)[27] las. Die Romane Fontanes haben ebenso ihre Rolle als »Groß-Verwandtes« gespielt, zu *Effi Briest*, den *Poggenpuhls* und dem

---

[25] Seit Oktober 1918 hat Mann sich – noch während der Niederschrift des *Gesangs vom Kindchen* – einer Goethe-Lektüre gewidmet, die – über die *Gespräche* hinaus – Werke umfasste wie *Hermann und Dorothea*, *Campagne in Frankreich*, *Reinecke Fuchs*, *Euphrosyne*, *Römische Elegien*, *Achilleis* und *Faust*. Von den Leseeindrücken selbst vermitteln die Tagebücher wiederum ein lebhaftes Bild. Zitiert seien nur einige Beispiele aus Tb 1918–1921: »Las im Bette noch in ›Hermann u. Dorothea‹«(27.10.1918); »Las nachmittags und abends in ›Reinicke Fuchs‹ zu meiner großen Erheiterung« (7.12.1918); »Las Goethes herrliche ›Euphrosine‹ und die Römischen Elegien« (13. 3.1919); »Nicht mehr aus. Abends Faust II« (16. 3.1919).
[26] Siehe auch das Tagebuch vom 19. August, 13. u. 16. September, u. 2. November 1945.
[27] Vgl. das Tagebuch vom 28., 29. u. 31. Mai sowie vom 2. u. 6. Juni 1946.

Stechlin hat Mann gegriffen, als er am *Erwählten* schrieb[28]. Manch anderes wäre noch zu erwähnen.

Kein Autor jedoch, so erweisen die Selbstzeugnisse Manns insgesamt, hat so die Funktion einer Bestärkung übernommen, wie es Goethe bei ihm tat. Bemerkungen wie die vom Typ »Geistiges Wohlsein« finden sich in der Überlieferung zu Hauf. »Goetheana. Fühle die Rückkehr meiner normalen Kräfte und bin besserer Dinge«, notiert das Tagebuch unter dem 22. Oktober 1936. »Abends wohltuende Lektüre in Goethes Annalen«, lautet es am 12. Dezember 1936. »›Dichtung und Wahrheit‹ eine sehr wohltuende Lektüre«, liest sich unter dem 18. August 1937. Und so dann unter dem 27. Mai 1951: »In Goethes Leben, wohltuend«. Auch in dem Fall ließe sich noch vieles hinzufügen.

Wie wichtig im Hinblick auf diesen »Groß-Verwandten« das Moment des Psychohygienischen[29] war, zeigen die Zitate mit aller Deutlichkeit. Und bei einer Beurteilung der Goethe-Nachfolge, die die Entwicklung Manns bekanntlich so stark bestimmt hat, sollte so neben dem Aspekt der *Imitatio* selbst gleichfalls der einer seelischen Stützfunktion entsprechend gewürdigt werden. Dass der Autor, wenn er mit der Niederschrift eines Werkes beschäftigt war, auch noch vieles gelesen hat, was nichts mit diesem – weder als »Hilfsquelle« noch als »Stärkungslektüre« – zu schaffen hatte, versteht sich. Doch das gehört, wie schon angedeutet wurde, zu einem anderen Kapitel.

---

[28] Vgl. das Tagebuch vom 4., 5. u. 10. September 1949.

[29] Festzuhalten sei in dem Zusammenhang, dass es sich bei dem psychisch Aufbauenden im Falle Goethes um einen allgemein anerkannten Tatbestand handelt. Schon Schiller hatte, als er seinerzeit die Entstehung des *Wilhelm Meister* kommentierte, besagte Wirkung besonders herausgestellt. So schreibt er an Goethe zum dritten Buch der *Lehrjahre* am 7. Januar 1795: »Ich kann das Gefühl, das mich beym Lesen dieser Schrift, und zwar in zunehmendem Grade je weiter ich darinn komme, durchdringt und besitzt, nicht beßer als durch eine süße und innige Behaglichkeit, durch ein Gefühl geistiger und leiblicher Gesundheit ausdrücken, und ich wollte dafür bürgen, daß es dasselbe bey allen Lesern im Ganzen seyn muß. / Ich erkläre mir dieses Wohlseyn von der durchgängig darinn herrschenden ruhigen Klarheit, Glätte und Durchsichtigkeit, die auch nicht das geringste zurückläßt, was das Gemüth unbefriedigt und unruhig läßt, und die Bewegung deßelben nicht weiter treibt, als nöthig ist, um ein fröhliches Leben in dem Menschen anzufachen und zu erhalten«. Friedrich von Schiller: *Schillers Werke. Nationalausgabe*, XXVII: *Briefwechsel. Schillers Briefe 1794–1795*, hrsg. von Günter Schulz, Weimar: Böhlaus Nachfolger 1958, S.116. Und Kafka, um eine Stimme aus neuerer Zeit zu zitieren, vermerkt mit Verweis auf das vielzitierte Goethe-Gedicht von 1777 in seinen Tagebüchern unter dem 17. März 1912: »Goethe ›Trost im Schmerz‹. Alles geben die unendlichen Götter Ihren Lieblingen ganz [...]«. Franz Kafka: *Tagebücher. Kritische Ausgabe*, hrsg. von Hans-Gerd Koch, Michael Müller u. Malcolm Pasley, Frankfurt/Main: Fischer Taschenbuch. 2002, S. 410.

Rüdiger Görner

Sich ins Bild rücken und es beim Wort nehmen.
Thomas Mann und die visuelle Medialität

Dritte Thomas Mann Lecture der ETH Zürich[*]

Filmischer Vorspann als Medienreflexion

Mit Feiern zum 200. Geburtstag Gotthold Ephraim Lessings begann – auch
für Thomas Mann – das Jahr 1929. Es endete mit der bis dahin größten Fi-
nanzkatastrophe, ausgelöst durch den Börsenkrach in der New Yorker Wall
Street, und in Stockholm mit der Verleihung des Literaturnobelpreises an ihn,
den in seiner Zeit versiertesten Sprachkünstler deutscher Zunge. Pünktlich zu
Lessings Geburtstag hatte Thomas Mann dem *Berliner Tageblatt* einen Essay
Zu Lessings Gedächtnis abgeliefert[1] (X, 250-256) und im Rotary Club München
eine Miszelle zu Lessings kritischem Luthertum vorgetragen und ihn darin als
einen unbedingten Vertreter des »Itzt«, des Gegenwärtigen, Geistig-Lebendi-
gen vorgestellt, der – ganz im Sinne der *Zweiten Unzeitgemäßen Betrachtung*
Nietzsches – sich dagegen verwahrt habe, den »Buchstaben der Historie« das
Lebensgegenwärtige »erschlagen« zu lassen. (XIII, 316)
    Aus der unmittelbaren Gegenwart in die Zukunft zu sprechen, in eine künf-
tige Zeit, das hatte für Thomas Mann in jenem Jahr auch eine mediale Komponente gewonnen, ja dieses merkwürdige Zeitverhältnis war erst durch dieses
neue Medium für ihn akut geworden und leitete sich inhaltlich sogar unmittelbar von Lessing ab. Denn seine erste, knapp vierminütige Tonfilmaufzeichnung – und überhaupt die erste mit einem deutschen Autor – galt »Worten zum
Gedächtnis Lessings«. Thomas Mann vor laufender Kamera zu unbedingter
Jetztzeit, konserviert freilich für eine spätere Vorführung, eben in der Zukunft,
ein Umstand, den er beim Sprechen eingangs betont reflektiert. Dieses neue
Medium, dem er sich da aussetzt, befördere Zeittäuschung.
    Wir haben es soeben erlebt: Nach einem kaum hörbaren Vorgeplänkel in
Sachen Regie, Thomas Mann gibt sich noch eine Spur angespannt, setzt er zum
freien Sprechen an; man vermutet eine geprobte Improvisation. Umschwei-
fendes gehört hierbei zur Sache. »Da ich hier sprechen *soll*«, so beginnt er, das

[*] Gehalten am 27. November 2019 in der Semper-Aula der ETH Zürich.
[1] X, 250–256.

Sollen betonend, das Wollen ist impliziert. Denn die Situation, in der er sich hier im Studio befindet, habe Reiz und »Eigentümlichkeit«, wobei er das Ü geradezu parodistisch überspitzt. Überraschend sei diese Situation, vermittelt durch die Berliner-Dahlemer Lessing-Hochschule, einem anspruchsvollen Weiterbildungsverein, dem zu jener Zeit der Psychologe Ludwig Lewin vorstand und zu dessen Gastdozenten Vieles, was Rang und Namen in Literatur, Wissenschaft und darstellender Kunst hatte, gehörte – von Thomas Mann bis Albert Einstein, Theodor Heuß, Max Liebermann, Lise Meitner, Tilla Durieux und Mary Wigman ebenso wie vor dem Ersten Weltkrieg die prominente Frauenrechtlerin Helene Stöcker. Lessingscher Geist wehte also im Studio eines neuen Mediums, das sich der Aufklärung durch Bildung verschreiben wollte – aus Thomas Manns Sicht: in Lessings Namen, wobei er wie nebenbei, causeurhaft-analytisch gestimmt, auch Aufklärung über dieses neue Medium bietet.

Ein Relikt der alten Zeit bleibt nahezu verdeckt bei dieser Aufnahme gleichfalls präsent: der photoatelierhaft wirkende Stuhl, auf dem Thomas Mann sitzt, der renaissancehaft anmutet und dem Lübecker Ratssaal entnommen sein könnte. Thomas Mann selbst, so souverän, wie man einem neuen Medium gegenüber nur sein kann, mit gesteiftem blütenweißen Einstecktuch, breitem sorgfältig gestutztem Schnurrbart und betont glatt gekämmten und gescheiteltem Haar, durchaus nicht steif sitzend, sondern bewegungsaktiv, gleichsam von der neuen Mediensituation bewegt, und sich einleitend zum Schein improvisierend an einen in Frankfurt kurz nach dem Krieg gehaltenen Rundfunkvortrag erinnernd, über dessen Inhalt er sich nicht weiter äußert, aber dafür einen Medienvergleich anstrengt: Rundfunk- und Tonfilmaufnahme versucht er zueinander in Beziehung zu setzen. Das Damals im Frankfurter Studio wiederhole sich nun vor der Kamera, so meint er. Und damals habe er zum ersten Mal erlebt, was es bedeute – dabei öffnet er, Selbstentspannung andeutend, sein Anzugsjackett, die Weste wird sichtbar, und es blitzt kurze Zeit die Uhrenkette auf – vor einem unsichtbaren Publikum, ohne dessen sinnliche Präsenz zu sprechen. »Weit über die Welt verstreut«, aber eben doch präsent zum Zeitpunkt der Rede. Aber handelte es sich um eine Aufzeichnung; nunmehr sei das Publikum nicht nur räumlich, sondern auch zeitlich vom Sprecher getrennt. Die Medienreflexion, das für ihn Besondere dieser Situation scheint in dieser Phase überhand zu nehmen. Vergessen ist für den Augenblick, dass es eigentlich um Lessing geht. Thomas Mann spricht jetzt eher über ›Ich und das neue Medium‹, betreibt also Aufklärung über diese ungewohnte mediale Praxis.

Thomas Manns Souveränität mit diesem brandneuen Medium erstaunt, ja, es hat den Anschein, als spiele er mit ihm; jedenfalls fühlt er sich vor der Kamera *sichtlich* wohl; die Körperbewegungen, das immer wieder erkennbare Wiegen des Oberkörpers, das Sich-Zurücklehnen, ja Zurückwerfen des Kopfes signalisiert Souveränität im Umgang mit diesem Sprechen in die Zukunft, zu einem »zukünftigen Publikum, in die Zeit hinein«. Die zuweilen eingesetzten lässigen Handgesten sprechen zudem für das Empfinden einer gewissen beiläufigen Selbstverständlichkeit, mit der er sich hier vor der Kamera äußert. Was er beim Nachdenken über diese Situation empfindet, sei etwas »Phantastisches«, ja – man möchte ergänzen: für einen literarischen Großbürger »Exzentrisches«, ihm auch medial eine Sonderstellung Schaffendes. Erst jetzt, nach über drei Minuten der vierminütigen Aufnahme, kommt Thomas Mann explizit auf Lessing zu sprechen, wobei er auf seine »gestrige« Berliner Akademierede verweist, um einige »Episoden« daraus zu wiederholen. Wiederum ist die Körperbewegung bezeichnend. Bereits wie ein Routinier vor der Kamera wechselt er zwischen entspannter Haltung und einem sich leichten, Vertraulichkeit mit dem zukünftig sehend-hörenden Publikum suggerierenden oder erheischenden Nach-vorne-Beugen, wenn er davon spricht, dass es ihm doch verstattet sei, etwas aus dieser Rede auch in diesem Medium zum Besten zu geben. Das Gestern-Gesagte wird ins Studio-Heute transponiert, um dort in die Zukunft projiziert zu werden.

Er, ein Bajazzo des Geistes im Kostüm des Bürgers, setzt galant, um nicht zu sagen: leicht theatralisch seine Lesebrille auf, wobei die funktionale Bewegung der linken Hand in eine den Begriff des ›Klassischen‹, mit dem seine Wiederholung einer Redeepisode einsetzt, qualitativ hervorhebende Geste mündet, begleitet von einem bei diesem Wort aufmerkenden sich auf dem Stuhl erneuten Sich-Zurechtsetzens. Er will diesen Begriff des Klassischen von seiner lebensfernen Staubtrockenheit, wie ihn die Schulästhetik verstehen will, befreien. Stattdessen solle man ihm, dem Klassischen, neuen Charakter verleihen, ihn durch unser Handeln »bedingen«, also ihn neu begründen und mit entsprechenden ›Dingen‹ versehen, etwa mit diesem neuen Medium, durch das er seine Überlegungen vermittelte, das sich aber auch *seiner* Person bediene. Bei diesem Endhöhepunkt der Tonfilmaufzeichnung nimmt Thomas Mann ostentativ wieder seine Brille ab. Die Geste ist eindeutig: Gesagt ist, was zu sagen war. Das künftige Publikum mag damit getrost verfahren, wie es beliebt.

Psycho-ästhetische Medialitäten

Schreiben, literarisches Schreiben, meine Damen und Herren, bedeutet ein von Narzissmen nie ganz freies Sich-Abarbeiten am Eigenen, am Selbst. Das Selbst sei hier als reflektierter Ich-Bezug verstanden. Gerade in der kritischen Selbstdarstellung gewinnt dieser Ich-Bezug auch dann eine gestaltende und damit ästhetische Dimension, wenn diese um Abstand zum eigenen Ich bemüht ist. Literarisch hat diesen Abstand wohl am konsequentesten Kafka verwirklicht; nicht umsonst hat man ihn als einen »Solipsisten ohne *ipse*«, also ohne Selbst charakterisiert.[2] Selbstdarstellung meint, ein Bild oder mehrere Bilder von sich selbst entwerfen. Ob diesen Bemühungen vorausgeht, dass wir uns von anderen ein Bild machen, oder ob dieser Selbstbildentwurf erst dann geschieht, wenn wir eine gewisse Übung darin haben, uns von uns selbst ein Bild zu machen, ist letztlich eine Veranlagungssache. Schriftsteller können kaum anders, als solche Bilder von sich – mehr oder minder verdeckt – zu skizzieren. Diese Bezeichnung für einen Beruf, der immer auch innere Berufung ist, leitet sich wohl daraus ab, dass Schreibende von ihrer »Schrift«, also dem Geschriebenen, »gestellt« werden, so wie ein Täter gestellt wird, überführt einer an sich selbst und an Anderen verübten Tat. Diese ›Tat‹ besteht aus dem Bild, durch welches das eigene oder andere Ich fixiert wird. Das Bild, die Aufnahme, das geschriebene oder gemalte Porträt ist der festgestellte Augenblick, nur schwer nachträglich korrigierbar.

Entspricht man aber diesem Bild – im Leben, im Werk? Bemüht man sich darum, ihm, diesem Entwurf vom eigenen Selbst, wirklich zu genügen? Daraus kann sich ein Lebensprogramm ergeben. Friedrich Nietzsches berühmtes Diktum aus *Ecce homo* abwandelnd, wäre zu sagen: Wie man wird, was man laut des Bildes zu sein scheint. Oder sind solche – oft gestellten, sorgfältig vorbereiteten – Momentaufnahmen nichts als bildliche Etappen, die einen Augenblick auf einem Lebensweg dokumentieren? Im Zeitalter des Selfies wirken dergleichen Überlegungen scheinbar überflüssig; rückt der passionierte Selfist sich doch beständig ins Bild, um sich daraufhin in die Welt zu posten mit Hilfe der vermeintlich ›sozialen‹ Medien. Dieser Trend zur Persönlichkeitsmomentaufnahme, die jedoch weit entfernt ist von einem Persönlichkeitsbild im eigentlichen Sinne, hat etwas gemein mit dem Bedürfnis nach Selbstvergewisserung, Selbstbestätigung in einer Welt der Vermassung. Nach dem Motto: Seht her, auch ich in Arkadien oder Shanghai oder schlicht: Hoppla, ich lebe.

Anders verhielten sich die Bildnachrichten vom Selbst zu einer Zeit, als das Porträtieren vermittels diverser Techniken und Ausdrucksformen noch erheblichen Aufwand bedeutete, einer künstlerischen – oder mit kommerzieller Absicht eher kunsthandwerklichen Anstrengung.

Die Porträtphotographie erfährt nach 1900 angesichts der aufkommenden harschen Kritik an einer überladenen Atelierästhetik eine markante Veränderung. Ihren Ausgang nimmt diese kritische Auseinandersetzung mit Bruno Meyers Studie über *Die bildenden und reproduzierenden Künste im 19. Jahrhundert* von 1901. In ihrem Gefolge und damit im unmittelbaren Wahrnehmungshorizont Thomas Manns gewinnt das ästhetische Urteil Kontur, etwa bei Willi Warstat, Fritz Mattheis-Masuren und Josef Maria Eder, die

---

[2] Theodor W. Adorno, Minima Moralia. Reflexionen aus dem beschädigten Leben. Frankfurt am Main 1951. Erste Auflage dieser Ausgabe. Frankfurt am Main: Suhrkamp 2001, S. 430.

gestellte Photographie sei »Lüge« und damit ein Verfallssymptom.[3] Da fügt es sich zweifelsfrei ins Bild, wenn in einem solchen Zeitklima gerade der junge Verfasser eines Romans mit dem Untertitel: »*Verfall* einer Familie« mit dem Phänomen ›Porträtphotographie‹ – buchstäblich am eigenen Leib erprobt – interessierten Umgang pflegt und beinahe Aufnahme um Aufnahme jeweils eine eigene kleine Selbstdarstellungsästhetik eingefordert zu haben schien. Sie beinhaltete eine Verlagerung vom Atelier des Photographen in die häusliche Umgebung, namentlich ins Arbeitszimmer, wobei die frühen Aufnahmen Thomas Manns am Schreibtisch die atelierhafte Stilisierung der Positur und der mit ihr identischen Schaffensgeste geradezu emphatisch wahrten. Er sollte diese Haltung auch später noch beibehalten, als er sich wieder zu Atelieraufnahmen bereit erklärte, wenn man etwa an die bekannten Aufnahmen denkt, die der bedeutende armenisch-kanadische Photographen Yousuf Karsh von Thomas Mann gemacht hat. Alle diese Aufnahmen zeigen Thomas Mann als parodierenden Repräsentanten seines Selbst im ästhetisierten spätbürgerlichen Zeitalter.

Aber es geht mir hier weniger um diese Seite des Medienbezugs bei Thomas Mann, sondern um sein Interesse an einer anderen Art Medium, nicht minder ein Erbstück oder Ausläufer aus dem photographisch bewussten 19. Jahrhundert; hatte es sich doch zur optisch-mysteriösen Leidenschaft gemacht, spirituelle Phänomene auf Silbernitratpapier oder später Glasplatten einzufangen und abzubilden.

»[...] zuviel gegafft und mich entzückt«. Ein bildmediales Zwischenstück

Versichern wir uns jedoch vor dem Blick auf Thomas Manns oft geschmähten Text *Okkulte Erlebnisse* noch eines weiteren Aspekts von Thomas Manns Verhältnis zu den selbstbezogenen Lichtmedien, die wiederum Rückschlüsse auf sein Interesse an diesen okkulten Bildphänomenen zulassen. Er gehörte ja, wie angedeutet, noch einer Zeit an, die es dem unter Mühen Porträtierten zwingend erscheinen ließ, das eigene Bild – so häufig es in seinem Fall schon aufgenommen wurde – nicht nur ernst, sondern regelrecht beim Wort zu nehmen. Das Verbildlichte kommentierend wieder zu verwörtlichen und das Wörtliche in seiner Bildqualität zu begreifen, gehört dabei zu den Verfahren der literarischen Moderne, die auch bleibend mit Thomas Manns Sprachkünstlertum verbunden sind. Selbst bis in zahlreiche Tagebucheintragungen hinein

---

[3] Ich verdanke diese Hinweise dem Würzburger Kunsthistoriker Eckhard Leuschner, der diese im Rahmen einer Tagung zu Carl Albert Dauthendey im November 2019 vorgetragen hat.

bestätigt sich dieser Sachverhalt. Als er Ende Juni 1939 in Amsterdam die van Gogh-Sammlung sieht, notiert Thomas Mann:

[...] eindrucksvoller Überblick. Der düstertintige Beginn, der Durchbruch des Lichtes. Das Selbstportrait, sehr wahnsinnig, Tücke der Augen. Leidenschaftliches Bild, Kornfeld mit dunkelblauem Himmel und Krähen.[4]

Um die Lichtqualität zu treffen, bemüht der Betrachter eine dafür agglutinierte Adjektivkreation (»düstertintig«), wobei er eigens die »Tücke der Augen« des selbstporträtierten van Gogh hervorhebt, die aber auch auf das Tückische des eigenen Sehens rückwirken kann. Eben das heißt, das ins Bild Gerückte wörtlich zu nehmen.

Bleiben wir beim Tückischen und bei einer Selbstaussage Thomas Manns, die vorführt, wie die Sicht auf das Selbst in Selbstkritik umschlägt – und das vor einem entschieden bildbezogenen Hintergrund:

Zuviel gelitten, zuviel gegafft und mich entzückt. Mich zuviel von der Welt am Narrenseil führen lassen. Wäre alles besser *nicht* gewesen? Es *war* [...]. Warum schreibe ich dies alles? Um es noch rechtzeitig vor meinem Tode zu vernichten? Oder wünsche, daß die Welt mich *kenne*? Ich glaube, sie weiß, wenigstens unter Kennern, ohnedies mehr von mir, als sie mir zugibt. – – –[5]

In diesem ›Entzücken‹ des fünfundsiebzigjährigen Thomas Mann wirkte noch die Begegnung mit einem gewissen Kellner im Zürcher Waldhaus Dolder nach, jetzt im August 1950, bereits wieder zurück in den Vereinigten Staaten, doch eher wie auf Abruf, genauer: in Chicago, notiert einen Tag nach dem Besuch der Ausstellung in der Yale Library, die ihm galt, wie stets mit Pressekonferenz und »photographischen Aufnahmen«, einem Gespräch mit Thornton Wilder, viel versprechende, aber wenig haltende Absprachen mit dem Film-Agenten Saul C. Colin, Unterhaltungen über Luigi Zampas Film *Anni difficili*, die Verhältnisse in einem sizilianischen Dorf unter Mussolini schildernd, ebenso wie den selbstbehaupteten Antifaschismus gestandener Mussolini-Anhänger nach dem Ende des Krieges, ein Film, dessen amerikanische Version der junge Arthur Miller eingerichtet hatte. Colin wollte von Thomas Mann ein schriftliches Wort über diesen Film, »natürlich«, wie der mediengeplagte Schriftsteller vermerkte. Dabei waren dessen Gedanken und »wundes Herz« mehr bei Michelangelos Sonetten und ihrem magischen Vers: »In vostro fiato son le mie parole« – in eurem Atem bildet sich mein Wort, das verfängliche Leitmotiv in Thomas Manns letzten Lebensjahren, gerade auch dann wieder, wenn, wie er

---

[4] Tb, 30.6.1939.
[5] Tb, 25.8.1950.

selbstironisch notiert, »selbstverständlich meine Augen auf einen Adonis in der Badehose« fielen, »vollkommen schön, sogar die Gesichtszüge.«[6]

Da baumelte es wieder vor ihm, dieses »Narrenseil«, das ihn von Zeit zu Zeit nasführte und der Welt vorführte. Wünschte er denn wirklich, dass die Welt ihn »kenne«? Das doch wohl fraglos. Der Aufwand, den die Medien mit ihm vor allem im Vorfeld und nach seiner Übersiedelung in die Vereinigten Staaten 1938 trieben, entsprach im Grunde durchaus dem, was er – bei allen gelegentlichen Irritationen mit Photographen und Journalisten – von den Medien erwartete: Sicherung seiner weltweiten Präsenz. Dass »die Welt« mehr von ihm wusste, als von irgendeinem anderen Zeitgenossen, Albert Einstein ausgenommen, mehr zumindest, als sie ihm eingestand, man glaubt Thomas Mann seine Vermutung gerne. Er versah sie im Tagebuch mit drei Gedankenstrichen, die etwas von verlängerten Auslassungszeichen haben, als wollten sie einen kleinen graphischen Echoraum für das soeben sich selbst Eingeräumte bilden. ›Kennen‹, das meint aber auch – und das Zitat spielt darauf an: sich ehrlich eingestehen, dass man eine Person oder einen Sachverhalt kennt und diese Kenntnis mit Täuschungsabsichten nicht leugnet.

Zum ›Kennen‹ gehört nicht minder das ›Verkennen‹, Usurpiert-Werden oder die Verfälschung. Wenige Tage nach Thomas Manns teils skeptischen, teils verhalten zuversichtlichen Selbstreflexion, wieder zurück in Pacific Palisades, erweist sich für ihn das potentiell Brandgefährliche medialer Präsenz im Kalten Krieg: »Zeitungsausschnitt mit Bild, wie ich angeblich in Paris die Deklaration Pour l'interdiction de l'arme atomique unterschreibe. Fälschung mit vorjähriger Photographie. Schwierig, sich dazu zu verhalten.«[7] Es handelte sich um den im März 1950 verfassten *Stockholmer Appell zur Ächtung der Atombombe*.[8] Offiziell hatte Thomas Mann seine Unterschriftsleistung bis dahin nicht dementiert; brieflich jedoch äußerte er sich betont kritisch über den Umstand, dass ihm dieses Anliegen »als eine über-parteiliche, nicht kommunistisch determinierte Aktion zugunsten des internationalen Friedens dargestellt« worden sei. Dass Sowjetkommunisten hinter diesem Appell standen, wurde ihm offenbar erst später bewusst. Diese nämlich hätten, so Thomas Mann weiter,

eine sehr unangenehme und verderbte Art, sich zu tarnen, ihre Zwecke in allgemein demokratische Sprechwendungen zu kleiden, gegen ›die eigentlich nichts zu sagen ist‹ und so, man kann wohl sagen: durch Betrug, Gutwillige, an deren Namen ihnen ge-

[6] Tb, 27.8.1950.
[7] Tb, 1.9.1950.
[8] Vgl. Lawrence S. Wittner: One World or None. A history of the world nuclear disarmament movement through 1953. Stanford: Stanford University Press 1993.

legen ist, ihren machtpolitischen Zielen dienstbar zu machen. Ich finde diese Taktik höchst widerwärtig und sehe wohl, daß ich meine Vorsicht noch steigern muß.[9]

Dieser Appell war eine der Aktionen, die sich von dem 1948 gegründeten »Weltkongreß der Intellektuellen zur Verteidigung des Friedens« herleitete, dem übrigens auch dezidierte Nicht-Kommunisten wie Julian Huxley, A.G.P. Taylor, Julien Benda und Max Frisch als Delegierte angehörten. In den Zeiten der Kommunistenhetze Joseph McCarthys waren dergleichen Missverständnisse potentiell auch für einen Thomas Mann existenzbedrohend.[10] Im Vergleich dazu war dann vier Jahre später ein ärgerlicher langer und »elend verklatschter Artikel über mich und meine Familie« im Nachrichtenmagazin *Der Spiegel* eine harmlose Bagatelle.[11] Am Ende des Medienlebens von Thomas Mann standen Filmaufnahmen zum 80. Geburtstag. Weitere »Television- und Bandaufnahmen-Wünsche« lehnte er zunächst ab, las aber dennoch *Tonio Kröger* für den Nordwestdeutschen Rundfunk ein, vermerkt einen sehr schlechten Nervenzustand, verwirft die Schiller-Rede bei ihrer Endredaktion für den Druck als »armselig«, gesteht, er sei »ihrer überdrüssig«, wobei er ursprünglich doch gemeint hatte, mit diesem Versuch »ein für allemal die Forderungen, die man beständig an mich stellt« wirklich erfüllt zu haben[12], und notiert unter dem Datum des 23.4.1955 sogar: »Affaire des Stuttgarter Fernseh-Geburtstagsfilms, über den, anständig gemeint, wie er ist, ich mich fast so sehr erbitterte, und den wir doch noch werden vonstatten gehen lassen.« Sieben Tage später findet sich das zweiköpfige Reportageteam doch in Kilchberg ein, und die Dinge gestalten sich angenehmer als gedacht: »Bewegungsaufnahmen am Schreibtisch und mit K. im Garten. Schlußwort in der Bibliothek. Nahm zusammen eine Stunde. Viele Bilder für den halbstündigen Film haben sich noch gefunden von den Eltern, von mir in allen Lebensaltern und reizende von Frido in Amalfi Drive als Baby und mit drei, vier Jahren. – –[13]« Der letzte ernüchterte Tagebucheintrag in Sachen Film erfolgt dann am 25. VI. 1955: »Gestern führte man uns in der Stadt den Fernseh-Film meines Lebens vor. Achselzucken, gemischt mit etwas Rührung. Diese überwog bei K., und E.s Kritik kränkte sie.«[14]

Es war das letzte schriftlich niedergelegte, einmal mehr ambivalente Wort Thomas Manns zum Thema Film, den er, wie aus seinen fünf zwischen 1923 und 1955 verfassten Essays über dieses Medium hervorgeht, einerseits in »hei-

---

[9] Brief an János Görki v. 12.6.1950. Zitiert nach Tb, 1.9.1950 (Kommentar).

[10] Vgl. Hans Rudolf Vaget, Thomas Mann, der Amerikaner. Leben und Werk im amerikanischen Exil 1938–1952. Frankfurt am Main: S. Fischer 2011, S. 376–414.

[11] Tb, 21.12.1954. Es handelte sich um die Ausgabe Nr. 52 v. 22.12.1954, S. 32–45.

[12] Tb, 1.1.1955.

[13] Tb, 20.4.1955.

[14] Tb, 25.6.1955.

terer Passion« geradezu liebte, andererseits sogar »verachtete«. Als ein in der Forschungsgeschichte zu Leben und Werk Thomas Manns verhältnismäßig spät herausgearbeiteter Hauptaspekt erfreut sich das Thema ›Intermedialität‹ ungebrochener Beliebtheit; und gerade Thomas Manns zwiespältiges Verhältnis zum Film darf mittlerweile als hinreichend erforscht gelten, namentlich von Katrin Bedenig-Stein und Peter Zander.[15] Einen Sonderfall bildet Thomas Manns Einstellung zur amerikanischen Filmszene und zu Hollywood im Besonderen, deren Vertreter er nur halb im Scherz mit dem Etikett »Movie-Gesindel« versah; auch hier scheint das Wesentliche von Hans Rudolf Vaget gesagt.[16] Nur gilt es sich zu verdeutlichen, dass sich Thomas Mann immer wieder für filmisches Arbeiten interessiert hat, sprich: für die filmische Umsetzung einiger seiner Stoffe, vor allem des *Joseph in Ägypten*. Dass er im Hinblick auf seinen *Joseph* sogar Walt Disneys Zeichentrickfilme für »anziehend« hielt, ungeachtet ihrer hübschen Stillosigkeit, mag anhaltend verwundern, gehörte aber noch zu jener »heiteren Passion« beim häufigen Gang in die »Filmhäuser«, der bis in die Stummfilmzeit zurückreicht.[17]

Anders als Rilkes Protagonist fragmentierter Welterfahrung in der Moderne, Malte Laurids Brigge, musste Thomas Manns Felix Krull das Sehen nicht lernen. Die »Gabe des Schauens« war ihm »verliehen«. Wie Lynkeus der Türmer in Goethes *Faust II* war Krull »Zum Sehen geboren, / Zum Schauen bestellt«.[18] Vaget hat treffend diese »Gabe des Schauens« ohne Abstriche auf den Kinogänger Thomas Mann übertragen.[19]

Was ein Medium ist

Voyeur war Thomas Mann fraglos, ohne jedoch zum Voyeuristen zu werden; denn auf die Gesamtschau kam es ihm an, weniger auf die Schlüssellochperspektive. Das schloss die Betrachtung des einzelnen Phänomens natürlich ein, ging aber nicht auf Kosten des bildlichen oder anschaulichen Zusammenhangs. Erzählend ließ sich beides verbinden, wie ja ohnedies der Roman – nicht nur im Verständnis Thomas Manns – als *das* integrierende Medium schlechthin galt.

---

[15] Vgl. die Überblicksartikel von Miriam Albracht, Meine Ansicht über den Film (1928) sowie über die Neuen Medien in: Andreas Blödorn/Friedhelm Marx (Hrsg.), Thomas Mann Handbuch. Leben – Werk – Wirkung. Stuttgart: Metzler 2015, S. 192 u. S. 257–258 sowie Bernd Hamacher, Neue Forschungsansätze: Intertextualität/Intermedialität. In: Ebd., S. 347–352 (nachfolgend unter der Sigle TM Hb zitiert).

[16] Vaget, Thomas Mann, der Amerikaner, a.a.O., S. 349–375.

[17] Ebd., S. 354.

[18] Johann Wolfgang von Goethe, Goethe, Faust. Der Tragödie erster und zweiter Teil. Urfaust. Hrsg. u. kommentiert von Erich Trunz. 10. Aufl. München: C.H. Beck 1979, S. 340 (V. 11287–89).

[19] Ebd., S. 364.

Am Rande der alliterierenden Tautologie bewegt sich, wer die Erzählkunst als
»Metamedium« bezeichnet, »das die anderen Medien medialisiert«.[20] Unbe-
stritten freilich ist, dass der Roman als Intermedium von Wahrnehmung und
Phantasie, Analyse und Vorstellung wirken kann. Der Roman ist die Form des
Intermedialen schlechthin, da er – ganz im Sinne der frühromantischen Erzähl-
theorie eines Friedrich Schlegel – Imaginations- *und* Reflexionsorgan in einem
ist. Innovationen generiert, sprich: erzählt der Roman quasi aus sich heraus.

Es wäre nicht weiter von Belang, wollte man nun auf dieser gut eingeschlif-
fenen Schiene der Untersuchung intermedialer Phänomene bei Thomas Mann
einfach weiterfahren, noch einmal das Grammophon in seiner Werkfunktiona-
lität bedenken, das musikalische Erzählen zudem, die Bildlichkeit der Sprache
Thomas Manns des Weiteren, die anschaulich bleibt und dabei beinahe ohne
Ekphrasis auskommt. Wir wollen anders vorgehen, im Themenzusammenhang des Visuell-Intermedialen oder, genauer gefasst, der Deutungsdauer im
Medienwechsel und damit dem Sinn eines Textes auf die Spur kommend, der
Thomas Mann offenbar wichtig geblieben ist, 1924 gleich zweimal veröffentlicht, als Beitrag in der *Neuen Rundschau* und als Buchausgabe, dann in den
Gesammelten Werken in Einzelausgaben 1925 und unverändert wieder in *Altes
und Neues*, der »kleinen Prosa aus fünf Jahrzehnten« 1953. Die Rede ist von
seinem Essay-Bericht *Okkulte Erlebnisse*, von der Forschung eher gemieden
und wenn behandelt, dann allenfalls im Hinblick auf den *Zauberberg*[21], ein
erzählend berichtendes Essay – und damit an sich schon ein mediales *mixtum
compositum* im Bereich der literarischen Gattungsmedien – von Thomas Mann
selbst mit gespielter Verschämtheit eingeführt. Das Thema errege, so meint
er süffisant, »geringschätziges Befremden«; man könne es als »schrullenhaft,
abwegig«, gar »ehrlos« verwerfen, zumal vor einem kritischen Publikum, so
Thomas Mann in seiner eröffnenden *captatio modestiae*. Und etwas von dieser
Befangenheit überträgt sich ja durchaus auch auf mich, wenn ich Okkultes und
damit die Grenzen des kritischen Vermögens hier am Ort der reinen Wissenschaft in Rede stelle, habe ich doch selbst bislang diesen Text eher gemieden,
weil das Signalwort »okkult« eher Unbehagen auslöst und so gar nicht zu unseren Vorstellungen von Thomas Mann passen will, die durch das gedeckt
sind, was er selbst von sich 1924 behauptete. Diese »Erlebnisse« im Hause des
notorischen Dr. Albert Freiherr von Schrenck-Notzing, einem Schwabinger
Spezialisten für Nervenkrankheiten und Sexual-Pathologe dazu, er nannte sie

---

[20] Rolf J. Goebel, Medienkonkurrenz und literarische Selbstlegitimierung bei Thomas Mann.
In: Uta Degner / Norbert Christian Wolf (Hrsg.), Der neue Wettstreit der Künste. Legitimation
und Dominanz im Zeichen der Intermedialität. Bielefeld: Aisthesis 2010, S. 52 f.

[21] Vgl. den Eintrag von Marianne Wünsch in: TM Hb, 189–190. Dies., Okkultismus im Kontext von Thomas Manns Zauberberg. In: TM Jb 24 (2011), 85–103.

eine Verführung fort von dem, was mir obliegt, zu Dingen, die mich nichts angehen sollten, die aber gleichwohl auf meine Phantasie und auf meinen Intellekt einen so scharfen, fuselartigen Reiz ausüben (fuselartig im Vergleich mit dem Sein des Geistes und der Gesittung), daß ich wohl verstehe, wie man ihnen lasterhafterweise verfallen und über einer monomanischen, närrisch-müßigen Vertiefung in sie der sittlichen Oberwelt auf immer verlorengehen kann. (15.1, 611/12)

Das Okkulte als schlecht vergorener Bacchantismus – so mag man diese »Erlebnisse« begreifen, und was dann folgt, wäre entsprechend leicht abzutun als ein in seinem Werk seltenes Beispiel für eine Verirrung. Lässt man sich aber auf diesen Text ein, dem drei Berichte über okkultistische Sitzungen um die Jahreswende 1922/23 präludieren, dann erweist er sich als ein komplexes Gebilde von einem erheblichen poetologischen Aussagewert. Und als poetologischer Entwurf verstanden, ist diesem Text sogar Grundlegendes über das Phänomen des am Optischen orientierten Intermedialen abzugewinnen, wobei sein Ausgangspunkt naturgemäß die ursprüngliche Bedeutung von ›Medium‹ ist: Ort und Körper der Vermittlung von Grenzerfahrungen, die sich zwischen Sinn und Widersinn, Erklärbarem und Verwunderung bewegen. Hinzu kommt ein Weiteres. Diese eher ungewöhnliche Interpretation des Wortes ›visuelle Medialität‹ ließe sich als abwegig abtun, fiele nicht ihre verhaltens- ja, ideologiekritische Bedeutung mit ins Gewicht. Zudem nimmt sie vorweg – und das um über zweieinhalb Jahrzehnte –, womit Theodor W. Adorno seine *Minima Moralia* von 1951 beschließen sollte, nämlich mit ausführlichen Thesen und Reflexionen »gegen den Okkultismus«. So wichtig waren sie ihm, dass sie darin das umfangreichste Einzelnotat mit sechs größeren Abschnitten bilden. Drei Thesen seien daraus hervorgehoben, die dem Kern von Thomas Manns erzählerisch gebotener Medien- und damit Kulturkritik analytisch entsprechen: »Geist«, so Adorno, »dissoziiert sich in Geister und büßt darüber die Fähigkeit ein zu erkennen, daß es jene nicht gibt.« Und weiter im Wissen um die im Zeitalter des Totalitarismus inszenierte Menschheitskatastrophe: »Jene kleinen Weisen, die vor der Kristallkugel ihre Klienten terrorisieren, sind Spielzeugmodelle der großen, die das Schicksal der Menschheit in Händen halten.« Sowie schließlich eine These, die uns zum erzählerischen Ansatz Thomas Manns zurückführt: »Okkultismus ist eine Reflexbewegung auf die Subjektivierung allen Sinnes, das Komplement zur Verdinglichung«.[22]

Im Erzählessay *Okkulte Erlebnisse* nun wirken nicht definierte Kräfte auf dieses »alle Sinne« subjektivierende Körpermedium und lassen es als Expe-

---

[22] Alle Zitate in: Theodor W. Adorno, Minima Moralia, a.a.O., S. 462, 464 u. 465. Zur Kritik an Adorno, vgl. u.a. Julian Bauer, Zelle, Wellen, Systeme. Eine Genealogie systemischen Denkens, 1880–1980. Tübingen: Mohr Siebeck 2016, S. 108–111 (»Parapsychologie. Zu nützlichen Irrtümern und systemischen Denkansätzen der Geisteswissenschaften. Ist Okkultismus die Metaphysik der ›dummen Kerle‹?«)

rimentarium erscheinen, das nicht der Verifizierung oder Falsifizierung von Hypothesen gilt, sondern einzig und allein der Veranschaulichung, dass das Wunderliche scheinorganische Formen annehmen kann.[23] Verschwiegen sei nicht, dass Thomas Mann ein Exemplar der 1924 in Leipzig hergestellten Luxusausgabe der *Okkulten Erlebnisse* auch 1952 noch für Wert hielt, mit einer übertrieben exaltierten Widmung der in Beverly Hills gestrandeten einstigen Wiener Operettendiva Fritzi Massary zusammen mit einem »seidenen Reise-Schlafrock« zum Geburtstag zu überreichen. (Tb, 20./21.3.1952). In inhaltlich gewichtigerem Zusammenhang hatte Thomas Mann dann genau zwei Jahre später Anlass, sich nochmals der *Okkulten Erlebnisse* zu erinnern – neben der Vorbereitung des Essaybandes *Altes und Neues* vor allem die Auseinandersetzung mit Aldous Huxleys Lob des Mescalin, veröffentlicht unter dem Titel *The Doors of Perception.* Wenngleich ihn die Vorstellung von »Bewußtseinsveränderungen im toxischen Rausch«, über die er in der Zeitschrift *Neue Wissenschaft* gelesen hatte, befremdete und er die Ästhetisierung des Mescalin-Rausches für »bedenklich« hielt, eingedenk seines »schlechten Gewissens, weil ich abends ein bißchen Seconal oder Phanodorm nehme, um besser zu schlafen«. Wie zu erwähnen er nicht versäumte, setzte er sich augenscheinlich intensiv kritisch mit Huxley auseinander; als Äußerstes auf diesem Gebiet verwies er auf seinen halb reportagehaften, halb literarisierten Erzählessay *Okkulte Erlebnisse,* den er für »ziemlich weit ›links‹« angesiedelt hielt, im Sinne von tolerant-progressiv.[24] Eines ist dieser Text in jedem Fall, selbst ein Art Intermedium, steht er doch, wie angedeutet, zwischen diversen Prosagenres.

Nun mag es manchen unter uns befremdlich erscheinen, das Phänomen und Problem der medialen Selbstdarstellung bei Thomas Mann mit seiner Erfahrung des Okkulten in Verbindung zu bringen, so nachdrücklich diese ›Erlebnisse‹ ihn auch beschäftigt haben. Es heißt unsere Ausführungen hierzu nicht ungebührlich mit Theorie zu überfrachten, wenn wir eine grundsätzliche Überlegung der Frage nach dem Medium vorausschicken. Als die ästhetische Theorie in Gestalt der literarischen Praxis die dem sogenannten Realismus zugeordnete Repräsentationskunst zu verwerfen und durch eine an der Impression, Expression und symbolischen Verdichtung orientierten Schreibweise abzulösen begann, brach sich eine andere Form der Repräsentation Bahn, eben die mediale Selbstdarstellung des Künstlers. Konsens ist längst, dass Thomas Manns Werke mit dem Begriff des (Post-) Realismus nicht hinreichend zu fas-

---

[23] Vgl. zum Kontext u.a. Gísli Magnússon, Dichtung als Erfahrungsmetaphysik. Esoterische und okkulte Modernität bei Rainer Maria Rilke. Würzburg: Königshausen & Neumann 2009; darin vor allem das Kapitel 5.3: «Exkurs über Thomas Manns ›Okkulte Erlebnisse‹ bei Schrenck-Notzing, S. 136–143.

[24] Zit. nach dem Kommentar von Inge Jens in: Thomas Mann, Tagebücher 1953–1955. Frankfurt am Main: S. Fischer 1995, S. 583 f.

sen sind. Das Spiel mit der Wirklichkeit des eigenen Ichs trat an dessen Stelle in diversen Akten vorgetäuschter authentischer Rollenspiele, sei es als »letzter Bürger«, Statthalter kulturkonservativer Werte, Herold demokratischen Bewusstseins mit romantischen Anklängen, wissenschaftskundiger Erzähler, Remythisierer oder Repräsentant Goethes in barbarischer Zeit. Auch sein Interesse an okkulten Zuständen, das bis in den *Zauberberg* deutliche Spuren hinterlassen hatte, gehört in dieses Register eines Experimentierens mit Ausdrucksformen. Dieses Interesse brachte ihn bis an den Rand des Surrealen, ohne dass ihm daraus ein vertieftes Interesse an den ästhetischen Verfahren des Surrealismus erwachsen wäre. So weit schrieb die von fremder losgelöster Hand geführte Kreide bei ihm denn doch nicht. Es fällt entsprechend auf, dass zur Darstellung der »okkulten Erlebnisse« keine »écriture automatique« gehört; das erzählende Ich bleibt auch unter dem Eindruck des Spukhaften dominant, gibt das Heft nicht aus der Hand, stellt Souveränität unter Beweis. Dieses Ich ist fiktiv und auch nicht, kann als Maske Thomas Manns gelten *und* als authentisch erlebende Person. Es ist eine Szene wie im Theater: Das Ich als Zuschauer, involviert in dem, was sich vor seinen Augen auf dunkler Bühne abspielt, *und* zugleich dazu auf Distanz gehend. Der Raum, in dem sich Okkultes ereignet oder ereignen soll, gleicht einer Dunkelkammer, in der sich buchstäblich unvermutete Bilder wie Photographien entwickeln, wobei sie auch ihrerseits, wie bereits bemerkt, Gegenstand von Aufnahmen wurden.

Okkultismus sei experimentell gewordene Metaphysik, befindet Thomas Mann in seinen theoretischen Überlegungen, die er auffälliger Weise der Erzählung seiner einschlägigen Münchener Erlebnisse im Hause von Schrenck-Notzing vorschaltete. Sie laufen auf eine – man glaubt: augenzwinkernde – Apologie des Okkulten hinaus, weil es, so seine These, der exakten Naturwissenschaft durchaus gut anstehe, sich über jene Berührungspunkte mit dem Meta-Physischen Rechenschaft abzulegen. Dem Medium schreibt er sogar eine prinzipielle Bedeutung zu; sie erscheint ihm als eine Art Lehre:

Denn im Medium*ismus* und Somnambulismus, der Quelle der okkulten Phänomene, mischt sich das Geheimnis des organischen Lebens mit den übersinnlichen Geheimnissen, und diese Mischung ist trüb. Hier nämlich handelt es sich nicht länger um Geist [im Original hervorgehoben], Niveau, Geschmack, um nichts in Kühnheit Schönes; hier ist Natur [im Original hervorgehoben] im Spiel, und das ist ein unreines, skurriles, boshaftes und dämonisch-zweideutiges Element [...] (15.1, 614/15; m. Hervorh.)

Das Okkulte als quasi dogmatischen »Mediumismus« grenzt Thomas Mann freilich von intellektueller Metaphysik ebenso ab wie von einer sich selbst transzendierenden Kunst; Beispiel für Ersteres ist ihm Schopenhauers *Die Welt als Wille und Vorstellung*, wogegen Wagners *Tristan und Isolde* für ihn d a s *opus metaphysicum* schlechthin darstellte. Er grenzt beide Zugänge zum Meta-physischen vom Okkultismus ab, den Schrenck-Notzing durch Untersuchungen zum Phänomen der Materialisation okkulter Vorgänge angereichert oder – je nach Standpunkt – in weiteren Verruf gebracht hatte. Aufschlussreich nun ist die historisch begründete differenzierte Wahrnehmung von Schrenck-Notzings Thesen, auf die Thomas Mann verweist. Der Weltkrieg hatte einen »soviel Ungeahntes hinnehmen, so krasse Dinge« (15.1, 617) erleben lassen, so Thomas Mann, dass nach 1918 okkulten Phänomenen deutlich mehr Aufmerksamkeit geschenkt wurde – wie übrigens auch im Angelsächsischen, in den Vereinigten Staaten zumal, und in Frankreich, wo Schrenck-Notzing bereitwilliger rezipiert wurde, ein Umstand, den Thomas Mann durchaus skeptisch sah.

Ob Telepathie, Wahrtraum oder Zweites Gesicht – für den Schriftsteller und Kulturkritiker Thomas Mann war das Okkulte allein schon deswegen von Interesse, weil es zum Problembereich der ›zweiten Wirklichkeit‹ gehört, die mit der Kunst eine zumindest mittelbare Verwandtschaft pflegt. Nun ist es für unseren Themenzusammenhang von besonderer Bedeutung, dass er seinen novellistischen Essay, die eigentlichen »Erlebnisse« betreffend mit einer dezidiert visuell ausgerichteten Konstellation beginnt. Ein namenloser »Herr, Künstler, Maler, Zeichner, von einem humoristischen Blatt beauftragt, meine Karikatur zu zeichnen« (15.1, 619), erweist sich, wenn nicht als Medium, so doch als Mittler zwischen der Welt des Schriftstellers und jener Schrenck-Notzings.

Bezeichnend nun ist der Umstand, dass das Gespräch zwischen Thomas Mann – oder sagen wir auch hier vorsichtiger: dem Ich der Okkulten Erlebnisse – und dem Karikaturisten überhaupt auf den »Herrn von Schrenck-Notzing« kam, während er »mir eine schiefe Nase zeichnete« und überhaupt mich »mit dem Stift verspottete« (15.1, 619/20). Es ist der Karikaturist, der Bescheid weiss über das, was im Hause von Schrenck-Notzing vorgeht und dass dort ein »neues Medium« zugange sei, »ein junger Mensch, ein halber Knabe, Willi S. mit Namen, Zahntechniker seines Zeichens und dabei ein physikalischer Tausendsassa, mit dem Schrenck ganz tolle Erscheinungen zeitige.« (15.1, 620) Das bedeutet zum einen, dass das okkulte Medium seinerseits ein Mehrfachtalent sei; zum anderen spricht diese Ausgangskonstellation dafür, dass wir das Folgende auch unter den Voraussetzungen des Karikaturistischen, also des ironisch bis satirisch Verzerrten zu sehen haben. Gerade weil dieser »Tausendsassa« sich in der Physik auskenne, solle seine paraphysikalische Vermittlungsleistung an Glaubwürdigkeit gewinnen. Das Ich des Textes fährt nun gemeinsam mit dem Satiriker mit der Tram zur Séance, wo sich die »naturwissenschaftlich-medizinischen« Teilnehmer mit den »laienhaft-geistigen« der Schwabinger Bohème die Waage halten. Dieses Ich versteht sich als ein »positiver Skeptiker«, der gekommen war, »um zu sehen, […] was zu sehen sein würde« – (15.1, 622) etwas »zwischen Betrug und Wirklichkeit«, vielleicht »eine Art Naturbetrug, die ebensogut als Realität anzusprechen« wäre (ebd.). Der positive Skeptizismus des essayisierenden Ich-Erzählers führt ihn ohnedies zu der Annahme, dass »Betrug und Wirklichkeit« – trotz aller nuancierenden Zwischenstufen – womöglich zusammenfallen und »eins waren«. Wie auch immer, visuelle Phänomene spielen hier die Hauptrolle, das Sehen des gewöhnlich Unsichtbaren, die wechselnden Perspektiven auf das Medium und die vom Medium generierten Perspektivismen. Auffällig auch der Vergleich der Örtlichkeit des okkulten Geschehens mit der Künstlichkeit eines »photographischen Ateliers«, einem Ort, der, wie erwähnt, für den Selbstdarstellungsdrang Thomas Manns in jener Zeit gleichfalls an kritischer Bedeutung gewonnen hatte.

Was sagt der Text damit aus? Dass die Porträtaufnahme in gewisser Hinsicht mit dem Bild eines okkulten Phantomphänomens vergleichbar sei? Dass die Plausibilität, im Porträt den wahren Charakter abgebildet zu haben, nicht minder trügerisch sei als der Wahrheits- und Wirklichkeitsgehalt eines Phantombildes oder einer gestellten Atelieraufnahme?

Im ersten der drei dem Erzählessay vorausgehenden Berichte, offenbar unmittelbar nach dem Erlebnis okkulter Sitzungen entstanden, finden sich zwei Elemente vermerkt, die in der Erzählung deutlich abgeschwächt in Erscheinung treten: Einmal die »Rotdunkelheit«, gewissermaßen das Rotlichtmilieu, das den »Tracezustand des Mediums« fördert (15.1, 588), und sodann der Verweis auf das Erschütternde im Medium, das die plötzliche Verbindung von Organischem und Mystischem bewirkt habe, einem »Gebärakt« und einer Erektion gleich. Von »psycho-physischer Arbeit« (ebd.) ist hierbei im Bericht die Rede, in der Erzählung gewinnt man den Eindruck von einer regelrechten psychischen Abrichtung des Mediums durch den Veranstalter Schrenck-Notzing. Die sexuellen Konnotationen sind in der Erzählung auf ein den Trance-Zustand signalisierendes »Krampfzittern« reduziert. (15.1, 628)

Die Betonung der Versatilität und Variabilität (in) der medialen Erfahrung und seiner primär visuellen Komponenten liest sich wie ein Vorgriff auf unser pluralistisches Verständnis von Inter-Medialität, das übrigens bei Samuel Taylor Coleridge und dessen Begriff des »intermedium« seinen Ursprung hat. Für Coleridge bezeichnet das »intermedium« das allegorische Erzählen.[25] Und es wird auch im Hinblick auf Thomas Manns *Okkultes Erlebnis* zu fragen sein, inwiefern hier visuell-allegorische Intentionen beim Gestalten dieses Textes mitwirkten beziehungsweise erkennbar sind.

In der Essayerzählung erfahren wir im Gegensatz zu den drei Berichten, dass das Medium »unaufhörlich« nach Musik verlange, was offenbar Stimmungsbedürfnis und Produktionsbedingung sei, gleich ob sie durch eine Handhar-

---

[25] Vgl. dazu u.a.: Volker Roloff, Intermedialität als neues Forschungsparadiga der Allgemeinen Literaturwissenschaft. In: Carsten Zelle (Hrsg.), Allgemeine Literaturwissenschaft. Konturen und Profile des Pluralismus. Opladen: Westdeutscher Verlag 1999, S. 115–127; hier: S. 120.

monika erzeugt und vermittelt sei oder durch eine Spieldose, also durch betont primitive musikalische Medien. (15.1, 643) Hinzu kommt der Befund, dass während der Trance das Medium Willi S. sich in »zwei symbolische Personen« spalt, »eine männliche und eine weibliche«, Erwin und Minna mit Namen. (15.1, 628) Damit sind nun nicht nur die Versuchsanordnung und die atmosphärischen Voraussetzungen für okkultistische Hervorbringungen gegeben und benannt, sondern für künstlerische Produktion überhaupt. Übrigens gebot der Ernst der Sache offenbar dann doch, dass der begleitende Satiriker oder Karikaturist seine die ganze Situation ironisierende Funktion einbüßte und für den verbleibenden Großteil der essayistischen Erzählung verschwindet.

Bevor hier abschließend das Problem der ästhetischen Funktion von *Okkulte Erlebnisse* aufzuwerfen ist, steht die Antwort des Ich-Erzählers auf die Frage: »Was also habe ich denn nun gesehen?« in Rede. (15.1, 645) Er hatte sich immerhin »unbestochene Augen« zugeschrieben und damit einen unvoreingenommenen und unverfälschten Blick auf die für den bloßen Verstand ›unerhörten‹ Begebenheiten‹. Gesehen hatte dieses Ich das Paradoxe schlechthin, das in sich Widersprüchliche, letztlich mit der Ratio Unvereinbare. Somit *sah* es, dass es etwas neben der Ratio geben müsse, gleichberechtigt mit dieser, aber diametral anders geartet, ein Arsenal, ja Medium von Phänomenen, in dem sich zumeist die Kunst bedient als Ambiguität des Visuellen. Der Erzähler erläutert:

Das Wesen der geschilderten Erscheinungen bringt es mit sich, daß auch dem, der mit Augen sah, der Gedanke an Betrug, besonders nachträglich, sich immer wieder aufdrängt, und immer wieder wird er durch das Zeugnis der Sinne, durch die Besinnung auf seine ausgemachte Unmöglichkeit widerlegt und ausgeschaltet. (15.1, 646)

Das, was das Medium an »Erscheinungen« hervorgerufen hat, erweist sich als Gegenstand der sinnlichen Wahrnehmung; ihr »Zeugnis« ist notwendig mehrgestaltig und letztlich Ausgangspunkt für inter-mediales Gestalten in der heutigen Bedeutung des Wortes. Denn bei der Intermedialität und ästhetischen Hybridisierung handelt es sich, wie bekannt, primär um sinnlich begründete Funktionen mit einer entsprechenden Wirkungsweise. Wahrnehmungskritische Vernunfturteile tendieren dagegen eher zu kategorisierendem oder schematisierendem Vorgehen.

Um zu vermitteln, was der nicht länger von seinem Begleiter karikierte oder satirisierte Erzähler das Medium an Ungeheuerlichkeiten vermitteln sah, bemüht er sich nun um eine eigenständige Begriffsbildung, die ihnen gerecht werden sollen. Das Naheliegende formuliert er zuerst und bezeichnet das Gesehene als eine »okkulte Gaukelei des organischen Lebens« (15.1, 647), ein Etwas, wie gesagt, »zwischen Betrug und Wirklichkeit«. Eine alternative Bezeichnung zur »okkulten Gaukelei« bietet er auch an und spricht von – un-glücklich genug, wenn man an die spätere Verwendung des Begriffs im nazistischen Vokabular denkt: »untermenschlich-tiefverworrene Komplexe«, die »zugleich primitiv und kompliziert« seien. Im folgenden Abschnitt bedient er sich des »technischen Vokabulars« der Wissenschaft, spricht von »telekinetischen Phänomenen«, »okkulten Naturphänomenen der Materialisation« und von der »transitorischen Organisation von Energie außerhalb des medialen Organismus, der Exteriorisation.« Das sich selbst aufhebende Taschentuch, der erscheinende Armstumpf, das Schwingen der Tischglocke, das scheinbar ursachenlose Bedienen einer Schreibmaschine, sie gehen, so der erzählende Essayist, vom »exteriorisierten Medium selber« aus. Was nun folgt, gleicht einer Parodie wissenschaftlichen Erklärens mit pseudo-rationalen Sprachmitteln:

Ganz unbelehrterweise und auf eigene Hand habe ich mir die telekinetischen Vorgänge als magisch objektivierte Traumvorstellungen des Mediums gedeutet. Die gelehrte Literatur gibt mir recht, indem sie mit einer ehrfurchtgebietenden Häufung von Kunstausdrücken erklärt, die Idee des Phänomens, lebendig im somnambulen Unterbewußtsein, mit dem sich übrigens dasjenige der sonst Anwesenden vermische, werde mit Hilfe psychophysischer Energie »durch eine biopsychische Projektion ektoplastisch auf eine gewisse Entfernung hin umgesetzt und ausgeprägt, d. h. objektiviert«. (15.1, 650)

Der hier betriebene, parodistisch umgesetzte Begriffsaufwand ist beträchtlich; sein Erklärungswert jedoch begrenzt, wenn überhaupt vorhanden. Um so erstaunlicher der Abspann, der Schlussabschnitt, der mit einem emphatischen »Nein« einsetzt, eine Verneinung freilich, die eine Bejahung enthält – ganz im Sinne der Ambivalenzen dieser »okkulten Erlebnisse«. Zunächst verkündet der Ich-Erzähler, das Haus von Schrenk-Notzing nicht mehr aufzusuchen, denn: »Ich liebe das, was ich die sittliche Oberwelt nannte, ich liebe das menschliche Gedicht, den klaren und humanen Gedanken. Ich verabscheue die Hirnverrenkung und den geistigen Pfuhl.« (15.1, 651) Dann erfolgt die Abschwächung: Das eine oder andere Mal würde er sich doch noch mal zu Schrenck-Notzing begeben, um dann zu präzisieren: »zwei- oder dreimal, nicht öfter«. Er mochte dieses Okkulture eben doch noch einmal sehen, dabei einsehen, dass es zu nichts führe »und mir das Ganze für immerdar aus dem Sinne schlagen«. Die weitere Eingrenzung und der Selbstwiderspruch folgen auf dem Fuße: »Ich will auch nicht zwei- oder dreimal noch dorthin gehen, sondern nur einmal, nur noch ein einziges Mal, und dann nie wieder.« (15.1, 652) Man begreift an dieser Stelle, weshalb Thomas Mann Jahre später gerade diese Schrift im Zusammenhang mit der Mescalin-Verherrlichung durch Huxley in den Sinn kommen sollte, denn im Grund beschreibt sein Erzähler hier den Beginn einer Abhängigkeit. Die »okkulten Erlebnisse« haben das Zeug, zur Droge zu werden. Geschildert wird der scheiternde Versuch einer Entwöhnung. Er, der mit dem Begriff der Gaukelei glaubte, die mit eigenen Augen gesehenen okkulten Phänomene benannt und damit gebannt zu haben, gaukelt nun sich selbst etwas vor. Denn abschließend befindet er:

Ich will nichts weiter, als einmal noch das Taschentuch vor meinen Augen ins Rotlicht aufsteigen *sehen*. Das ist mir ins Blut gegangen, ich kann's nicht vergessen. Noch einmal möchte ich, gereckten Halses, die Magennerven angerührt von Absurdität, das Unmögliche sehen, das dennoch – geschieht. (15.1, 652)

Nach den letzten Zitaten fragt man mit dem Ich-Erzählessayisten weniger: »Was habe ich denn nun also gesehen?« Eher lautet die Frage: Hat er sich versehen – in der Bedeutung von ›falsch gesehen‹ und ›sich versehen‹ mit einer angemessenen Begrifflichkeit nämlich, um dieser Erfahrungen, dem eigentlichen Sehen und dem davon Abhängig-Werden, gerecht zu werden? Oder geht hier nicht doch vorrangig um die Anstrengung, einer regelrechten Suchtgefahr zu entkommen? Dieses »Noch-Einmal«, das sich der Erzähler zu verbieten sucht, es findet einen auch druckgrafisch exaltierten Höhepunkt im Schlusssatz, der trichterförmig oder – etwas gehobener – odenhaft das Problem auf die (umgekehrte, gleich negative) Spitze treibt.

Das ist mir ins Blut gegangen, ich kann's nicht vergessen. Noch
einmal möchte ich, gereckten Halses, die Magennerven angerührt von Absurdität,
das Unmögliche sehen, das
dennoch geschieht. (15.1, 652)

Mag auch das erzählende Berichten von diesen »okkulten Erlebnissen« mit der Wissenschaftssprache konkurrieren und diese parodierend vorführen, zuletzt überwiegt das Überwältigtsein von dieser Erfahrung. Der Trichtersatz bringt Physisches und Reflektierendes zusammen: Somatische Irritation (wenngleich auch keine eigentliche Übelkeit!), versuchte aufrechte Haltung angesichts der Schieflage des Rationalen, optisches Gewahrwerden des sich vollziehenden Widersinns.

Dieses »Noch-einmal-Versuchen-Wollen« oder es sich erfolglos Verbieten, es nimmt die Situation vorweg, in der sich der Erzähler in *Mario und der Zauberer* befindet, als er sich fragt, weshalb er diesem zweifelhaften Zauberei-Schauspiel, einer magischen »Demonstration der Willensentziehung und -aufnötigung« weiter zuschaut (VIII, 696), sich ihm und dieser »trunkenen Auflösung der kritischen Widerstände« gegen das Dargebotene (VIII, 700) wieder und wieder glaubt, aussetzen zu müssen. Beschrieben wird hierbei im Grunde eine Suchterfahrung, ein Süchtig-Werden nach dem so ganz Anderen, das man aber doch auch zur eigenen Verblüffung, wenn nicht gar Befremden als etwas wahrnimmt, das in einem Resonanz findet.

Psychophysik, Ideoplastik oder: Mediale Konstruktionen als poetologische Allegorese

Das Visuelle beim Wort nehmen – das bedeutet hier zuletzt zu fragen: Was haben wir verstanden, wenn wir begreifen, was es ist, das dieses Ich »denn nun gesehen« hat. Es dürfte einen besonderen Grund gehabt haben, dass Thomas Mann gerade diese abseitige bis abstruse Erfahrung mehrgestaltig aufarbeitete – eben in Form dreier Berichte und der späteren Essayerzählung – und dass er sie zuletzt noch in seine große geistige Bilanz, den Essayband *Altes und Neues* aufnahm. Es ist nämlich durchaus vorstellbar und sogar wahrscheinlich, dass ihm erst im Nachhinein – wenn überhaupt – bewusst wurde, wie enthüllend er den künstlerischen Arbeitsprozess durch die Beschreibung dieser dunklen Phänomene dargestellt hatte. Mit *Okkulte Erlebnisse* war ihm nämlich mehr als nur eine Luxusgabe für verblichene Operettendiven gelungen, eben nichts weniger als eine veritable poetologische Allegorese. Ihre Konturen und ihren Gehalt zu klären, das sei nun abschließend versucht.

Denn indem diese Texte den Grenzbereich von pararationalen Phänomenen und unverhofften Einflüssen verhandeln, thematisieren sie das Problem der Inspiration wie den Prozess des künstlerischen Schaffens selbst und gleichzeitig eine zeittypische gesellschaftliche Praxis, die den politischen Irrationalismus fahrlässig ideologisierte. Zwar ist das in *Okkulte Erlebnisse* geschilderte Medium keineswegs mit ›dem Künstler‹ gleichzusetzen, schon deswegen nicht, weil es während der geschilderten Vorgänge passiv bleibt. Seine ›Leistung‹ besteht im Anziehen psychophysikalischer Kräfte, die dann bestimmte optische Wirkungen zeitigen. Im künstlerischen Akt dagegen finden allseitige Aktivierungen diverser werkorientierter Potenziale statt. »Gaukelei«, »Trug« und »Zweideutigkeit« erweisen sich dabei als Formfunktionen. Das »Ideoplastische«, das in der Séance – durch das Medium vermittelt – buchstäblich figuriert, erweist sich im künstlerischen Schaffensprozess als gestaltete und damit ästhetisch wirksame ›zweite Wirklichkeit‹, eben jene des Kunstwerks.

Wenn sich das Taschentuch im Rotlicht wie von unsichtbarer Hand hebt oder einzelne Gliedmaßen ohne organischen Zusammenhang sichtbar werden, dann beschreibt Thomas Manns halb enthusiasmierter, halb skeptisierter Erzähler hier einen Vorgang, der im Kunstwerk die evokative Imaginativität bestimmter Bilder entspricht. Wenn im Kapitel »Erfüllung« in *Königliche Hoheit*, Thomas Manns anachronistischem »Lustspiel« oder Kunstspiel in Prosa,[26] der Erzähler zu berichten weiß: »Damals schwebte alles in der Luft, und niemand

---

[26] Brief an Kurt Martens v. 7. III. 1910. In: Thomas Mann, Briefe an Kurt Martens II; 1908–1935. Hrsg. v. Hans Wysling unter Mitwirkung von Thomas Sprecher. Frankfurt: Klostermann 1991, TM Jb 4 (1991), 185–260, hier: 190.

dachte etwas zu Ende« (4.1, 326), dann ist damit ein Zustand bezeichnet, der einem Vakuum gleicht, in dem sich Phantome *jeder* Art bilden können. Bei Thomas Mann kann sich dies auch in diskursiven Zusammenhängen zutragen. In den *Betrachtungen eines Unpolitischen* erinnert er (»Einkehr«) seine juvenile Lektüre von Schopenhauers »Zaubertrank« einer Metaphysik, deren »tiefstes Wesen Erotik« sei, *Die Welt als Wille und Vorstellung*, und das »tagelang hingestreckt auf ein sonderbar geformtes Langfauteuil oder Kanapee«. (13.1, 79) Wesentlich hierbei ist, dass »zwei Schritte von meinem Kanapee« das »anschwellende Manuskript« der *Buddenbrooks* lag, Zeugnis künstlerischer Produktion also, kein Phantom und schon gar kein von selbst aufsteigendes Taschentuch im Vakuum meta- oder paraphysischer Spekulation war, sondern das greifbare Bild von »Last, Würde, Heimat und Segen jenes seltsamen Jünglingsalters«. Das eine verschleift sich mit dem anderen, eine quasi-erotische Erfahrung für den Schriftsteller, nicht in der Scheinwelt des Rotlichts, aber verbunden mit der »geistigen Quelle der Tristan-Musik« Wagners. (13.1, 79)

Was hier Blüten treibt, aber keine solchen des Stils, ist die Imagination. Und was den Schaffensprozess angeht, so sind diverse Analogien zu Thomas Manns eigenem Verfahren unüberseh- und unüberhörbar. Da ist die den medialen Akt begleitende Präsenz der Musik, die Aufspaltung des Mediums in weibliche und männliche Komponenten, was von einer inhärenten Androgynität dieses Mediums, der Medien überhaupt und eben des Künstlers an sich zeugt. Auch dass der satirische Künstler und Karikaturist im Laufe der Erzählung verschwindet, deutet darauf hin, dass er in den essayistischen Erzähler eingegangen, ja in ihm aufgegangen ist, wobei offenbar das Satirische in ihm zum subtil Ironischen mutierte. Und genau diese Ironie kommt am Ende zum Vorschein, als der Erzähler, wie gesehen, mit sich verhandelt, ob überhaupt und wenn ja, wie oft er zum Ort des okkulten Geschehens zurückkehren soll. Doch dieses okkulte Erleben beschreibt demnach verdeckt eine durch und durch ästhetische, aber missbrauchsanfällige Erfahrung. Dazu gehört nicht minder, dass das dem Raum des Geschehens angegliederte Laboratorium, in dem das Okkulte wissenschaftlich verifiziert werden soll, einem photographischen Atelier gleicht, einem Ort eines zweifelhaften, in Verruf geratenen Kunstmediums also, mit dem Thomas Mann hinreichend in eigener Selbstdarstellungssache vertraut war. Denn sein Interesse am Porträt, ob gezeichnet, gemalt oder photographiert, machte für ihn auch aus seinem Selbst eine visuell-ästhetische Erfahrung. Was dieser aber beinhaltete, das gehört zu einer anderen Geschichte.

Abbildungsverzeichnis

Andreas Blödorn: Grundfragen der Literaturadaption.
Die Filmstills von *Der blaue Engel* (D 1930: Josef von Sternberg) wurden vom
Autor erzeugt und fallen unter das Zitatrecht.
S. 48: Filmszene aus: *Der Blaue Engel* (1930).
S. 48: Filmszene aus: *Der Blaue Engel* (1930).

Aglaia Kister: Kino als Totentanz. Thomas Manns Überblendung von mittelalterlichem Danse Macabre und modernem Film.
S. 51: Anton Wortmann (nach Bernt Notke): Lübecker Totentanz, 1701, ehemals St. Marien Lübeck (zerstört), Fotografie von Wilhelm Castelli.
© Fotoarchiv der Hansestadt Lübeck.
S. 61: Unbekannter Künstler: »Berlin, halt ein! Besinne dich. Dein Tänzer ist
der Tod.«, Berlin: Nauck & Hartmann 1919, Farbdruck auf Papier, 70 x 94
cm, Inv.Nr.: SM 2015-0601, Reproduktion: Oliver Ziebe, Berlin.
© Stiftung Stadtmuseum Berlin.

Stephanie Catani: Thomas Mann ... GONE WILD? Alexandre Jodorowskys
La Cravate (1957), Fernando Birris ORG (1979) und Katja Pratschkes/Gust-
záv Hámos *Fremdkörper/Transposed Bodies* (2001).
S. 104/105: FREMDKÖRPER / TRANSPOSED BODIES. Regie: Katja
Pratschke/Gusztáv Hámos. Deutschland 2002, online unter https://vimeo.
com/219869336 (26:24 min, hochgeladen von der Regisseurin, zuletzt abgerufen am 27.1.2020).

Karin Andert, Martina Medolago: Alle Kinder außer Moni und Jenö Lányi.
Worüber in der Familie Thomas Mann nicht gesprochen wurde.
S. 126: Vermählungsanzeige für Jenö und Monika Lányi. Privatbesitz: Mária
Lányi.
S. 127: Am Tag ihrer Vermählung, London, 2. März 1939. Foto: Privatbesitz
Mária Lányi.
S. 129: Telegramm Monika und Jenö Lányi, London 4. September 1940, kurz
vor ihrer Abreise nach Kanada. Dokumente: Privatbesitz Rolf Krauer.
S. 130: Monika Mann an Bertha Lányi, einige Monate nach dem Schiffsun-
tergang und dem Tod Jenö Lányis, ohne Angabe eines genauen Datums.
Privatbesitz: Rolf Krauer.

Katrin Bedenig: Thomas Mann und Dorothy Thompson

S. 142: Cover von: The Nation, Saturday, June 25, 1938, vol. 146, no. 26. Eine Ausgabe befindet sich in Thomas Manns Nachlassbibliothek unter der Signatur: Thomas Mann 50132.

S. 152: Dorothy Thompson überreicht Thomas Mann das »Book of Remembrance« in Begleitung von Katia Mann und Chancellor Harry Woodburn Chase. ETH-Bibliothek Zürich, Thomas-Mann-Archiv / Fotograf: George Grau, Pix. TMA_0482.

Jutta Linder: »Lese-Hygiene«. Zu einem Begriff aus Thomas Manns Dichterwerkstatt.

S. 180: Seite aus Sigmund Freuds *Totem und Tabu* mit Anstreichungen von Thomas Mann. TMA: Thomas Mann 4500:10.

S. 184: Rückseite eines Kalenderblatts der Deutschen Buch-Gemeinschaft von 1932. Auszug aus Carl Vogels Bericht *Die letzte Krankheit Goethes* nach Biedermann. Mit Anstreichungen von Thomas Mann. TMA: Mat. 5/26.

Siglenverzeichnis

[Band arabisch, Seite] Thomas Mann: Große kommentierte Frankfurter Ausgabe. Werke – Briefe – Tagebücher, hrsg. von Heinrich Detering, Eckhard Heftrich, Hermann Kurzke, Terence J. Reed, Thomas Sprecher, Hans Rudolf Vaget und Ruprecht Wimmer in Zusammenarbeit mit dem Thomas-Mann-Archiv der ETH Zürich, Frankfurt/Main: S. Fischer 2002 ff.

[Band römisch, Seite] Thomas Mann: Gesammelte Werke in dreizehn Bänden, 2. Aufl., Frankfurt/Main: S. Fischer 1974.

Br I–III Thomas Mann: Briefe 1889–1936, 1937–1947, 1948–1955 und Nachlese, hrsg. von Erika Mann, Frankfurt/Main: S. Fischer 1962–1965.

BrAM Thomas Mann – Agnes E. Meyer: Briefwechsel 1937–1955, hrsg. von Hans Rudolf Vaget, Frankfurt/Main: S. Fischer 1992.

BrB Thomas Mann an Ernst Bertram. Briefe aus den Jahren 1910–1955, hrsg. und mit einem Nachwort versehen von Inge Jens, Pfullingen: Neske 1960.

BrHM Thomas Mann – Heinrich Mann: Briefwechsel 1900-1949, hrsg. von Hans Wysling, 3., erweiterte Ausg., Frankfurt/Main: S. Fischer 1995 (= Fischer Taschenbücher, Bd. 12297).

BrKer Thomas Mann – Karl Kerény: Gespräch in Briefen, hrsg. von Karl Kerény, Zürich: Rhein 1960.

DüD I–III Dichter über ihre Dichtungen, Bd. 14/I–III: Thomas Mann, hrsg. von Hans Wysling unter Mitwirkung von Marianne Fischer, München: Heimeran; Frankfurt/Main: S. Fischer 1975–1981.

Ess I–VI	Thomas Mann: Essays, Bd. 1–6, hrsg. von Hermann Kurzke und Stephan Stachorski, Frankfurt/Main: S. Fischer 1993–1997.
Reg I–V	Die Briefe Thomas Manns. Regesten und Register, Bd. 1–5, hrsg. von Hans Bürgin und Hans-Otto Mayer, Frankfurt/Main: S. Fischer 1976–1987.
Tb, [Datum]	Thomas Mann: Tagebücher. 1918–1921, 1933–1934, 1935–1936, 1937–1939, 1940–1943, hrsg. von Peter de Mendelssohn, 1944–1.4.1946, 28.5.1946–31.12.1948, 1949–1950, 1951–1952, 1953–1955, hrsg. von Inge Jens, Frankfurt/Main: S. Fischer 1977–1995.
TMA	Thomas-Mann-Archiv der ETH-Bibliothek Zürich.
TM Hb (2005)	Thomas-Mann-Handbuch, 3. aktualisierte Aufl., hrsg. von Helmut Koopmann, Frankfurt/Main: S. Fischer 2005 (= Fischer Taschenbücher, Bd. 16610).
TM Hb (2015)	Thomas-Mann-Handbuch, hrsg. von Andreas Blödorn und Friedhelm Marx, Stuttgart: J. B. Metzler 2015.
TM Jb [Band]	Thomas Mann Jahrbuch 1 (1988) ff., begründet von Eckhard Heftrich und Hans Wysling, hrsg. von Katrin Bedenig und Hans Wißkirchen (ab 2014), Frankfurt/Main: Klostermann.
TMS [Band]	Thomas-Mann-Studien 1 (1967) ff., hrsg. von Thomas-Mann-Archiv der ETH Zürich, Bern/München: Francke, ab 9 (1991) Frankfurt/Main: Klostermann.

Thomas Mann: Werkregister

Kursive Seitenzahlen verweisen auf die Anmerkungen.

Personenregister

Kursive Seitenzahlen verweisen auf die Anmerkungen.

Die Autorinnen und Autoren

Karin Andert, Zugspitzenstrasse 36, 82327 Tutzing
karin.andert@gmx.net

Dr. Katrin Bedenig, Thomas-Mann-Archiv der ETH Zürich, Campus Hönggerberg, Gebäude HCP/G-21.3, Leopold-Ruzicka-Weg 4, CH-8093 Zürich
katrin.bedenig@library.ethz.ch

Prof. Dr. Andreas Blödorn, Westfälische Wilhelms-Universität, Germanistisches Institut, Schlossplatz 34, 48143 Münster
andreas.bloedorn@uni-muenster.de

Prof. Dr. Stephanie Catani, Universität des Saarlandes, Philosophische Fakultät, Fachrichtung Germanistik, Gebäude A2 2, 66123 Saarbrücken
stephanie.catani@uni-saarland.de

Prof. Dr. Yahya Elsaghe, Universität Bern, Institut für Germanistik, Länggassstrasse 49, CH-3012 Bern
elsaghe@germ.unibe.ch

Prof. Dr. Rüdiger Görner, Queen Mary University of London, Mile End Road/ Arts One Building, London E1 4NS/England, Great Britain
r.goerner@qmul.ac.uk

Dr. Michael Grisko, Gotthardtstraße 3, 99084 Erfurt
Michael.Grisko@gmx.de

Aglaia Kister, Kastanienweg 10, 72076 Tübingen
aglaia.kister@uni-tuebingen.de

Prof. Dr. Jutta Linder, Università degli Studi di Messina, Dipartimento di Civiltà Antiche e Moderne, Polo Universitario dell'Annunziata, Santissima Annunziata, Via A. Giuffre, I-98168 Messina
jlinder@unime.it

Martina Medolago, Andrássy Universität Budapest, Pollack Mihály tér 3, HU-1088 Budapest
martina.medolago@andrassyuni.hu

Martina Schönbächler, ETH Zürich, Departement Geistes-, Sozial- und Staatswissenschaften, Professur für Literatur- und Kulturwissenschaft, RZ H, Clausiusstrasse 59, CH-8092 Zürich
martina.schoenbaechler@lit.gess.ethz.ch

Claudio Steiger, Buddenbrookhaus – Heinrich-und-Thomas-Mann-Zentrum, Mengstraße 4, 23552 Lübeck
Claudio.Steiger@luebeck.de

Auswahlbibliografie 2018–2019

zusammengestellt von Gabi Hollender

Primärliteratur

Kolb, Annette: »Ich hätte dir noch so viel zu erzählen«: Briefe an Schriftstel-
lerinnen und Schriftsteller, herausgegeben von Cornelia Michél und Albert
M. Debrunner, Frankfurt/Main: S. Fischer 2019, 318 S.

Mann, Thomas und Diebold, Bernhard: Dichter und Kritiker: Thomas Mann
– Bernhard Diebold, herausgegeben von Dirk Heißerer, Berlin: Akademie
der Künste 2019 (= Archiv-Blätter, Bd. 25), 214 S.

Mann, Thomas: Goethe, herausgegeben von Yahya Elsaghe und Hanspeter
Affolter, Frankfurt/Main: S. Fischer Taschenbuch 2019, 539 S.

Pringsheim-Dohm, Hedwig: Tagebücher, herausgegeben und kommentiert von
Cristina Herbst, Göttingen: Wallstein 2018, Bd. 7: 1923–1928, 714 S.

Sekundärliteratur

Aeberhard, Simon: Die doppelte Medialität der Erzählszene: Mündlichkeit und
Schriftlichkeit in »Doktor Faustus«, in: Reidy, Mann_lichkeiten, S. 337–357.

Albracht, Miriam und Ritzen, Philipp: »... ein Erbe! Ein Stammhalter! Ein
Buddenbrook!«: von der Problematik geschlechterspezifischer Zuschreibun-
gen: Hanno Buddenbrook gendertheoretisch gelesen, in: Reidy, Mann_lich-
keiten, S. 65–78.

Assmann, Jan: Thomas Mann und Ägypten: Mythos und Monotheismus in
den Josephsromanen, München: C.H. Beck 2018, 256 S.

Bartl, Andrea und Bergmann, Franziska: »Allerlei außer Gebrauch befindliche
und eben darum fesselnde Gegenstände«: Dingwelten bei Thomas Mann, in:
Bartl, Dinge im Werk Thomas Manns, S. 1–8.

Bartl, Andrea und Bergmann, Franziska (Hrsg.): Dinge im Werk Thomas
Manns, Paderborn: Wilhelm Fink 2019 (= Inter|media, Bd. 11), 328 S.

Bartl, Andrea: Sammeln, Verkaufen, Begehren: Dinge und ihre Funktionen
im Frühwerk Heinrich und Thomas Manns, erläutert am Beispiel von »Die
Gemme« und »Gladius dei«, in: Reidy, Mann_lichkeiten, S. 283–296.

Bartl, Andrea: Zwischen Sfumato und Weichzeichner: Dinge, Blicke und eine
Poetik des Verschwommenen in Thomas Manns »Der Kleiderschrank« (mit

einem Seitenblick auf Michael Blumes filmische Adaption »Heiligendamm«), in: Bartl, Dinge im Werk Thomas Manns, S. 31–54.

Bauer, Matthias: Distinktion – Narration – Mediation: »Joseph und seine Brüder« als Bildungsroman einer Idee – der Idee der Solidarität, in: Bauer, Zwischen Mythos und Moderne, S. 219–232.

Bauer, Matthias: Einleitung: Zwischen Mythos und Moderne, in: Bauer, Zwischen Mythos und Moderne, S. 13–94.

Bauer, Matthias und Kasper, Nils (Hrsg.): Zwischen Mythos und Moderne: Thomas Manns »Josephs«-Tetralogie, Bielefeld: Aisthesis 2019 (= Philologie und Kulturgeschichte, Bd. 9), 236 S.

Bedenig, Katrin: Formen kultureller Repräsentation Thomas Manns in der Schweiz, in: Reidy, Mann_lichkeiten, S. 177–193.

Benedict, Hans-Jürgen: Erzählte Klänge: Musikbeschreibung in der deutschen Literatur, Berlin: EBVerlag 2018, 270 S.

Benedict, Hans-Jürgen: »Fülle des Wohllauts«: Musikhören in Thomas Manns »Zauberberg« [und] Karl Valentin, »Im Schallplattenladen«, in: Benedict, Erzählte Klänge, S. 132–138.

Benedict, Hans-Jürgen: Neue Musik und rauschende Töne: von Goethes »Faust« zur mit Hilfe Adornos erzählten neuen Musik in Thomas Manns »Doktor Faustus«, in: Benedict, Erzählte Klänge, S. 105–125.

Benedict, Hans-Jürgen: Der Opernbesuch als Gesellschaftssatire: Thomas Mann, »Wälsungenblut«; »Tristan« [und] Heinrich Mann, »Der Untertan«, in: Benedict, Erzählte Klänge, S. 139–150.

Birnstiel, Klaus: Herrn Friedemanns behindertes Begehren: Anthropologie, männlicher Körper und Sexualität in Thomas Manns Durchbruchserzählung, in: Reidy, Mann_lichkeiten, S. 45–64.

Blöcker, Karsten: König Aviodua statt Prinz Karl: neues von Thomas Mann: ein Brief an M. Mejer und ein unbekanntes Jugendfoto, in: Der Wagen: Lübecker Beiträge zur Kultur und Gesellschaft, 2018, S. 131–145.

Bock, Matthias: Trugbilder: Tadzios unsterbliches Körperideal: Thomas Mann: »Der Tod in Venedig« (1912), in: Bock, Matthias: Figurationen des Augenblicks: zur Ästhetik fetischistischer Anschauung in Literatur und Psychoanalyse, Freiburg i. Br.: Rombach 2018 (= Rombach Wissenschaften, Reihe Litterae, Bd. 234), S. 195–223.

Boucher, Geoff: Adorno and the magic square: Schönberg and Stravinsky in Mann's »Doctor Faustus«, in: Khandizaji, Amirhosein (Hrsg.): Reading Adorno: the endless Road, Basingstoke: Palgrave Macmillan 2019, S. 183–211.

Börnchen, Stefan: »Lustige Imitation von Tieren, Musikinstrumenten und Professoren«: zu Thomas Manns Poetik von Ding und Kreatur, in: Bartl, Dinge im Werk Thomas Manns, S. 235–264.

Boes, Tobias: Thomas Mann's war: literature, politics, and the world republic of letters, Ithaca: Cornell University Press 2019, 354 S.

Brück, Michael von: »Wie hältst Du es mit der Religion?«: Thomas Manns Roman »Doktor Faustus«: Modelle von Religion und Ästhetik als Spiegelung politischen »Schicksals«, in: Weiss, Elisabeth (Hrsg.): Faust und die Wissenschaften: aktuelle Zugänge und Perspektiven in wissenschaftlicher Vielfalt, Würzburg: Königshausen & Neumann 2019 (= Film – Medium – Diskurs, Bd. 104), S. 121–146.

Brütting, Richard: Thomas Mann zwischen deutschem Genius und Bekenntnis zu Europa, in: Brütting, Richard: Interkulturelles Mosaik Europa: Essays zu Deutschland, Frankreich und Italien, Berlin: Frank & Timme 2019 (= Kulturen – Kommunikation – Kontakte, Bd. 28), S. 23–39.

Calabrese, Claudio César: Memoria y prefiguración del exilio en Miguel de Cervantes y en Thomas Mann = Memory and prefiguration of the exile in Miguel de Cervantes and in Thomas Mann, in: Hipogrifo: revista de estudios sobre el siglo de oro, Jg. 6, H. 1, 2018, S. 523–534.

Conte, Domenico: Viandante nel Novecento: Thomas Mann e la storia, Roma: Edizioni di storia e letteratura 2019 (= Storia e letteratura, Bd. 307), 508 S.

Detering, Heinrich: Frido Mann, der Schriftsteller – lebenslang Enkel, in: Leutheusser, Julia Mann und ihre Kinder, S. 172–186.

Duhamel, Roland: Schönheit und das Böse: Mörike – Th. Mann, in: Duhamel, Roland: Reflexionen: Kunst im Spiegel der Literatur, Würzburg: Könighausen & Neumann 2018, S. 78–97.

Eickhölter, Manfred: Nähe und Distanz – Heinrich Mann und seine Mutter Julia, in: Leutheusser, Julia Mann und ihre Kinder, S. 40–67.

Elsaghe, Yahya: Herrenzimmer versus Frauen-Zimmer: Felix Krulls Schaufensterstudium und das Schmuckkästchen der Diane Houpflé, in: Bartl, Dinge im Werk Thomas Manns, S. 283–306.

Elsaghe, Yahya: A map of misreading: Rasse und Klasse in der Thomas Mann-Rezeption, in: Reidy, Mann_lichkeiten, S. 29–43.

Elsaghe, Yahya: Thomas Mann auf Leinwand und Bildschirm: zur deutschen Aneignung seines Erzählwerks in der langen Nachkriegszeit, Berlin: De Gruyter 2019, 525 S.

Elsaghe, Yahya: Die »vertauschten Köpfe« und Thomas Manns politische Bachofen-Rezeption, in: Boss, Ulrich und Elsaghe, Yahya (Hrsg.): Matriarchatsfiktionen: Johann Jakob Bachofen und die deutsche Literatur des 20. Jahrhunderts, Basel: Schwabe 2018 (= Schwabe interdisziplinär, Bd. 11), S. 221–245.

Erdmann, Paul: Der »Protest der Richard-Wagner-Stadt München« gegen Thomas Mann – von rotarischen Freunden angezettelt?, in: Erdmann, Paul: Rotarier unterm Hakenkreuz: Anpassung und Widerstand in Stuttgart und München, Leipzig: Salier 2018, S. 438–682.

Eşian, Delia: Autor, Text und Kontext in Thomas Manns Roman »Joseph und seine Brüder«, in: Baltes-Löhr, Christel (Hrsg.): Auswanderung und Identität: Erfahrungen von Exil, Flucht und Migration in der deutschsprachigen Literatur, Bielefeld: Transcript 2019 (= Lettre), S. 149–159.

Etaryan, Yelena: Formen literarischer Selbstreflexion bei Thomas Mann und Günter Grass, Würzburg: Königshausen & Neumann 2019, 334 Seiten.

Famula, Marta: »... ein gewisses Verhältnis zum Leben«: die lebensweltliche Bedeutung der Schinkensemmel im Erzählwerk Thomas Manns, in: Bartl, Dinge im Werk Thomas Manns, S. 55–73.

Fisch, Michael: »Durch die Jahrtausende tief hinab versetzt wandert man hier in anderem Lichte auf dem Grund des Vergangenen«: Thomas Manns Reisen von Alexandria über Kairo nach Luxor im März 1925 und im Februar 1930, in: Fisch, Michael: »Ich gehe dazu über, ausführlich über Ägypten zu berichten«: Ägypten in der deutschen Reiseliteratur (1899–1999), Berlin: Weidler Buchverlag 2019 (= Beiträge zur transkulturellen Wissenschaft, Bd. 8), S. 51–71.

Forrester, Eva: Mythisches Erzählen bei Hermann Hesse und Thomas Mann: literarische und philosophische Analysen zu Mythos und Rationalität, Berlin: De Gruyter 2019 (= Hermaea, Neue Folge, Bd. 150), 458 S.

Gerigk, Anja: Stationen epischer Heiterkeit: Jean Paul – Raabe – Thomas Mann, in: Le Moël, Sylvie (Hrsg.): Theoretische und fiktionale Glückskonzepte im deutschen Sprachraum (17. bis 21. Jahrhundert), Berlin: Frank & Timme 2019 (= Literaturwissenschaft, Bd. 81), S. 83–100.

Gertzen, Thomas L.: Wilhelm Leeser Spiegelberg (1870–1930): the egyptologist behind Thomas Mann's »Joseph and his brothers«, Vaterstetten: Verlag Patrick Brose 2018, 82 S.

Grötler, Annette: Pikturales Erzählen: Thomas Mann und die bildende Kunst, Heidelberg: Universitätsverlag Winter 2019 (= Beiträge zur neueren Literaturgeschichte, Folge 3, Bd. 404), 335 S.

Gundlach, Horst: Thomas Mann und Rudolf Ibel: ein Widerstreit um den politischen Diskurs Deutschlands, Heidelberg: Universitätsverlag Winter 2019 (= Beiträge zur neueren Literaturgeschichte, Folge 3, Bd. 402), 413 S.

Haase, Horst: Die Bedeutung des Sozialismus für Thomas Manns »Versuch über Tschechow«, in: Haase, Horst: Entwürfe, Fragmente, späte Texte: zur Literatur im 20. Jahrhundert, Gransee: Edition Schwarzdruck 2019 (= Erkundungen, Entwürfe, Erfahrungen, Bd. 21), S. 134–149.

Hage, Volker: Nicht Erfindung, sondern Beseelung: Thomas Mann, in: Hage, Volker: Schriftstellerporträts, Göttingen: Wallstein 2019, S. 13–39.

Hamacher, Bernd: Hat sich der Vorhang »zu einem sehr neuen Stück« gehoben?: zum Innovationsanspruch der jüngsten Thomas-Mann-Forschung, in: Reidy, Mann_lichkeiten, S. 13–27.

Heißerer, Dirk: Freitod aus »Liebeskummer«?: Julia Löhr – Skizze zu einem Porträt, in: Leutheusser, Julia Mann und ihre Kinder, S. 100–121.

Heißerer, Dirk: »Die Situation ist neu und reizvoll«: Thomas Mann im Tonfilm (1929), in: Ackermann, Gregor (Hrsg.): Eine gefährliche Strasse: mediale Produktionen, Revolutionen und Diskussionen im frühen 20. Jahrhundert, Bielefeld: Aisthesis 2019 (= Juni: Magazin für Literatur und Politik, Bd. 55/56), S. 11–31.

Hergheligiu, Raluca: Tempus multiformum: literarische Inszenierungen der Zeit bei Thomas Mann und Marcel Proust, Konstanz: Hartung-Gorre 2018, 256 S.

Hermand, Jost: »Die große Kontroverse«: der Exilant Thomas Mann und die sich als die »besseren Deutschen« aufspielenden Vertreter der Inneren Emigration, in: Hermand, Jost: Unbewältigte Vergangenheit: Auswirkungen des Kalten Kriegs auf die Literatur der frühen Bundesrepublik, Wien: Böhlau 2019, S. 91–112.

Hermann, Iris: »Die Ordnung der Dinge« in Thomas Manns Roman »Doktor Faustus«, in: Bartl, Dinge im Werk Thomas Manns, S. 265–282.

Hertel, Christiane: Ancestry: critical gathering in Thomas Mann's »Lotte in Weimar«, in: Hertel, Christiane: Siting China in Germany: eighteenth-century chinoiserie and its modern legacy, University Park, Pennsylvania: Pennsylvania State University Press 2019, S. 133–182.

Honold, Alexander: Das Fest der Erzählung: Kalenderpoetik in Thomas Manns »Josephs-Romanen«, in: Boutin, Stéphane (Hrsg.): Fest/Schrift: für Barbara Naumann, Bielefeld: Aisthesis 2019, S. 141–146.

Honold, Alexander: Eine Grammatik des Mondes?: astrokalendarische Motive und figurale Zeitordnung in der »Josephs«-Tetralogie, in: Bauer, Zwischen Mythos und Moderne, S. 119–148.

Honold, Alexander: Über Nacht ein Kamerad geworden: der Vorkrieg auf dem »Zauberberg«, in: Reidy, Mann_lichkeiten, S. 219–235.

Jaccard, Rémi und Sippel, Philip (Hrsg.): Thomas Mann in Amerika, 24.10.19–19.1.20, Zürich: Katalog der Ausstellung in Kooperation mit dem Thomas-Mann-Archiv der ETH Zürich (TMA) und dem Deutschen Literaturarchiv Marbach (DLA), Zürich: Strauhof 2019, 144 S.

Jasper, Willi: Carla Mann – ein tragisches Leben im Schatten der Brüder, in: Leutheusser, Julia Mann und ihre Kinder, S. 122–141.

Kappeler, Florian: Wissen und Mann werden: Biologie und Geschlecht in Thomas Manns »Zauberberg«, in: Reidy, Mann_lichkeiten, S. 159–176.

Keul, Wolfgang: »Johann Wolfgang von Mann«: Thomas Mann auf Goethes Spuren: »Lotte in Weimar«, in: Keul, Wolfgang: Von Wetzlar nach Weimar oder Von der Entgrenzung zum Allgemein-Gültigen: Annäherungen an Goethe, Hanau: Haag + Herchen 2018, S. 173–209.

Kinderman, William: The motif of the gaze (Blick) in Thomas Mann's »Der Tod in Venedig« and Wagner's »Tristan und Isolde«, in: German studies review, Jg. 41, H. 2, 2018, S. 315–333.

Klein, Moritz: Herr und Hund im Weltgarten: Thomas Manns »Idyll« zwischen Naturautonomie und Menschenherrschaft, in: Dürbeck, Gabriele (Hrsg.): Repräsentationsweisen des Anthropozän in Literatur und Medien, Berlin: Peter Lang 2019 (= Studies in literature, culture, and the environment, Bd. 5), S. 67–84.

Koopmann, Helmut: Thomas Manns und Heinrich Manns Friedrich-Pläne: Werk-Gemeinsamkeiten: es ging fast nichts ohne den Anderen, in: Bartl, Andrea (Hrsg.): Verhinderte Meisterwerke: gescheiterte Projekte in Literatur und Film, Paderborn: Wilhelm Fink 2019 (= Inter|media, Bd. 10), S. 209–228.

Koopmann, Helmut: »Was Kleider alles verraten … «: ein Spaziergang durch Thomas Manns Garderobewelten, in: Bartl, Dinge im Werk Thomas Manns, S. 307–322.

Kugler, Stefani: »Dominus providebit«: Repräsentationen von Familie in Thomas Manns »Buddenbrooks«, in: Reidy, Mann_lichkeiten, S. 79–102.

Lehnert, Herbert und Wessell, Eva: Thomas Mann, London: Reaktion Books 2019 (= Critical lives), 175 S.

Leutheusser, Ulrike (Hrsg.): Julia Mann und ihre Kinder: Heinrich, Thomas, Julia, Carla, Viktor, München: Allitera 2019, 206 S.

Leutheusser, Ulrike: Viktor Mann, der Jüngste – Landwirt und Agrarexperte im Bankfach, in: Leutheusser, Julia Mann und ihre Kinder, S. 142–171.

Liebrand, Claudia: Belebte Dinge: Thomas Manns »Zauberberg«, in: Bartl, Dinge im Werk Thomas Manns, S. 153–168.

Lipinski, Birte: Wie die Dinge Geschichten erzählen: das Exponat, die Biographie und die Literatur im neuen Buddenbrookhaus, in: Bartl, Dinge im Werk Thomas Manns, S. 9–29.

Mann, Frido und Strauss, Dieter: »Das Weiße Haus des Exils« – Gespräch zwischen Frido Mann und Dieter Strauss am 28. August 2018, in: Leutheusser, Julia Mann und ihre Kinder, S. 188–197.

Martin, Ariane: Temperatur des Begehrens: 37,6 Grad Celsius: das Thermometer in Thomas Manns Roman »Der Zauberberg«, in: Bartl, Dinge im Werk Thomas Manns, S. 169–186.

Matic, Vikica: Die Humanisierung des Mythos in Thomas Manns Tetralogie »Joseph und seine Brüder«, in: Bauer, Zwischen Mythos und Moderne, S. 95–118.

Mattern, Nicole: Hotel Heterotopia?: Raum- und Tauschkonstruktionen in Thomas Manns »Der Tod in Venedig« (1912), »Lotte in Weimar« (1939) und »Bekenntnisse des Hochstaplers Felix Krull« (1954), Trier: Wissenschaftlicher Verlag Trier 2018 (= Koblenz-Landauer Studien zu Geistes-, Kultur- und Bildungswissenschaften, Bd. 22), 170 S.

Mehring, Reinhard: Thomas Manns philosophische Dichtung: vom Grund und Zweck seines Projekts, Freiburg: Verlag Karl Alber 2019, 269 S.

Mohi-von Känel, Sarah: Körper, Kämpfen und Erzählen: Thomas Manns Entwürfe des Schriftstellers als Kamerad im Ersten Weltkrieg, in: Reidy, Mann_lichkeiten, S. 195–218.

Moritz, Rainer: Ein Apfel von diesem Baum: Thomas Mann und Lübeck, in: Moritz, Rainer: Zum See ging man zu Fuß – wo die Dichter wohnen: Spaziergänge von Lübeck bis Zürich, München: Knesebeck 2019, S. 24–39.

Nieradka, Magali Laure: Exil unter Palmen: deutsche Emigranten in Sanary-sur-Mer, Darmstadt: Theiss 2018, 272 S.

Patrut, Iulia-Karin: Ähnlichkeitsrelationen in Thomas Manns »Joseph und seine Brüder«: Menschheits-Erzählungen und Anerkennung, in: Bauer, Zwischen Mythos und Moderne, S. 183–218.

Plews, John L.: The culture of faces: reading physiognomical relations in Thomas Mann's »Der Tod in Venedig«, in: Dawson, Leanne (Hrsg.): Queering German culture, Rochester, NY: Camden House 2018 (= Edinburgh German yearbook, Bd. 10), S. 111–152.

Pohlmeyer, Markus: Ambiguität und Ambiguitätstoleranz: wer deutet Pharaos Traum?, in: Bauer, Zwischen Mythos und Moderne, S. 175–182.

Reidy, Julian: Barbaren im entzeitlichten Raum: zur porösen (Raum-) Semantik eines »Feindbegriffs« im »Zauberberg«, in: Reidy, Mann_lichkeiten, S. 237–254.

Reidy, Julian und Totzke, Ariane (Hrsg.): Mann_lichkeiten: kulturelle Repräsentationen und Wissensformen in Texten Thomas Manns, Würzburg: Königshausen & Neumann 2019 (= Konnex, Bd. 28), 357 S.

Reidy, Julian: »Völker hinter gefriedeten Grenzen«: die brüchige Semantik des Raumes und der Grenze in den »Betrachtungen eines Unpolitischen«, in: Bartl, Dinge im Werk Thomas Manns, S. 139–152.

Ritter, Nils C.: Semantik der kleinen Dinge: Siegelringe bei Thomas Mann: eine Bestandsaufnahme von den »Buddenbrooks« bis zum »Zauberberg«, in: Reidy, Mann_lichkeiten, S. 297–321.

Schega, Gabriele: »Fokalisierung« und »Stimme« im Erzählsystem Gérard Genettes: Kritik und Modellanalyse anhand von Thomas Manns »Felix Krull«, Berlin: Frank & Timme 2019 (= Literaturwissenschaft, Bd. 79), 355 S.

Schönbächler, Martina: Gerda in Ägypten: Überlegungen zur Wandlung einer Figurenkonstellation im dritten Band von Thomas Manns »Josephs«-Tetralogie, in: Bauer, Zwischen Mythos und Moderne, S. 149–173.

Schoenberg, E. Randol (Hrsg.): The »Doctor Faustus« dossier: Arnold Schoenberg, Thomas Mann, and their contemporaries, 1930–1951, Oakland, California: University of California Press 2018 (= California studies in 20th-century music, Bd. 22), 349 S.

Shi, Lingzi: Nervenliteratur und nervöse Gesellschaft – Krankheitsdiskurse in Thomas Manns früher Prosa, Hamburg: Dr. Kovač 2019 (= Schriftenreihe Poetica, Bd. 159), 178 S.

Soethe, Paulo: Von Weibern von Weither, Falterschönheit, Edelsteinen: Thomas Manns brasilianisches Mutterland, in: Leutheusser, Julia Mann und ihre Kinder, S. 68–99.

Sonntag, Julius: Ein Sonntagskind – Betrachtungen eines Auserwählten: »Zufall gibt es nicht in der Einheit eines irgend bedeutenden Lebens«, in: Der Wagen: Lübecker Beiträge zur Kultur und Gesellschaft, 2018, S. 109–121.

Steiger, Claudio: Das innere Bild einer Epoche: »Der Zauberberg« als fotografischer Zeitroman, in: Reidy, Mann_lichkeiten, S. 255–281.

Steiger, Claudio: »Luftstreich der Peitsche«: Symbolik, Performanz und Historizität des Dings in Thomas Manns »Mario und der Zauberer«, in: Bartl, Dinge im Werk Thomas Manns, S. 187–216.

Strauss, Dieter: Julia Mann – »Du bist eben eine Brasilianerin!«, in: Leutheusser, Julia Mann und ihre Kinder, S. 10–39.

Stübe, Raphael: Die Unzeitgemäßen: Strategien im Umgang mit Modetendenzen bei Hugo von Hofmannsthal und Thomas Mann – am Beispiel der Neoromantik, in: Zeitschrift für Literaturwissenschaft und Linguistik, Jg. 49, H. 4, 2019, S. 601–619.

Stürmer, Franziska: Schaubilder: Identität, Alterität und eine »Poetik des Blicks« in Thomas Manns »Die vertauschten Köpfe«, in: Reidy, Mann_lichkeiten, S. 103–115.

Światłowski, Zbigniew: Thomas Mann, in: Światłowski, Zbigniew: Lese- und Lebenserfahrungen mit der deutschsprachigen Literatur 1890–1945, Hamburg: Dr. Kovač 2019 (= Studien zur Germanistik, Bd. 72), S. 184–212.

Taie, Yvonne al-: Die rosa Bande zwischen Wahlheim und Weimar: die Schleife als metaleptisches Motiv in Thomas Manns »Lotte in Weimar«, in: Bartl, Dinge im Werk Thomas Manns, S. 217–234.

Thiel, Franziska: Der zweite Weltkrieg: Thomas Manns »Doktor Faustus. Das Leben des deutschen Tonsetzers Adrian Leverkühn, erzählt von einem Freunde«, in: Thiel, Franziska: »Der wahre Weltuntergang ist die Vernichtung des Geistes«: apokalyptisches Schreiben im Kontext der beiden Weltkriege, Berlin: Erich Schmidt 2019 (= Allgemeine Literaturwissenschaft – Wuppertaler Schriften, Bd. 22), S. 251–308.

Totzke, Ariane: Weibliche Unproduktivität erzählen: Georg Simmels Geschlechtersoziologie und Thomas Manns Misogynie am Beispiel von »Tristan« und »Der Zauberberg«, in: Reidy, Mann_lichkeiten, S. 117–134.

Trincia, Francesco Saverio: Umanesimo europeo: Sigmund Freud e Thomas Mann, Brescia: Scholé 2019 (= Saggi, Bd. 106), 356 S.

Wacker, Gabriela: Gemälde und Götzen: Thomas Manns Dachstubeninterieur und Bilderkult in »Beim Propheten«, in: Bartl, Dinge im Werk Thomas Manns, S. 75–99.

Werner, Meike: How far away was L.A.? Thomas Mann in Pacific Palisades 1942/43: Rede zur Eröffnung der Ausstellung »Thomas Mann in Amerika« am 22. November 2018, in: Jahrbuch der Deutschen Schillergesellschaft, Bd. 63, 2019, S. 463–472.

Wortmann, Thomas: Statussymbole: Maschinen, Tiere, Texte – und Thomas Manns »Eisenbahnunglück« (1909), in: Bartl, Dinge im Werk Thomas Manns, S. 101–120.

Zakhai, Avihu: Apocalypse and eschatology in Thomas Mann's »Doctor Faustus«: the »secret union of the German spirit with the demonic«, in: Zakhai, Avihu: The pen confronts the sword: exiled German scholars challenge Nazism, Albany: SUNY Press 2018, S. 23–82.

Zeller, Regine: Von Mitleid, Abscheu und Verachtung: einige Anmerkungen zur Emotionslenkung in Thomas Manns Erzählung »Tobias Mindernickel«, in: Reidy, Mann_lichkeiten, 323–335.

Zilles, Sebastian: »O alte Burschenherrlichkeit«: die Studentenverbindungen in den Romanen »Der Untertan« und »Doktor Faustus«, in: Reidy, Mann_lichkeiten, S. 135–157.

Zilles, Sebastian: Von Purpurmänteln, Stürmern und Uniformen: »gendered objects« in Thomas Manns Roman »Königliche Hoheit« (1909), in: Bartl, Dinge im Werk Thomas Manns, S. 121–138.

Mitteilungen der Deutschen Thomas Mann-Gesellschaft
Sitz Lübeck e.V. für 2019/20

Die Herbsttagung »Die Brüder Mann und der Film« vom 20. bis 22.9.2019
widmete sich dem Verhältnis Thomas und Heinrich Manns zum Kino und
dem filmischen Nachleben ihres Werks. Die sieben Vorträge sind in diesem
Band versammelt. Ein besonderer Tagesordnungspunkt war die Verleihung
des Förderpreises der Deutschen Thomas Mann-Gesellschaft. Ausgezeichnet
wurde Aglaia Kister (Universität Tübingen) für ihre Masterarbeit »Aus dem
Selben und Gleichen das immer Neue.‹ Wiederholung und Differenz in Thomas Manns Josephsroman«. Die Laudatio hielt Dr. Regine Zeller (Universität
Mannheim). Eine besondere Erwähnung ging an Nicole M. Mueller (Univer-
sität Halle-Wittenberg) für ihre Masterarbeit »Die japanische Tonio Kröger-
Rezeption. Bedingtheiten, Potenziale, Grenzen einer kulturüberschreitenden
literarischen Reappropriation, nachvollzogen am Übersetzungsvergleich«.
Eine weitere Besonderheit im Programm bildeten die moderierten Lektüre-
Workshops für interessierte Leserinnen und Leser zu ausgewählten Texten von
Thomas Mann. Dieses neue Format ist eines der bereits sichtbaren Ergebnisse
aus dem Prozess »Strategie 2022«, mit dem sich die Gesellschaft besser für die
Zukunft rüsten will. Der Vorstand greift den Prozess bei jeder Vorstandssit-
zung erneut auf und entwickelt ihn weiter.

Im Oktober 2019 startete eine neue Kooperation der Deutschen Thomas
Mann-Gesellschaft mit dem Literaturhaus Hannover. Bei der Veranstaltung
»Thomas Manns *Joseph und seine Brüder* – die neue textkritische Ausgabe«
am 2. Oktober 2019 stellten die Herausgeber Prof. Dr. Jan Assmann, Prof. Dr.
Dieter Borchmeyer und Stephan Stachorski ihr Projekt im Gespräch mit Prof.
Dr. Hans Wißkirchen, Präsident der Deutschen Thomas Mann-Gesellschaft,
vor. Aus der Veranstaltung heraus gründete sich der Freundeskreis Thomas
Mann Hannover mit der Leiterin Dr. Dorothea Hedderich, der zwei Mal jähr-
lich gemeinsam mit dem Literaturhaus eine Veranstaltung zu Thomas Mann
organisieren wird.

Wie überall im Kulturbetrieb mussten aufgrund der Corona-Pandemie
zahlreiche Veranstaltungen der Ortsvereine in Berlin, Bonn und Hamburg
im Frühjahr und Frühsommer 2020 abgesagt werden.

Verschoben werden musste auch die Herbsttagung »Das Exil als geistige
Lebensform: Thomas Mann 1933-1955« vom 25. bis 27.9.2020 in Frankfurt, in
Zusammenarbeit mit dem Deutschen Exilarchiv 1933-1945 und dem Freien
Deutschen Hochstift/Frankfurter Goethe-Museum. Als neuer Termin ist der
24. bis 26. September 2021 vorgesehen.

Am Vereinssitz der Deutschen Thomas Mann-Gesellschaft, dem Budden-brookhaus in der Mengstraße 4 in Lübeck, beginnen die trotz der Corona-Pandemie planmäßig verlaufenden Umbauarbeiten zum NEUEN Buddenbrook-haus – geplante Neueröffnung voraussichtlich im Herbst 2023. Im Mai konnte die Interims-Ausstellung »Buddenbrooks im Behnhaus« eröffnet werden. Zwischen Marienkirche und Rathaus eröffnete einen Monat später »Buddenbrooks am Markt«, ein Informationszentrum mit Museumsshop, das unter anderem über den Stand des Umbaus informiert.

Bei der Deutschen Thomas Mann-Gesellschaft ist die Geschäftsführerin Daniela Martin mit dem Geschäftsstellenbüro in der Michael-Haukohl-Stiftung wie gewohnt erreichbar.

Mitteilungen der Thomas Mann Gesellschaft Zürich für 2020

»Mein Streben ist, das Schwere leicht zu machen«[1] – diese Selbstaussage Thomas Manns war ein tröstlicher Gedanke im weltweiten Krisenjahr 2020. Aufgrund der Schutzvorkehrungen im Zuge der Corona-Pandemie konnte die Jahrestagung der Thomas Mann Gesellschaft Zürich am 6. Juni 2020 nicht wie vorgesehen im Literaturhaus stattfinden. Auch die Mitgliederversammlung musste aus diesem Grund erstmals schriftlich abgehalten werden. Die Präsidentin bedankt sich für die aktive Unterstützung vieler Mitglieder, die sich schriftlich an der Jahresversammlung beteiligt haben. Mithilfe der Fördergelder der Georg und Bertha Schwyzer-Winiker Stiftung konnten im Jahr 2019 neue Werbemittel wie Flyer und Plakate und zusätzliche Angebote zur Mitgliederwerbung entwickelt werden. Die kostensenkende Neuausrichtung und Professionalisierung des Sekretariats durch Gabi Hollender hat das Vereinsjahr 2019 ebenfalls äusserst wirkungsvoll begleitet und bedeutet eine bleibende finanzielle Erleichterung für die Zukunft. Die Verdienste des langjährigen Vorstandsmitglieds Niklaus Haller, der zur Jahresversammlung 2020 nach 17 Jahren ehrenamtlichen Einsatzes zurücktrat, mögen an dieser Stelle besonders gewürdigt werden: Seit der Jahresversammlung 2003 wirkte er als Quästor der Thomas Mann Gesellschaft Zürich und organisierte 2006 den grossen Jubiläumskongress »Thomas Mann in der Weltliteratur. 50 Jahre Thomas-Mann-Archiv und Thomas Mann Gesellschaft Zürich«. Er engagierte sich vorrangig für die finanzielle Neuausrichtung. Als Nachfolgerin einstimmig in den Vorstand gewählt wurde die Germanistin und Medien- sowie Kommunikationswissenschaftlerin Janina Seitle, die als Marketing und Event Managerin bei der Globalance Bank in Zürich tätig ist.

Thomas Manns 145. Geburtstag am 6. Juni 2020 sollte von Seiten der Thomas Mann Gesellschaft Zürich aber auch unter erschwerten Bedingungen nicht ungefeiert bleiben. Im Auftrag der Schweizer Thomas Mann Gesellschaft zeichnete deshalb die Schauspielerin Miriam Japp während des Lockdowns eine besondere Thomas Mann-Lesung auf, die pünktlich an Thomas Manns Geburtstag den Mitgliedern in Videoform zugänglich gemacht werden konnte. Miriam Japp las aus der exklusiven kleinen Auflage *Die Begegnung*, die 1953 für die Vereinigung Oltner Bücherfreunde in 765 nummerierten Exemplaren erschienen war.[2] Diese Sonderausgabe enthält eine Vorbemerkung Thomas

---

[1] Thomas Mann an Irita Van Doren, 28. August 1951, Br III, 219.
[2] Thomas Mann: Die Begegnung, Olten: Vereinigung Oltner Bücherfreunde 1953 (= 58. Publikation auf Veranlassung von William Matheson für die Vereinigung Oltner Bücherfreunde).

Manns, worin er seine aktuelle Arbeit, *Bekenntnisse des Hochstaplers Felix Krull*, in ihrer Gesamtanlage erklärt, sowie das Kapitel der Begegnung Felix Krulls mit Professor Kuckuck im Nachtzug nach Lissabon.

Das Programm der Jahrestagung 2020 »Thomas und Heinrich Mann« wurde auf Juni 2021 verschoben und soll dann wieder im Literaturhaus Zürich stattfinden.

Als zusätzliche Veranstaltung der Thomas Mann Gesellschaft Zürich nach Erscheinen der letzten Mitteilungen wurde am 28. November 2019 im Rahmen der Ausstellung »Thomas Mann und Amerika« im Literaturmuseum Strauhof in Zürich ein besonders aktueller Vortrag angeboten: Prof. Tobias Boes von der University of Notre Dame, USA, referierte vor dem Hintergrund seiner wenige Tage zuvor erschienenen Publikation »Thomas Mann's War« über Thomas Manns politisches Engagement in den USA.